W0377685

Recursos Humanos y Responsabilidad Social Corporativa

Eugenio Ruiz Otero
M.ª Lourdes Gago García
Carmen García Leal
Soledad López Barra

Revisión técnica
Brígida Rubio Bergón

Mc Graw Hill Education

MADRID · BOGOTÁ · BUENOS AIRES · CARACAS · GUATEMALA · MÉXICO
NUEVA YORK · PANAMÁ · SAN JUAN · SANTIAGO · SÃO PAULO · AUCKLAND
HAMBURGO · LONDRES · MILÁN · MONTREAL · NUEVA DELHI · PARÍS
SAN FRANCISCO · SIDNEY · SINGAPUR · ST. LOUIS · TOKIO · TORONTO

Todas las actividades de este libro deben realizarse en un cuaderno aparte.

Recursos Humanos y Responsabilidad Social Corporativa · Ciclo Formativo Grado Superior

No está permitida la reproducción total o parcial de este libro, ni su tratamiento informático, ni la transmisión de ninguna forma o por cualquier medio, ya sea electrónico, mecánico, por fotocopia, por registro u otros métodos, sin el permiso previo y por escrito de los titulares del Copyright. Diríjase a CEDRO (Centro Español de Derechos Reprográficos, www.conlicencia.com) si necesita fotocopiar o escanear algún fragmento de esta obra.

Nota: Este libro se atiene al artículo 32 del derecho de cita de la Ley de Propiedad Intelectual de 1996 (RDLeg 1/1996 de 12 de Abril).

Derechos reservados © 2016, respecto a la segunda edición en español, por:
McGraw-Hill/Interamericana de España, SL.
Edificio Valrealty, 1.ª planta
Basauri, 17
28023 Aravaca (Madrid)

ISBN: 978-84-486-0971-9
Depósito legal: M-8757-2016

Autores: © Eugenio Ruiz, Mª Lourdes Gago, Carmen García y Soledad López
Director General: Álvaro García

Equipo editorial: Patricia Rayón, Pablo Hoces de la Guardia e Irene Lorente
Diseño de cubierta: David Santás
Diseño interior: Marta Girabal
Fotografías: 123RF y archivo McGraw-Hill
Ilustraciones: Pablo Vázquez y Noemí López
Composición: produccioneditorial.com
Impresión: Macrolibros, S.L.
0712345689 - 2423222120
IMPRESO EN ESPAÑA- *PRINTED IN SPAIN*

Presentación

Los alumnos y alumnas que comienzan los estudios de formación profesional en los ciclos formativos de grado superior se enfrentan a unas enseñanzas en las que la motivación por aprender está íntimamente ligada a su inserción en el mundo laboral. Por ello, los autores hemos pretendido realizar un libro que sirva para introducir a los estudiantes en lo que deben comprender, saber y ser capaces de hacer, a la vez que se potencian sus capacidades de comprensión, análisis, relación y búsqueda.

Este libro contiene todo lo que los estudiantes deben comprender, saber y ser capaces de hacer, expresado en resultados de aprendizaje del módulo de *Recursos Humanos y Responsabilidad Social Corporativa,* establecidos en los decretos del currículo correspondiente al Título de Técnico Superior en Administración y Finanzas.

Pretendemos iniciar y dirigir a los alumnos/as en la comprensión de los siguientes contenidos:

- Los Recursos Humanos en la empresa, su organización, la planificación de los mismos y el Departamento de Recursos Humanos.
- El estudio de los procedimientos administrativos relativos a la selección de los Recursos Humanos y al tratamiento de la documentación de los trabajadores.
- La comunicación, la motivación laboral y los equipos de trabajo.
- La formación en la empresa, la evaluación de desempeño, la formación y el control de los Recursos Humanos.
- Por último, en las dos últimas unidades, se estudian las implicaciones éticas de la dirección y la gestión de empresas y sobre la aplicación de los principios de Responsabilidad Social Corporativa en las políticas de desarrollo de los recursos humanos.

En cada unidad didáctica, se comienza presentando los contenidos, resultados de aprendizaje y los criterios de evaluación, establecidos en el decreto que regula el título. Durante el desarrollo de cada unidad, para apoyar la comprensión de los contenidos, se han insertado casos prácticos resueltos, actividades e información al margen para apoyar, ampliar, aclarar o reforzar los contenidos fundamentales. Todas las unidades finalizan con un mapa conceptual en el que se sintetizan los contenidos y una batería de preguntas en forma de test de repaso y autoevaluación, así como una colección de actividades, estructuradas de acuerdo con los criterios de evaluación. Con todo ello, se pretende facilitar la adquisición de las competencias profesionales, personales y sociales propias del módulo.

Mediante el material complementario, se facilita a los profesores/as la elaboración de sus propias programaciones y el desarrollo de su actividad docente. Los profesores/as podrán seleccionar y poner en práctica los contenidos concretos y las actividades más adecuadas al contexto socioeconómico y laboral, y a los intereses de los estudiantes.

Esperamos que este libro resulte útil y que no defraude las expectativas que pudieran haber sido puestas en él.

Finalmente, queremos expresar nuestro agradecimiento a la revisora técnica, Brígida Rubio, así como a todo el equipo de profesionales de McGraw-Hill.

Los autores.

Índice

1
UNIDAD

Los Recursos Humanos en las empresas

En esta unidad

APRENDERÁS A...

- Describir las funciones que se deben desarrollar en el área de la empresa que se encarga de la gestión de Recursos Humanos.

ESTUDIARÁS...

- Los Recursos Humanos en la empresa. Organización formal e informal.
- El Departamento de Recursos Humanos.
- Modelos de gestión de Recursos Humanos.

Y SERÁS CAPAZ DE...

- Coordinar los flujos de información del Departamento de Recursos Humanos a través de la organización, aplicando habilidades personales y sociales en procesos de gestión de Recursos Humanos.

1. La organización de las empresas

Todas las organizaciones tienen una **estructura diseñada y planificada** de forma consciente por la Dirección, en función de los objetivos que se quieren conseguir y de los medios disponibles. Esta organización se denomina **organización formal.**

La **organización formal** indica la **posición** que cada trabajador tiene respecto al resto de trabajadores, sus tareas, quiénes son sus jefes, quiénes son sus subordinados y con quién se comunica.

Tradicionalmente, las empresas se organizan mediante su división en **departamentos** o **áreas,** establecidas según las funciones que realizan. Estas funciones son las que aparecen en la Tabla 1.1.

Función técnica o de producción	Consiste en llevar a cabo las actividades relacionadas con la elaboración y fabricación de los productos; también se puede incluir la I+D+i.
Función administrativa	Mediante ella se realizan las actividades relativas a la administración de la empresa, como elaboración de documentación, contabilidad, fiscalidad, etc.
Función comercial	Comprende todas las actividades relacionadas con los estudios de mercado, compras, ventas, almacenamiento y comercialización.
Función financiera	Abarca las actividades relacionadas con la búsqueda de recursos económicos, estudios de la rentabilidad de las inversiones realizadas y el control de las entradas y salidas de capital.
Función social	Desarrolla las actividades de planificación, reclutamiento, selección, administración de personal, retribución, desarrollo de Recursos Humanos y servicios sociales.

Tabla 1.1. Funciones que se desarrollan en las empresas.

IMPORTANTE

Las áreas funcionales en que se estructura la empresa dan lugar a los siguientes **departamentos,** que trabajan coordinadamente: **Departamento Financiero, Comercial, Técnico, de Recursos Humanos y Administrativo.**

1.1. Los departamentos de las empresas

En los departamentos, normalmente cada mando gestiona a un número limitado de empleados y estos, a su vez, gestionan a otros trabajadores. Por ejemplo, el director general controla a cinco directores de departamento, los directores de cada departamento controlan a varios mandos intermedios, y estos a su vez a otros trabajadores de rango inferior; así surge una **estructura jerárquica descendente** que llega hasta los niveles inferiores.

La **estructura** que surge por la división en departamentos se representa mediante **organigramas** (véanse las Figuras 1.1 y 1.2 y 1.6).

ACTIVIDADES

1. ¿Sabrías determinar a qué áreas funcionales corresponden las siguientes tareas?:
   a) Llevar a cabo la investigación y el estudio de mercado.
   b) Gestionar el pago de las nóminas.
   c) Establecer un plan de prospección de posibles clientes.
   d) Realizar el plan de tesorería.
   e) Establecer un plan de beneficios sociales.
   f) Fabricar el producto.
2. No todas las empresas se organizan de la misma forma, puesto que su estructura dependerá del tamaño y de su actividad; no obstante, las funciones que se realizan son muy similares.
   a) Basándote en una **estructura por funciones,** dibuja un organigrama que refleje los departamentos de una empresa.
   b) ¿De quién depende el Departamento de RR. HH.?
3. Busca en tu navegador de Internet un organigrama de una empresa privada y otro de un organismo público, como por ejemplo un Ministerio, y compáralos.

ABC VOCABULARIO

El área *staff*

Está constituida por personas o departamentos especializados, como asesoría jurídica, fiscal, comercial, realización de estudios, etc.

Su misión es **asesorar** o apoyar a la Dirección sobre la forma de conseguir los objetivos.

Los miembros pertenecientes al *staff* no tienen autoridad sobre el resto de departamentos y personas que trabajan en la empresa.

1.2. Organización de las empresas de gran dimensión

Cuando las empresas alcanzan grandes dimensiones, la organización se va haciendo cada vez más compleja y surgen diferentes estructuras organizativas; dos de las más frecuentes son la **organización por divisiones** y la **organización mixta.**

A. Organización por divisiones

La **organización por divisiones** o **divisional** consiste en dividir la empresa en áreas semiautónomas y mantener una administración central encargada de diseñar las estrategias de la empresa y el control de la organización.

Las divisiones pueden realizarse según diferentes criterios: los **productos o servicios** que ofrezca la empresa, los **tipos de clientes** (mayoristas, minoristas, particulares, administraciones públicas) o los **mercados** (locales, nacionales o internacionales).

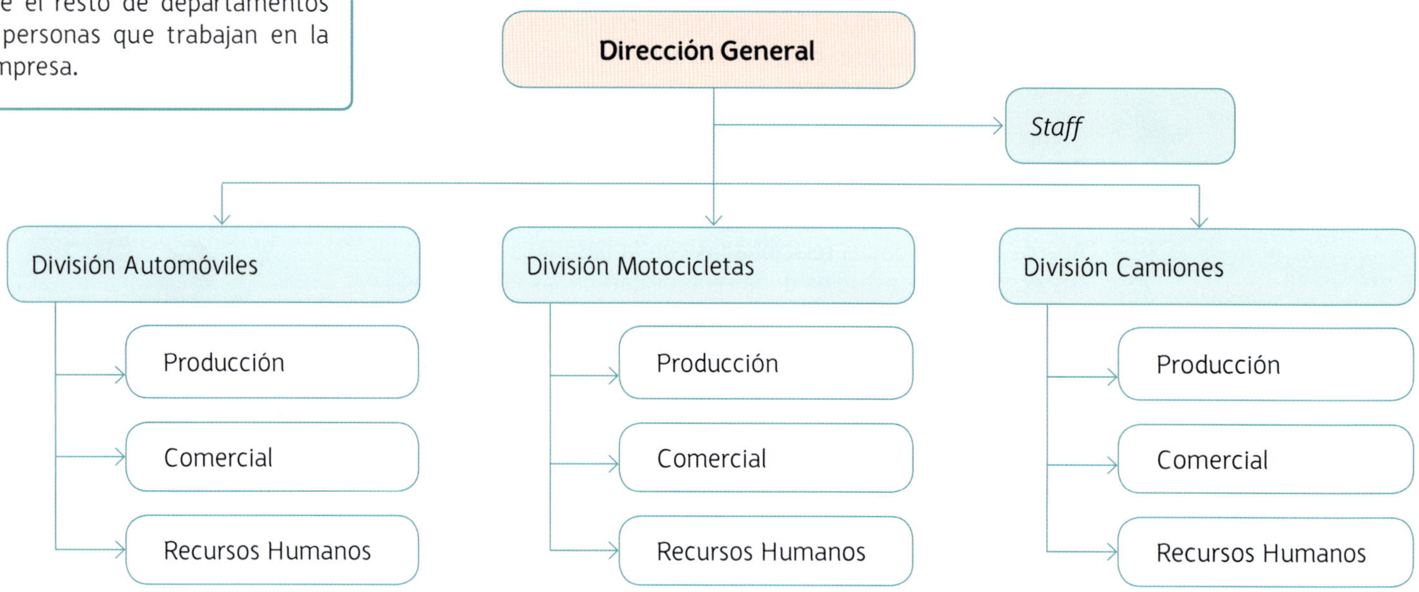

Fig. 1.1. Ejemplo de organización divisional por productos.

B. Organización mixta

La **organización mixta** aparece cuando confluyen productos, mercados y clientes muy diferentes entre sí, que han de gestionarse por separado.

Por ejemplo, una empresa que desarrolla su actividad en varios continentes, puede adoptar una **organización geográfica** por zonas y, dentro de cada zona, se puede organizar **por clientes** o **por productos** y, a su vez, estos se estructuran **de forma funcional.**

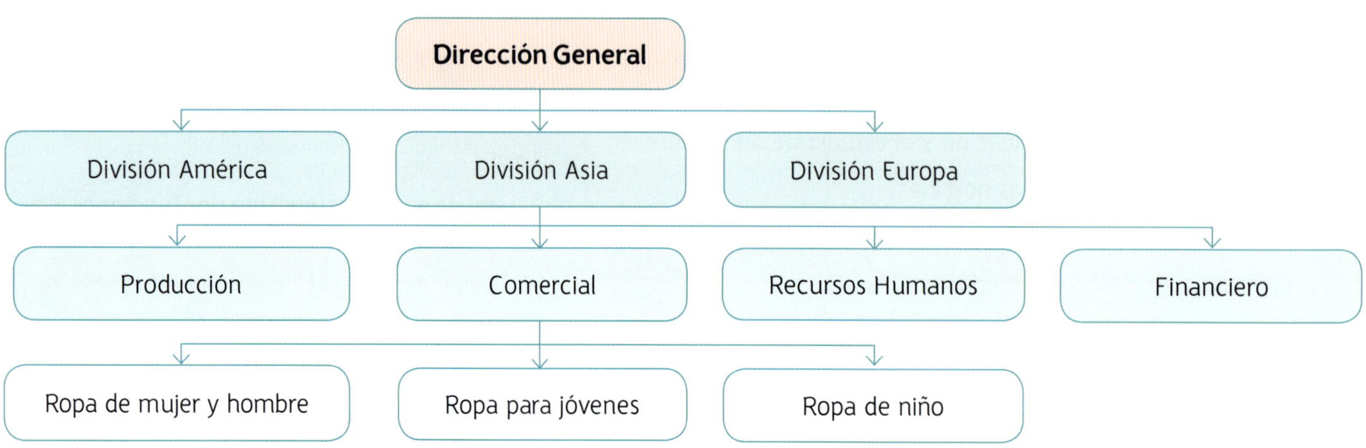

Fig. 1.2. Organigrama de una empresa organizada de forma mixta.

1.3. Organización informal de las empresas

> Paralelamente a la organización formal, existe una **organización informal** que surge como consecuencia de las relaciones personales entre los individuos que trabajan en las empresas (a causa de la amistad, el antagonismo, los intereses, las aficiones comunes, las simpatías personales, etc.).

Un ejemplo de organización informal son las relaciones existentes entre los trabajadores de una misma empresa que se reúnen los fines de semana para practicar deporte.

La unión de la organización formal y la informal conforma la **estructura organizativa** real de una empresa (véase la Figura 1.3).

La organización informal influye en la organización formal: en muchas ocasiones, al establecerse la organización formal, se ha de conocer el funcionamiento de la estructura informal, ya que esto puede mejorar el funcionamiento de la formal. Por ejemplo, la Dirección de las empresas debe procurar conocer la organización informal para conseguir que la información circule de forma más rápida. En la Tabla 1.2 se recogen las características de los dos tipos de organización:

Organización formal	Organización informal
La establece la Dirección.	Surge espontáneamente.
Las relaciones las marca la posición jerárquica.	Las relaciones se establecen por amistad, afinidad, enemistad, etc.
Las actividades las marca la Dirección.	Las actividades se realizan voluntariamente.
Persigue fines empresariales.	No tiene por qué perseguir los fines de la empresa.
La comunicación sigue cauces jerárquicos.	La comunicación se establece por conversaciones espontáneas, rumores, contactos en los descansos, etc.
Los grupos de trabajo se forman por departamentos.	Los grupos se forman espontáneamente.
La autoridad la ejercen los directivos.	La autoridad pueden ejercerla las personas que sus compañeros consideran líderes.

Tabla 1.2. Características de las organizaciones formal e informal.

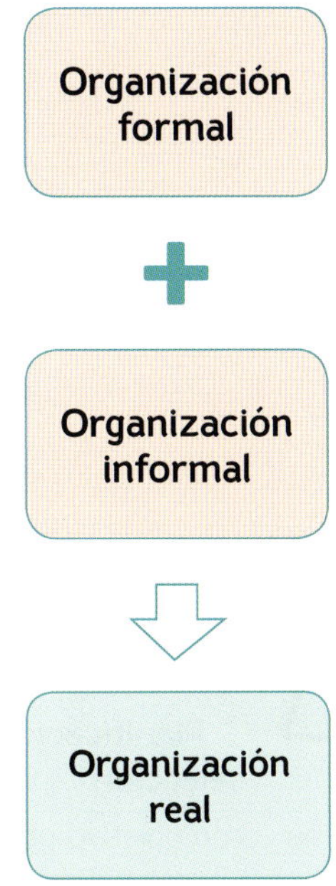

Fig. 1.3. Formas de organización que confluyen en la empresa.

CASO PRÁCTICO 1

Utilización de la organización informal

La directora de Recursos Humanos de la empresa en la que trabajas os ha convocado porque desea conocer el grado de aceptación entre los trabajadores de una medida que están planteando implantar: prolongar la jornada laboral media hora más cada día para poder trabajar en verano solo por las mañanas.

¿Cómo utilizarías la organización formal e informal de la empresa para observar y evaluar la reacción de los trabajadores ante la posible medida?

Solución:

Se puede utilizar la organización formal realizando reuniones, lanzando la propuesta mediante anuncios, solicitando las opiniones de los jefes de departamento, mediante buzones de sugerencias, mediante buzones de voz, encuestas *online*, etc.

Se puede utilizar la organización informal de diferentes maneras; por ejemplo, la directora de Recursos Humanos podría hablar de forma «casual» con sus compañeros, comentado las medidas que se están pensando; la noticia podría extenderse a través de la organización informal de la empresa.

La Dirección, a partir de la información extraída tanto de la organización formal como de la informal, evaluará cuál ha sido la reacción de los trabajadores y actuará en consecuencia.

2. Funciones y estructura del Departamento de Recursos Humanos

2.1. Funciones del Departamento de Recursos Humanos

En el Departamento de Recursos Humanos, las actividades de naturaleza similar se agrupan en funciones; cada empresa integra las funciones de acuerdo con sus necesidades y posibilidades.

En las grandes empresas el Departamento de Recursos Humanos es un órgano **próximo a la Dirección** de la empresa, con funciones **más estratégicas que administrativas.**

Planificación, reclutamiento y selección

Tiene como objetivo proporcionar a la empresa el personal necesario en cada momento. Esta función comprende **actividades** como las siguientes:

- Estudios del mercado laboral.
- Planificación de las plantillas.
- Realización de los perfiles profesionales de los puestos de trabajo.
- Reclutamiento y selección de nuevos trabajadores.
- Acogida e inserción de los recién contratados.
- Relaciones con las empresas de trabajo temporal.
- Acciones tendentes a la recolocación *(outplacement).*

Administración de personal

Se ocupa de los **trámites administrativos** que surgen desde que una persona se incorpora a una empresa hasta que deja de formar parte de esta. Cabe destacar las **actividades** siguientes:

- Realización, firma y registro de los contratos de trabajo.
- Gestión del expediente personal de los trabajadores.
- Elaboración de recibos de salarios.
- Gestión de los documentos de cotización a la Seguridad Social y retenciones a cuenta del IRPF.
- Gestión de la incapacidad temporal por enfermedad, accidente y maternidad.
- Gestión de las incidencias: absentismo, permisos, vacaciones, horas extraordinarias, excedencias, etc.

Relaciones laborales

Es la función responsable de garantizar las **correctas relaciones** entre los empresarios y los trabajadores. Dentro de esta función se encuadran **actividades** como:

- Negociación de los convenios colectivos.
- Relaciones con los representantes de los trabajadores.
- Gestión de la disciplina, quejas y reclamaciones de los empleados.
- Negociación y tramitación de los paros y las huelgas.
- Representación de la empresa ante los tribunales laborales.
- Tratamiento de los despidos.

Seguridad y salud laboral

La **seguridad** hace referencia al conjunto de medidas técnicas, formativas, médicas y psicológicas para **prevenir** accidentes laborales.

La **salud** hace referencia al diagnóstico y prevención de las **enfermedades** laborales.

Esta función comprende las siguientes **actividades:**

- Revisiones médicas periódicas.
- Asistencia en caso de enfermedad y accidente durante la jornada laboral.
- Establecimiento de medidas de prevención de accidentes laborales y enfermedades profesionales para cada puesto de trabajo.
- Puesta en marcha de campañas de sensibilización para prevenir los accidentes y enfermedades laborales.

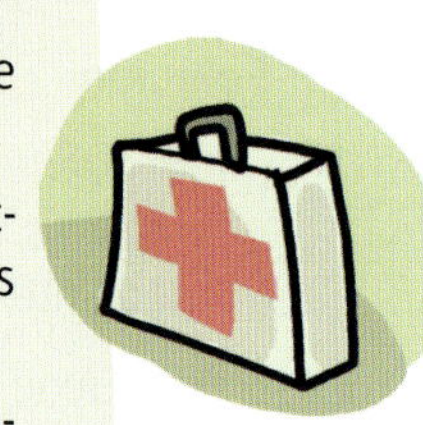

Compensación o retribución

Dentro de esta función se encuadrarían las siguientes actividades:

- Realización de estudios salariales.
- Establecimiento de sistemas retributivos.
- Elaboración de sistemas de medición de resultados individuales y grupales.
- Elaboración de un sistema de incentivos, primas, bonos, etc.

En muchas empresas, la función de compensación es concebida desde un punto de vista más amplio, pues entienden como compensación los beneficios sociales. Se denomina entonces **compensación y beneficios** e incluiría los beneficios sociales o servicios al empleado.

Función de beneficios sociales o servicios al empleado

Las empresas deben implantar políticas para mejorar la calidad de vida de los empleados. Algunas de las medidas de estas políticas son:

- Mejora de las prestaciones de la Seguridad Social, en caso de accidente y enfermedad.
- Seguros colectivos de vida.
- Fondos de pensiones a cargo de la empresa.
- Becas de estudios para el personal y sus hijos.
- Guarderías y cuidado de niños.
- Facilidades para cuidar a personas mayores y niños.
- Flexibilidad horaria.
- Préstamos y anticipos.
- Comedores de empresa.
- Residencias de vacaciones y viajes.
- Actividades sociales y recreativas.

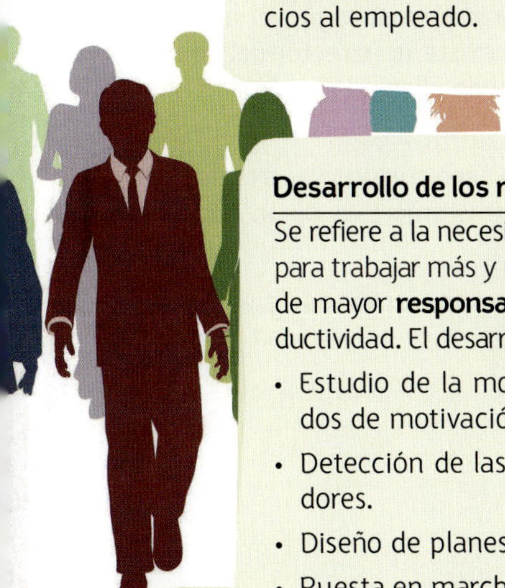

Desarrollo de los recursos humanos

Se refiere a la necesidad de que los empleados estén **motivados** para trabajar más y mejor, y para desempeñar puestos de trabajo de mayor **responsabilidad**, con el objetivo de aumentar su productividad. El desarrollo abarca **actividades** como:

- Estudio de la motivación laboral e implantación de métodos de motivación.
- Detección de las necesidades de formación de los trabajadores.
- Diseño de planes formativos generales o específicos.
- Puesta en marcha de planes de formación, con el objeto de que los trabajadores mejoren las competencias laborales.
- Diseño y establecimiento de planes de carrera profesional.
- Diseño e implantación de sistemas de evaluación del desempeño de los empleados.

Responsabilidad social de la empresa

La responsabilidad social se considera una de las políticas **estratégicas** de las empresas. Mediante esta política estratégica las empresas adquieren **compromisos** con sus empleados y con su entorno social, más allá del beneficio inmediato, generalmente con el objetivo de mejorar su situación competitiva y su **valor añadido.**

A la responsabilidad social le corresponde generar **confianza** y **credibilidad** en el entorno: consumidores, instituciones y sociedad en general.

Habitualmente, en la responsabilidad se integran valores **sociales** y **medioambientales.**

La responsabilidad cabe entenderse no como un coste, sino como una **inversión** de la que se obtendrán beneficios a medio y largo plazo.

Fig. 1.4. Funciones del Departamento de Recursos Humanos.

ACTIVIDADES

4. Mediante un buscador de Internet, localiza el convenio colectivo de Banca que esté vigente en este momento y extracta la siguiente información:

a) ¿Cuáles son los conceptos por los que se retribuye el trabajo?

b) Enumera los beneficios sociales a los que tienen derecho los trabajadores.

c) ¿Cuántas pagas extraordinarias existen y de qué importe?

d) ¿A cuántos días de vacaciones tienen derecho los trabajadores?

e) ¿En cuántos tipos se clasifican las faltas y cuál es la sanción mayor que acarrean?

5. La Responsabilidad Social Corporativa (RSC), también llamada Responsabilidad Social Empresarial (RSE), es una contribución voluntaria a la mejora social, económica y ambiental por parte de las empresas.

a) Busca información sobre cuáles son las principales responsabilidades éticas de la empresa para con los trabajadores y la comunidad.

b) ¿Qué beneficios crees que puede aportar a las empresas el establecimiento de políticas de Responsabilidad Social Corporativa?

2.2. Estructura del Departamento de RR. HH.

Independientemente del tamaño y de la actividad, en todas las empresas se realizan actividades relacionadas con las personas que trabajan en ellas, algunas de ellas desarrolladas a nivel interno y otras que normalmente se suelen subcontratar o externalizar.

EJEMPLO

En el Departamento de Recursos Humanos se tiende a diseñar la política retributiva y la planificación de la plantilla, pero no la realización de contratos, nóminas, seguros sociales, etc., tareas que pasan a un segundo plano o que pueden subcontratarse.

Este modelo de gestión de los Recursos Humanos implica la integración del departamento dentro del **nivel estratégico** de la empresa, **al mismo nivel que otras áreas** (administrativa, técnica, comercial y financiera). En consecuencia, Recursos Humanos se convierte en un departamento que opera al máximo nivel e interviene en la planificación a medio y largo plazo de la empresa.

En los departamentos **pueden existir uno o varios niveles jerárquicos**, según el número de trabajadores y de la actividad de la empresa. Por lo general, existe un director del departamento, del cual dependen diferentes secciones y, en cada una de ellas, se desarrollan una o varias funciones.

En algunas empresas, las diferentes funciones pueden ser llevadas a cabo creando departamentos específicos, en otras pueden ser subcontratadas, mientras que otras empresas optan por una solución intermedia.

La Figura 1.5 representa un **modelo de Departamento de Recursos Humanos** de una gran empresa, que comprende diferentes secciones. A cada sección se le asigna una función específica.

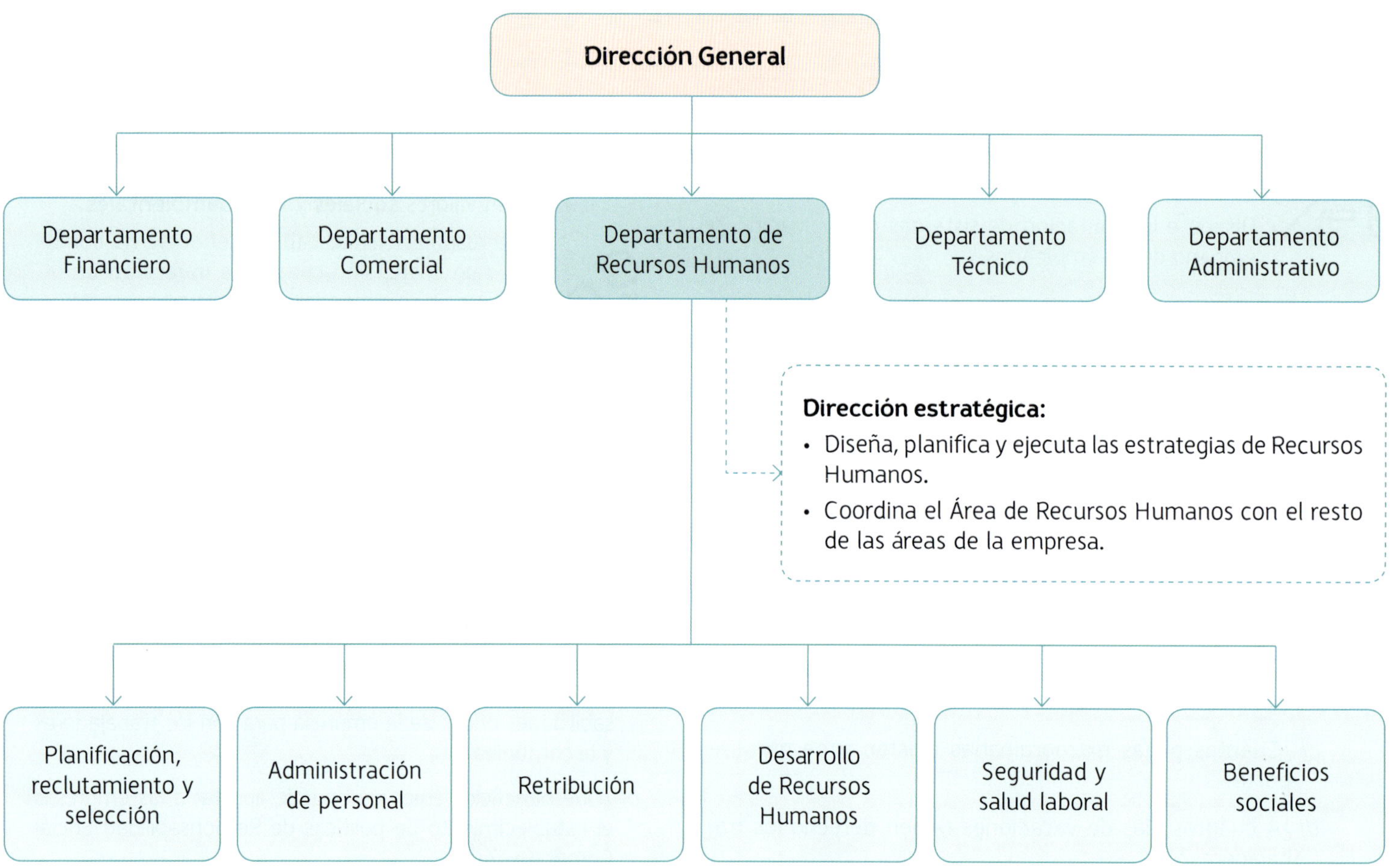

Fig. 1.5. Representación del Departamento de Recursos Humanos de una gran empresa.

2.3. El Departamento de Recursos Humanos según el tamaño de la empresa

La estructura del Departamento de Recursos Humanos no es la misma en todas las empresas. Esta estructura dependerá, entre otros factores, del tamaño de la empresa, por lo que se pueden presentar diferentes situaciones:

Pequeñas y medianas empresas	En las pequeñas empresas, las funciones de gestión de personal las lleva a cabo la dirección, subcontratándose muchas de ellas con consultorías, asesorías o gestorías. A medida que crece la dimensión de la empresa, surge la necesidad de crear puestos de trabajo específicos para las tareas administrativas de personal y suelen ser puestos multifunción, que también realizan tareas de contabilidad y fiscalidad.
Grandes empresas	Se crea un departamento exclusivo de dirección de personas, para que realice funciones, como administración, compensación, relaciones laborales, etc., pero se suelen externalizar algunas de las actividades, como selección, servicios sociales o formación.
Empresas con varios centros de trabajo	Existirá un director de Recursos Humanos, dependiente de la Dirección General de la empresa, que conserva las funciones estratégicas, y un director o jefe de personal en cada centro, dependiente de la Dirección de Recursos Humanos de la empresa.
Empresas multinacionales	Existirán Departamentos de Recursos Humanos en cada país para gestionar las diferencias culturales y legislativas de carácter local, pero siempre dentro de la estrategia general de la empresa.

Tabla 1.3. El Departamento de RR. HH. según el tamaño de la empresa.

2.4. La externalización en el Área de Recursos Humanos

La **externalización**, u ***outsourcing***, consiste en la contratación externa de algunas funciones propias de la empresa, para que sean realizadas por empresas especializadas.

Por ejemplo, una empresa transformadora de productos agrarios tiene como actividad central la elaboración de conservas, pero de la realización de las nóminas se encarga una gestoría externa.

La **decisión de externalizar** dependerá de:

- Si el **coste de la actividad** que se externaliza es mayor si lo realiza la propia empresa que si lo realiza una empresa externa especializada.
- La **falta de continuidad de las actividades**; es decir, no se sabe si van a permanecer en el tiempo y no es conveniente aumentar el tamaño de la empresa para prestarlas.
- Que **el área o servicio** que se externaliza **permanezca inactivo** durante largos periodos de tiempo y los costes fijos que se ahorran con su supresión (salarios, seguros sociales, etc.) superen el coste de la empresa que se contrate.

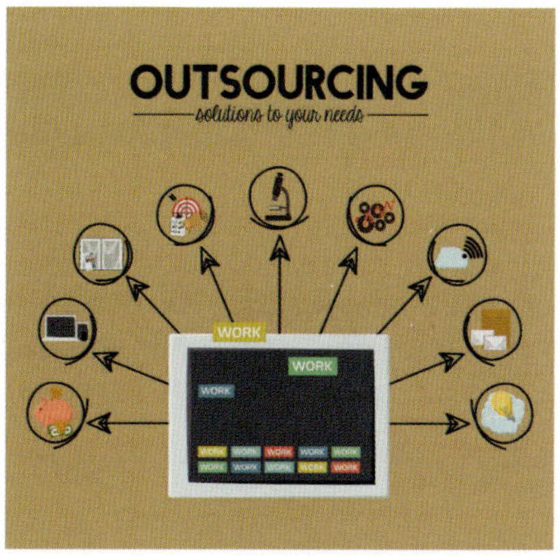

Fig. 1.6. La externalización permite a los departamentos centrarse en los procesos clave de negocio sin tener que atender actividades que aportan menos valor.

CASO PRÁCTICO 2

Tareas externalizables

En el Departamento de Recursos Humanos en el que trabajas han decidido externalizar algunas funciones para poder centrarse internamente en otras políticas. ¿Qué tipo de tareas se suelen externalizar en un Departamento de Recursos Humanos?

Solución:

Aunque la decisión de externalizar debe tomarla el responsable del departamento, sí que existen tareas que —sobre todo en grandes empresas— suelen externalizarse. Algunas de estas tareas son: reclutamiento y selección de personal, gestión de la contratación, realización de nóminas y seguros sociales, prevención de riesgos laborales, impartición de los cursos de formación, asistencia sanitaria, evaluación del personal o estudios de clima laboral.

? ¿SABÍAS QUE...?

Recursos Humanos

La expresión *Recursos Humanos* surgió en Estados Unidos a finales de los años 70 y principios de los 80 del siglo xx. Algunos autores sostienen que la Dirección de Recursos Humanos fue la respuesta estadounidense a las eficientes políticas de personal japonesas.

3. Modelos de gestión de Recursos Humanos

La Revolución Industrial se considera el punto de partida de la gestión de las funciones de personal en las empresas. En las primeras etapas, la gestión de los Recursos Humanos estaba orientada hacia el control y la disciplina, y **se consideraba a los trabajadores como un coste que se debía minimizar.**

La consideración de los Recursos Humanos ha evolucionado enormemente hasta que, en los últimos tiempos, se ha tomado conciencia de la importancia que tienen para el desarrollo de las empresas, especialmente cuando ya se ha relacionado **la motivación de los trabajadores con** los **incrementos** en la **productividad** y en la **competitividad.**

3.1. Evolución de la función de los Recursos Humanos

El denominado *Departamento de Recursos Humanos* comenzó teniendo unas funciones muy limitadas, tales como contratación, confección de nóminas y otras tareas de carácter administrativo; estas funciones se han ido ampliando hasta el momento actual, en el que han pasado a formar parte de la estrategia de las empresas.

Algunas empresas van dejando paso a nuevas denominaciones, como *Dirección de personas, Personas y valores* o *Capital humano.* Hay empresas que toman la decisión de cambiar la denominación de sus departamentos de gestión de personal para subrayar un cambio de orientación. En cambio, otras le han cambiado el nombre por dar una imagen de modernidad, pero sin modificar el contenido.

Las funciones de personal en las empresas han pasado por **diferentes etapas,** que aparecen resumidas en la Tabla 1.4.

Etapa	Denominación	Características
Finales del siglo xix, principios del siglo xx	**Dirección de Administración de Personal**	• La Dirección de Personal se orienta hacia el control, los estímulos retributivos y la disciplina. • La Administración de Personal tenía menor importancia respecto a otras áreas; las tareas que desempeñaban eran fundamentalmente administrativas y el responsable del área se consideraba un directivo de segundo orden. • En esta época se consideraba a los **empleados como un coste que se debía minimizar.**
Hasta los años 60 del siglo xx	**Dirección de Relaciones Laborales o Industriales**	• Las empresas comienzan a implantar las ideas de la Escuela de Relaciones Humanas y se comienzan a valorar cuestiones de orden social y psicológico para mejorar el rendimiento de los trabajadores (motivación, facilidades para la conciliación con la vida personal, etc.). • En esta etapa **se comienza a considerar a los trabajadores como un recurso que se puede potenciar,** más que como un coste.
Años 70 y 80 del siglo xx	**Dirección de Recursos Humanos**	• En esta etapa se reconoce que el papel de la Dirección de Recursos Humanos es clave para conseguir los objetivos empresariales. • Se toma conciencia de la importancia que tienen las **personas** para el desarrollo de las empresas; estas comienzan a ser relacionadas con la competitividad y consideradas **un recurso que se debe optimizar.**
Finales de los años 90, principios del siglo xxi	**Dirección estratégica de Recursos Humanos**	• La función de Recursos Humanos pasa a calificarse de **estratégica,** a tener presencia en los órganos de dirección de la organización y a colaborar en la definición de los objetivos y los planes de la empresa. • **Los Recursos Humanos se consideran el recurso competitivo más importante:** los empleados son recursos que hay que motivar, desarrollar, y en los que hay que invertir.

Tabla 1.4. Principales etapas de la evolución de los Recursos Humanos.

3.2. La ventaja competitiva de los Recursos Humanos

Los actuales modelos de gestión tienen como **fin común ser competitivos,** y los Recursos Humanos actualmente se consideran uno de los **factores competitivos más importantes:** los empleados son recursos que hay que motivar, desarrollar y en los que hay que invertir.

Fig. 1.7. Actualmente, los trabajadores son considerados un recurso al que se debe potenciar y motivar, por lo que el papel de Recursos Humanos es clave para la empresa.

> En este contexto, **la función de Recursos Humanos se califica de estratégica** y, por ello, debe tener presencia en los órganos de dirección de la organización, para colaborar en la definición de los objetivos y los planes de la empresa.

En los nuevos modelos de gestión de los Recursos Humanos, se reconoce que estos son un **recurso estratégico que constituye una ventaja competitiva** para la empresa, y establecen que existe una clara relación entre la competitividad de las empresas y las políticas que consideran los Recursos Humanos como un factor clave para el éxito empresarial.

En la actualidad, los empleados son algo más que recursos al servicio de la empresa. Hoy, una compañía necesita contar con las ideas y la imaginación de todos sus miembros, ya que de su **inteligencia colectiva** depende en gran medida su capacidad de innovación, la adaptación al entorno y su competitividad. La Dirección de Recursos Humanos debe contribuir al desarrollo de esta ventaja competitiva mediante sus políticas; por ejemplo, implantando planes de formación, permitiendo la compatibilización de la vida personal y familiar, definiendo las carreras profesionales o estableciendo políticas de igualdad.

Si los trabajadores crecen personal y profesionalmente, incrementan su compromiso y su aportación a la empresa, y esta será más competitiva (Figura 1.8).

Fig. 1.8. Círculo de la ventaja competitiva de la dirección de personas.

ACTIVIDADES

6. Tras estudiar el **círculo de la ventaja competitiva,** explica cómo las intervenciones realizadas desde el Departamento de Recursos Humanos pueden influir en los trabajadores y en los beneficios de una empresa dedicada a la venta de automóviles nuevos y usados, en la que se realizan anualmente cursos de formación con los siguientes contenidos:

a) Comportamiento de los consumidores, técnicas de comunicación efectiva, comunicación verbal y no verbal, empatía y asertividad.

b) Mecánica y actualización en las innovaciones tecnológicas aplicadas a los automóviles.

c) Estudio de la competencia: productos, servicios y condiciones que ofrecen los principales competidores.

3.3. Nuevos modelos de gestión de los Recursos Humanos

Partiendo de la consideración de que las actividades y funciones del Departamento de Recursos Humanos son estratégicas para conseguir los fines de las empresas, se han desarrollado diferentes modelos de gestión de personal; a continuación se describen dos de los más utilizados en la actualidad.

ABC **VOCABULARIO**

Competencias. Es el conjunto integrado de conocimientos, destrezas, habilidades, aptitudes, actitudes, rasgos de personalidad y motivaciones que posee una persona y que le predisponen para desempeñar con éxito los requisitos y exigencias de un puesto de trabajo.

A. Modelo de Idalberto Chiavenato

Este autor considera la gestión de Recursos Humanos como un proceso constituido por **subsistemas interdependientes** integrados como sigue:

1. **Subsistema de alimentación:** incluye la planificación de las plantillas, el reclutamiento y la selección.
2. **Subsistema de aplicación:** incluye el análisis y la descripción de los puestos de trabajo, la integración, la evaluación del desempeño y los movimientos del personal.
3. **Subsistema de mantenimiento:** abarca la remuneración, los beneficios sociales, la seguridad y salud laboral y los controles del personal.
4. **Subsistema de desarrollo:** incluye la formación y los planes de desarrollo de personal.
5. **Subsistema de control:** comprende las bases de datos, los sistemas de información y la auditoría de Recursos Humanos.

Este modelo considera **al personal como el capital más valioso**, destacando las relaciones humanas como eje y punto de partida de una administración innovadora.

B. Modelo de gestión por competencias

El modelo de gestión por competencias busca dirigir de manera integral los Recursos Humanos, mediante el **aprovechamiento y desarrollo de las competencias de cada persona**, para conseguir los objetivos empresariales.

Los procesos más habituales en que se aplica el modelo son:

- **Selección.** La selección basada en las competencias permite, a través de la descripción de puestos y de los perfiles profesionales, comparar las características del puesto ofertado con las competencias de los candidatos.
- **Formación y desarrollo.** Mediante el análisis de adecuación entre las personas y los puestos, es posible desarrollar planes de formación específicos, individuales o colectivos.
- **Evaluación del desempeño.** Es un proceso en el cual se analiza y valora, utilizando parámetros objetivos, el grado de eficacia con el que las personas realizan las tareas de sus puestos de trabajo.
- **Política retributiva.** Las competencias pueden ser una referencia para fijar el salario en función del desempeño realizado, siempre utilizando parámetros de medición de objetivos.
- **Planes de carrera.** Son un mecanismo para favorecer la motivación e implicación de los profesionales en la empresa. Mediante la formación continua de las personas, se puede dar respuesta a los cambios y necesidades de la empresa y potenciar los planes de carrera.

En la actualidad, cada vez son más las empresas que están implantando este modelo en la gestión de sus Recursos Humanos.

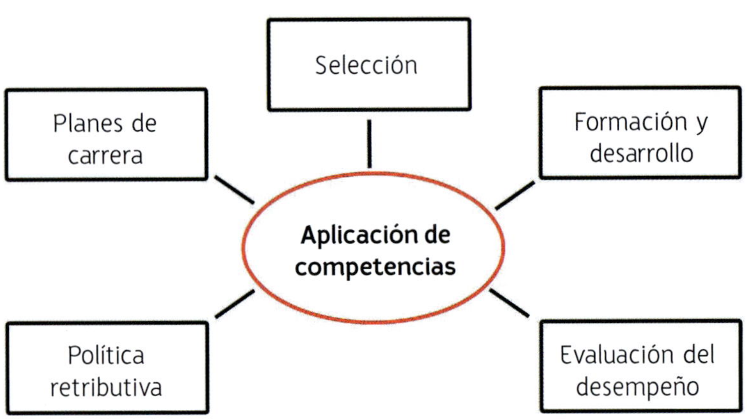

Fig. 1.8. Aplicación de las competencias.

3.4. Nuevas formas de organización

La implantación de nuevos modelos de gestión de los Recursos Humanos ha dado lugar a la aparición de **nuevos modelos organizativos** que aportan mayor flexibilidad a las estructuras clásicas. Algunos de estos modelos se exponen en la Tabla 1.5:

Organización en pirámide invertida		• Parte de la idea de que **los clientes** representan un elemento fundamental de la empresa. • Los pilares fundamentales de esta forma de organización los constituyen la atención a los clientes y la incentivación del personal del área de ventas. • En la cima de la pirámide invertida aparecen los clientes, seguidos de las personas en contacto con estos, por debajo los directores de los departamentos y, finalmente, en la base, la Dirección General.
Organización en red o virtual		• Las estructuras en red surgen fundamentalmente por la **subcontratación.** • La organización virtual la constituye un pequeño grupo ejecutivo encargado de contratar al exterior la mayoría o la totalidad de sus actividades, tanto productivas como comerciales, así como de I+D+i. • Un ejemplo lo encontramos en la construcción y todas las empresas auxiliares que se encargan de los encofrados, la cimentación, las instalaciones eléctricas, la fontanería, etc. En muchas ocasiones estas estructuras se crean para realizar un proyecto concreto y, cuando este finaliza, se disuelven.
Organización en trébol		La estructura organizativa en trébol está formada por tres grandes áreas (hojas): • **Núcleo.** Está integrado por la personas mejor cualificadas cuyas funciones son esenciales para la empresa. • **Subcontratación.** Lo constituye todo el trabajo no esencial para la empresa, que se subcontrata con empresas o trabajadores autónomos, especialistas en estas tareas. • **Trabajo flexible.** Lo constituyen los trabajadores que tienen contratos temporales o a tiempo parcial que son contratados en función de las necesidades de la producción. En algunos tipos de empresas, o de actividades, hay que añadir una cuarta área u hoja: el trabajo que realizan **los clientes**, que no supone ningún coste para la empresa; por ejemplo, el trabajo que tenemos que hacer los clientes en autoservicio, en restaurantes, cafés, gasolineras o centros de lavado de coches.

Tabla 1.5. Nuevos modelos de organización de los RR. HH.

ACTIVIDADES

7. Una empresa dedicada a la venta de maquinaria para obras está estructurada en función de los diferentes tipos de clientes a los que vende.

Dibuja un organigrama que represente la estructura de esta empresa, considerando, al menos, tres tipos de clientes.

8. Representa la estructura de una empresa multinacional de seguros que tiene las siguientes características:

- La División de España tiene tres departamentos principales: Producción, Comercial y Financiero. Comercializan tres tipos de seguros: de vida, de automóviles y de hogar. A su vez, venden los seguros a particulares y empresas.
- La sede central está en Londres.
- Tiene filiales en Europa, América y Asia.

9. Explica cómo te imaginas los siguientes tipos de organización:

- Organización en pirámide invertida de un concesionario de vehículos.
- Organización en red de una empresa que se dedica a subcontratar la limpieza de oficinas, de organismos oficiales, desinfestación, limpieza de cristales, etc.
- Organización en trébol de una cafetería.

SÍNTESIS Los Recursos Humanos en las empresas

Funciones que se realizan en las empresas
- Técnica.
- Comercial.
- Social.
- Administrativa.
- Financiera.

Estructuras organizativas
- **Organización por divisiones.** Productos, clientes y mercados similares.
- **Organización mixta.** Productos, clientes y mercados muy diferentes.

Departamento de Recursos Humanos

Su implantación depende de los objetivos, del tamaño, de la localización y de la existencia de uno o varios centros de trabajo.
- Pequeña y mediana empresa: las funciones son llevadas a cabo por muy pocas personas y muchas se subcontratan.
- Grandes empresas: la Dirección de Personal se centra en las funciones de carácter estratégico.
- *Outsourcing:* subcontratación de algunas funciones para ser realizadas por empresas externas.

Funciones de los Recursos Humanos
- Planificación, reclutamiento y selección → Proporciona a la empresa el personal necesario en cada momento, tanto en número de empleados como en cuanto a sus competencias.
- Administración de personal → Se ocupa de los trámites administrativos del personal de la empresa.
- Desarrollo de recursos humanos → Se encarga de que los empleados se desarrollen para trabajar más y mejor y adquieran mayores responsabilidades.
- Relaciones laborales → Es el área responsable de garantizar las correctas relaciones entre empresarios y trabajadores.
- Retribución → Tiene por objeto conseguir una estructura salarial motivadora, equitativa y competitiva.
- Seguridad y salud laboral → Seguridad: medidas para prevenir accidentes laborales. Salud: diagnóstico y prevención de las enfermedades laborales.
- Beneficios sociales → Implantación de políticas empresariales para mejorar la calidad de vida de los empleados.
- Responsabilidad social → Compromiso de la empresa, en el que se integran valores sociales y medioambientales.

Nuevos modelos de gestión de los Recursos Humanos
- Función estratégica → La Dirección de Recursos Humanos participa en la Dirección empresarial para definir la estrategia de la empresa a largo plazo.
- Ventaja competitiva → Si los trabajadores crecen personal y profesionalmente, incrementan su compromiso y su aportación a la empresa y, por tanto, esta será más competitiva.

Nuevas formas de organización → Pirámide invertida, en red, en trébol.

TEST DE REPASO

1. Los Recursos Humanos son:

a) Todos los trabajadores de las empresas.
b) Todos los trabajadores, excepto los directivos.
c) Todos los trabajadores, excepto los mandos intermedios.
d) Todas son falsas.

2. La estructura formal de las empresas:

a) Es la establecida según la legislación mercantil.
b) Surge espontáneamente.
c) Es diseñada por la Dirección.
d) No es diseñada por la Dirección.

3. La organización informal:

a) Surge espontáneamente.
b) Tiene fines empresariales.
c) Está sujeta a la dirección del empresario.
d) Es controlada por los líderes formales.

4. El *staff* no:

a) Está constituido por personas o departamentos especializados.
b) Tiene como misión asesorar a la Dirección.
c) Tiene autoridad sobre los directores de los departamentos.
d) Tiene autoridad sobre los directores de los departamentos.

5. La tendencia actual en los departamentos de recursos humanos es:

a) Desarrollar funciones administrativas.
b) Desarrollar funciones estratégicas.
c) Subcontratar funciones que aportan valor.
d) No subcontratar ninguna función.

6. La función de Recursos Humanos se considera estratégica por:

a) Participar en la elaboración de las políticas de la empresa.
b) Coordinar el Área de Recursos Humanos con el resto de áreas de la empresa.
c) Participar en las decisiones empresariales estratégicas.
d) Todas son ciertas.

7. Una política que no contribuye a que los Recursos Humanos sean una ventaja competitiva son:

a) Las políticas de control y disciplina.
b) La conciliación de la vida personal y laboral.
c) Los planes de formación.
d) La evaluación de los resultados.

8. Se consideran actividades relacionadas con la función de planificación de los Recursos Humanos:

a) Los estudios de motivación.
b) La política retributiva.
c) El análisis de los puestos de trabajo.
d) La detección de las necesidades de formación.

9. Dentro de la función de administración de personal podemos considerar la tarea de:

a) Gestión de nóminas.
b) Gestión de los servicios sociales.
c) Negociación de los convenios colectivos.
d) Gestión de la disciplina.

10. Son actividades relacionadas con el desarrollo de los Recursos Humanos:

a) El diseño de planes de carrera.
b) La planificación de plantillas.
c) La selección de trabajadores.
d) La elaboración de los sistemas retributivos.

11. La función de seguridad y salud laboral abarca medidas como:

a) Seguros médicos complementarios.
b) Mejora de las prestaciones de la Seguridad Social.
c) Prevención de accidentes.
d) Todas son falsas.

12. La gestión por competencias se puede aplicar a:

a) La selección y evaluación del desempeño.
b) La política retributiva y la formación.
c) Los planes de carrera.
d) Todas son ciertas.

13. La organización en red se fundamenta en:

a) Considerar a los clientes un pilar fundamental.
b) El trabajo flexible.
c) La subcontratación.
d) Un núcleo de personas cualificadas.

Describir las funciones que se deben desarrollar en el área de la empresa que se encarga de la gestión de Recursos Humanos.

1. Las empresas se suelen estructurar en departamentos, en cada uno de los cuales se desarrolla una función diferente.

   a) Enumera los cinco departamentos a los que tradicionalmente se encomienda realizar cada una de las funciones de las empresas.

   b) Indica en qué departamento se realiza cada una de las actividades que se indican a continuación:

   - Distribución comercial.
   - Contabilidad de compras y ventas.
   - Facturación a los clientes.
   - Gestión de los medios de cobro y pago.
   - Estudios de mercado.
   - Entradas y salidas de productos en el almacén.
   - Gestión de las ventas y compras.
   - Selección de personal.
   - Gestión de los pagos a proveedores.
   - Montaje de los productos.
   - Desarrollo de nuevos productos.
   - Establecimiento de planes de formación.

2. Después de haber leído las actividades y tareas que se realizan para desarrollar las diferentes funciones relacionadas con los Recursos Humanos, realiza una relación de las tareas y actividades que puede realizar un Técnico Superior en Administración y Finanzas, en el Área de Recursos Humanos.

3. Realiza un esquema que represente cómo te imaginas que es la organización en red de una empresa promotora de viviendas.

4. Dibuja el organigrama de un taller de reparación de automóviles cuyo propietario y director es un empresario individual que tiene contratados a cuatro trabajadores.

   También, indica qué tareas relacionadas con los Recursos Humanos subcontratarías.

5. Dibuja un organigrama para representar la estructura de una empresa que tiene forma jurídica de sociedad anónima, en la que trabajan 250 personas.

   Esta empresa se dedica al diseño y distribución de productos tecnológicos (teléfonos, tabletas, libros electrónicos y reproductores de música, etc.).

   Asimismo, diseña un organigrama para el Departamento de Recursos Humanos de esta pequeña empresa, indicando:

   - Qué funciones de las estudiadas se realizarían en este departamento.
   - Qué funciones, tareas o actividades subcontratarías.

6. Realiza el organigrama del Departamento de Recursos Humanos de una empresa dedicada a la producción y comercialización de conservas vegetales; esta empresa está establecida en España, Francia y Portugal. La Dirección General está en Madrid y existe un Departamento de Recursos Humanos en cada país.

7. En una empresa tecnológica necesitan un equipo de personas especializadas para diseñar la imagen visual de un videojuego. Están valorando dos posibilidades:

   a) Contratar directamente a nuevos trabajadores para esta tarea.

   b) Subcontratar esta actividad con una empresa especializada.

   c) Contratar a través de una ETT.

   Explica qué elementos se tendrán que valorar para tomar una u otra decisión.

   En el caso de que decidan que la empresa contrate directamente a los trabajadores, indica:

   a) Las secciones del Departamento de Recursos Humanos que intervendrán en el proceso de contratación y las actividades que se realizarán en cada una de ellas.

   b) Las secciones con las que tendrán mayor contacto los trabajadores durante el desarrollo y por qué motivos.

8. Indica qué funciones del Departamento de Recursos Humanos externalizarías en los casos siguientes:

   a) Empresa con 15 trabajadores.

   b) Empresa con 200 trabajadores.

   c) Empresa con 800 trabajadores.

9. En una gran empresa están estudiando la posibilidad de crear un servicio de comedor para los trabajadores. La empresa cuenta con un espacio que puede convertirse en idóneo para instalar las cocinas y el comedor.

   La Dirección de la empresa encarga al Departamento de Recursos Humanos que realice una propuesta para que el director de la empresa tome la decisión final.

   El informe emitido concluye presentando tres posibilidades:

   a) La propia empresa se encarga de realizar las instalaciones y de contratar a los trabajadores necesarios.

   b) Contratar a una empresa especializada en *catering* que realice todos los días un menú concertado.

   c) Negociar con los bares y restaurantes del entorno, entregando a los trabajadores vales de comida.

   Explica, razonadamente, cuál sería la decisión que tomarías tú y qué criterios utilizarías.

COMPRUEBA TU APRENDIZAJE

10. Señala si las siguientes relaciones corresponden a la organización formal o a la informal.

- El director de Contabilidad reúne a los trabajadores cada lunes para planificar el trabajo.
- El jefe de Departamento Administrativo suele comer con los asesores fiscales y aprovechan para coordinar su trabajo.
- Los representantes comerciales han creado un equipo de fútbol y aprovechan para intercambiar información y programar el trabajo.
- El director de Recursos Humanos comparte la afición al montañismo con dos técnicos de la cadena de montaje, y aprovecha una de las salidas a la montaña para pedirles opinión sobre aspectos concretos de la organización del trabajo.
- Dos de los tres miembros del Departamento Administrativo prácticamente no se dirigen la palabra y la coordinación de las tareas la realiza un compañero al que respetan y consideran líder.
- Se ha de nombrar un nuevo director financiero y la Dirección General encarga al director de Recursos Humanos que prepare el proceso para elegir al candidato idóneo.
- Los hijos de los empleados de planta comparten colegio con los hijos de los empleados del *staff*, con los que suelen coincidir en las reuniones.

11. La empresa Nestlé ha sido considerada en varias ocasiones la mejor empresa para trabajar de la industria española de alimentación y bebidas. Asimismo, ha sido elegida por la revista *Fortune* como la empresa líder en el sector alimentario en el *ranking* de las 50 empresas más admiradas a nivel mundial.

Nestlé considera que, para que una empresa tenga éxito a largo plazo y genere valor para los accionistas, debe, además, crear valor para la sociedad. Es lo que la compañía denomina **creación de valor compartido.**

Investiga cuáles son las tres áreas en las que la compañía hace especial hincapié, en cuanto a la Responsabilidad Social Empresarial.

12. La empresa Primark, respecto a su estrategia de responsabilidad social, sostiene que es una empresa comprometida en abastecerse de productos de la más alta calidad procedentes de países con economías y culturas muy diversas. Esta empresa ha implantado un código ético de conducta que establece los principios básicos que los proveedores y las fábricas deben cumplir, de acuerdo al Código Básico de la iniciativa de Comercio Ético, que a su vez se basa en los convenios de la Organización Internacional del Trabajo y constituye un código de prácticas laborales reconocido a escala internacional.

Busca información sobre el código de conducta de esta empresa y enumera los puntos en los que se fundamenta.

13. La adecuada dirección y gestión de las políticas estratégicas puede suponer una ventaja competitiva para las empresas.

Explica, razonando la respuesta, cómo se puede conseguir una mayor satisfacción de los clientes y una mejora de los resultados de las empresas con intervenciones desde el Departamento de Recursos Humanos, como las siguientes:

- Cursos de formación de los trabajadores para que conozcan a fondo todas las posibilidades y utilidades de los equipos en la fabricación de los productos.
- Definición de las carreras profesionales de los diferentes puestos de trabajo dentro de la empresa.
- Implantación de políticas de conciliación de la vida profesional y personal.

14. La Dirección de una empresa ha establecido como objetivo para los próximos cinco años:

- Incrementar ventas en un 15 %.
- Mejorar la imagen de la empresa en su entorno.
- Mejorar la calidad de vida de los empleados.

El director general ha pedido al director del Departamento de Recursos Humanos que presente una batería de medidas que contribuyan a la consecución de los objetivos marcados.

Indica qué tipo de políticas y de intervenciones pueden proponer desde el Departamento de Recursos Humanos para conseguir estos objetivos.

Realiza la actividad considerando que los Recursos Humanos son una ventaja competitiva para la empresa.

15. En una compañía de seguros aplican una política de desarrollo de Recursos Humanos que tiene diferentes facetas; una de estas facetas es la definición de las carreras profesionales para que los trabajadores puedan promocionar y mejorar dentro de la empresa, mediante la formación continua reglada y no reglada y la concesión de becas y ayudas, así como la posibilidad de disfrutar de periodos de excedencia y permisos para mejorar la formación.

Explica cómo estas políticas pueden mejorar la satisfacción de los clientes.

16. Localiza el decreto por el que se establece el título de Técnico Superior en Administración y Finanzas.

Lee el artículo 5, en el que se enumeran las competencias profesionales, personales y sociales del título. Realiza una relación de las que, en tu opinión, se corresponden con las actividades y tareas que desarrollará un administrativo en el Departamento de Recursos Humanos.

17. Existen una serie de competencias que son compartidas por diferentes profesionales y en diferentes puestos de trabajo, y que definen el éxito en una profesión independientemente de la estructura de la empresa; estas competencias se denominan **competencias clave** (*core* en inglés).

Algunas de estas competencias son: iniciativa, orientación al cliente, flexibilidad, tenacidad y aprendizaje. Busca información para definir el significado de cada una de las competencias mencionadas.

2
UNIDAD

La planificación de los Recursos Humanos

En esta unidad

APRENDERÁS A...

- Valorar la importancia de reconocer el concepto de perfil del puesto de trabajo para seleccionar los currículos.

ESTUDIARÁS...

- La planificación de los Recursos Humanos.
- El análisis y la descripción de los puestos de trabajo.
- Los perfiles profesionales.
- La evaluación de las necesidades de personal.
- Los métodos y técnicas utilizados para el análisis de los puestos de trabajo.

Y SERÁS CAPAZ DE...

- Aplicar los procedimientos administrativos relativos a la selección de Recursos Humanos.

1. Planificación de los Recursos Humanos

El éxito a largo plazo de una empresa depende, en gran medida, de que cuente con las personas más adecuadas para cada uno de los puestos. Para conseguir los trabajadores adecuados, se debe planificar tanto el número de trabajadores como las competencias necesarias para desempeñar los puestos de trabajo.

La **planificación de los Recursos Humanos** es un proceso, integrado dentro de la planificación general de la empresa, que consiste en elaborar e implantar planes que aseguren un número suficiente de empleados, con las competencias necesarias, en los puestos adecuados, y en el momento y con el coste preciso.

La **planificación estratégica de la empresa** incide en las actividades en las que, como Técnico de Administración y Finanzas, deberás realizar —a medio y a corto plazo— en el Departamento de Recursos Humanos; de esta planificación se desprenden las siguientes actividades, que desarrollaremos a lo largo del manual:

- **Analizar y describir** los puestos de trabajo.
- **Elaborar** los **perfiles profesionales** de los puestos de trabajo.
- **Detectar** las **necesidades de personal.**
- **Planificar** la **selección e incorporación** de nuevos trabajadores.
- **Planificar** la **promoción interna.**
- **Planificar** la **formación** de los empleados actuales y los de nueva incorporación.
- **Estimar** los **costes de personal:** salarios, seguros sociales, protección de riesgos laborales y costes de formación.

¿SABÍAS QUE...?

«Failing to plan is planning to fail». («Errar en la planificación es planear el fallo».)

B. FRANKLIN

CASO PRÁCTICO 1

Incidencia de la estrategia de la empresa en la plantilla

Eres Técnico en Administración y Finanzas y trabajas en un Departamento de Recursos Humanos. Una de tus compañeras de trabajo te cuestiona la relevancia que las políticas de Recursos Humanos puedan tener a la hora de influenciar en la estrategia global de la empresa.

¿Podrías darle argumentos que justifiquen la importancia de la planificación de tu trabajo en el Departamento de Recursos Humanos?

Solución:

Para comprender la incidencia de la planificación estratégica de la empresa sobre la planificación de los Recursos Humanos, analiza el cuadro siguiente, en el que se relaciona la estrategia de la empresa con la actividad productiva y, a su vez, con la plantilla de la organización y las actividades relacionadas con la planificación de los Recursos Humanos.

Estrategia	Crecimiento	Diversificación	Reconversión	Desinversión
Incidencia en la actividad/ producción	Mayor producción	Nuevas actividades productivas	Cambio de actividades	Menos actividad
Incidencia en la plantilla/ actividades a planificar	Incremento de plantillas/ planificación, selección	Necesidad de nuevos empleados con nuevas competencias	Reconversión de empleados/ formación	Disminución de empleados/ acciones de recolocación

ABC VOCABULARIO

- **Puesto de trabajo:** conjunto de funciones que son realizadas por los trabajadores.
- **Tareas:** actividades que se realizan en un puesto de trabajo.
- **Funciones:** conjunto de tareas homogéneas y próximas.
- **Proceso:** conjunto de tareas que se realizan en un puesto y que se interrelacionan con las tareas de otros puestos.
- **Carrera profesional:** secuencia de puestos que un individuo ocupa a lo largo de su vida laboral.

2. Análisis y descripción de los puestos de trabajo

El primer paso para planificar los Recursos Humanos es la realización del **análisis** y la **descripción** de los puestos de trabajo.

> El **análisis de puestos de trabajo** es un proceso mediante el cual se recopila y analiza la información sobre los puestos, con la intención de identificar las tareas, obligaciones y responsabilidades de estos así como los requisitos (formación, habilidades, experiencia) que han de poseer los integrantes de dichos puestos.

Este análisis sirve para establecer el **perfil profesional** de las personas que ocuparán los puestos de forma óptima.

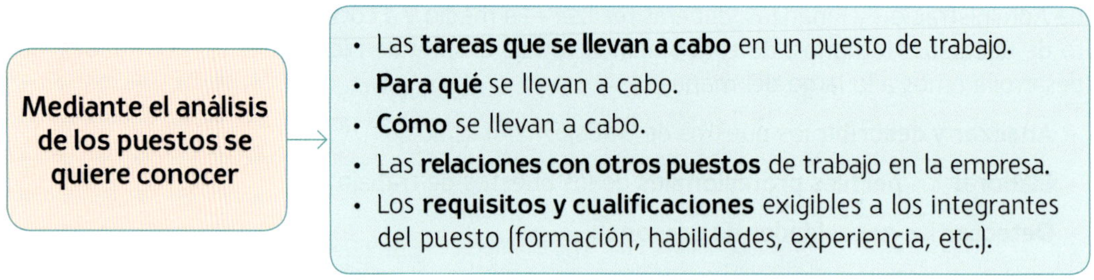

Fig. 2.1. Finalidades del análisis y de la descripción de los puestos de trabajo.

Del análisis de puestos de trabajo se obtienen los datos necesarios, que se materializan en dos documentos, estrechamente relacionados: la **descripción** de puestos de trabajo y los **perfiles profesionales** de los puestos de trabajo.

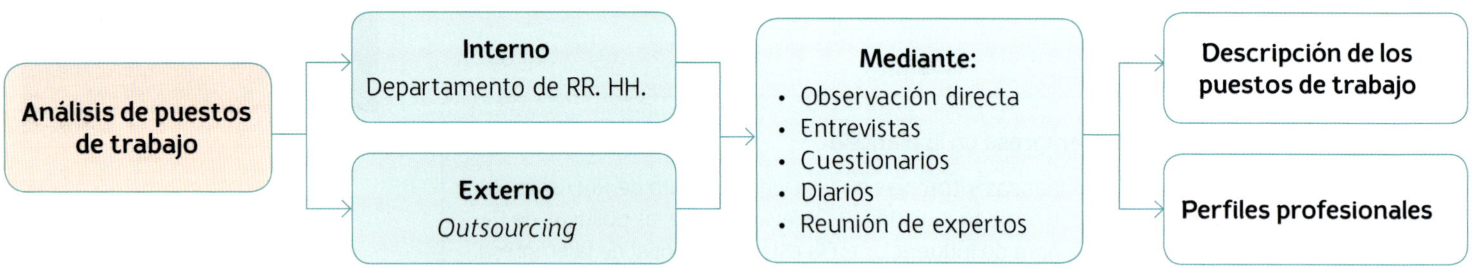

Fig. 2.2. Proceso derivado del análisis de los puestos de trabajo.

2.1. Utilidad del análisis y la descripción de los puestos de trabajo

Los resultados que se obtienen con el análisis se utilizan para:

- **Ayudar al proceso de reclutamiento y selección.** A partir de las descripciones de los perfiles profesionales, se conocen las características personales y profesionales que deben poseer los candidatos.
- **Ayudar a trazar los itinerarios profesionales** dentro de la empresa.
- **Establecer planes de carrera profesional,** pues estos sirven para motivar e implicar a los empleados en su futuro profesional en la empresa.
- **Descubrir las necesidades de formación.** Comparando los requerimientos de los puestos con la formación de los trabajadores, se detectan las necesidades formativas.
- **Evaluar el desempeño.** El análisis y la descripción servirán para determinar si los trabajadores tienen un rendimiento acorde con las exigencias del puesto.
- **Valoración de puestos,** para determinar el valor de los puestos en la organización, especialmente de cara al establecimiento de la política salarial.
- **Establecer las medidas de prevención de riesgos laborales** para los diferentes puestos de trabajo.

2.2. Métodos para el análisis de los puestos de trabajo

El primer paso para realizar el análisis del puesto de trabajo es la **obtención de información sobre las tareas** que se realizan en cada puesto concreto. Existen diferentes métodos para analizar los puestos de trabajo, que mostramos en la Tabla 2.1.

Método	Características
Observación directa	• Durante un tiempo se observan las tareas que llevan a cabo las personas que están desempeñando un puesto de trabajo. • Es un método más adecuado para tareas manuales que intelectuales.
Entrevista	• Las entrevistas pueden ser individuales, de grupo o con el superior inmediato. Se pregunta directamente a los ocupantes de los puestos por sus funciones, tareas y responsabilidades. • Se utiliza para puestos cuyo contenido tiene mayor componente intelectual que manual. • El método tiene el inconveniente de que los entrevistados pueden distorsionar la información si consideran que puede repercutir negativamente en sus condiciones laborales.
Cuestionarios	• Los ocupantes de los puestos cumplimentan cuestionarios que posteriormente serán revisados por el jefe directo. El analista también puede pedir las aclaraciones que crea oportunas. • Es un método rápido y económico, ya que permite estudiar varios puestos de trabajo al mismo tiempo.
Diarios o agendas de trabajo *(cuadernos de bitácora)*	• Consiste en realizar un registro, que elabora el titular del puesto de trabajo, en el que se anotan de forma sistemática las tareas del puesto y el tiempo que se dedica a cada tarea. • Tiene el inconveniente de la falta de objetividad, ya que, al ser el propio trabajador el que registra la información, puede exagerar la importancia del puesto y del trabajo que realiza.
Reunión de expertos	• Consiste en recoger la información de expertos o de trabajadores muy experimentados en las tareas del puesto. • Si se trata de un puesto de nueva creación, lo realizan los impulsores del puesto que se ha creado, ya que conocen las tareas que hay que desarrollar.

Tabla 2.1. Métodos para obtener información sobre los puestos de trabajo.

IMPORTANTE

Inventario de Recursos Humanos

Es **un registro pormenorizado de la información** sobre el personal de la empresa.

Se materializa en una **base de datos** sobre los trabajadores donde se registra formación, experiencia laboral, trayectoria en la empresa, perfil profesional, etc.

El inventario de Recursos Humanos permite a las empresas realizar una **adecuada planificación** de los recursos (reclutamiento, itinerarios profesionales, necesidades de formación de los empleados, etc.).

ACTIVIDADES

1. El Servicio Público de Empleo Estatal (SEPE), **(www.sepe.es)**, es un organismo autónomo adscrito al Ministerio de Empleo y Seguridad Social. El SEPE, junto con los Servicios Públicos de Empleo de las comunidades autónomas, conforma el Sistema Nacional de Empleo.

Accede al perfil de los empleados administrativos y estudia:

a) Las características generales de las ofertas de empleo.

b) El perfil de las personas contratadas.

c) Las actividades empresariales que más contratan a estos trabajadores.

2. Indica, al menos, dos métodos que utilizarías para obtener la información necesaria para describir los siguientes puestos de trabajo en una empresa: administrativo del Departamento de Recursos Humanos, cocinero, director del Departamento de Administración, operario de cadena de montaje, diseñador de videojuegos, agente comercial y bibliotecario.

3. Perfiles profesionales

El **perfil profesional** es un conjunto de características que identifican la adecuación de una persona para asumir las responsabilidades y tareas de un puesto de trabajo.

3.1. Contenido de los perfiles profesionales

El perfil profesional de cada puesto se plasma en un **documento**, que se elabora tomando como base el **análisis** y la **descripción del puesto**, junto con la cultura y los objetivos de la empresa (véanse las Figuras 2.4 y 2.5).

Formación	Formación académica reglada que deberá tener el ocupante del puesto según el contenido de este.	Por ejemplo: Técnico Superior en Administración y Finanzas.
Conocimientos específicos	Conocimientos técnicos que no se adquieren a través de la formación reglada exigida por el puesto y que son necesarios para que el ocupante de este pueda desarrollar sus funciones satisfactoriamente.	Por ejemplo: experiencia en utilización de un programa informático, una maquinaria determinada, etc.
Aptitudes y habilidades	Se indican las necesarias para el desarrollo de las funciones y responsabilidades del puesto.	Suelen incluir: aptitudes verbal, numérica, mecánica, capacidad de análisis, capacidad de síntesis, etc.
Personalidad	Se incluyen los rasgos de personalidad relevantes para el desarrollo óptimo de las funciones y responsabilidades del puesto.	Suelen aparecer rasgos como: control emocional, seguridad en sí mismo, iniciativa, creatividad, liderazgo, etc.
Otros elementos de los perfiles	También se pueden incluir las motivaciones e intereses profesionales que deberá reunir el ocupante del puesto.	Por ejemplo: salario, oportunidades de promoción, posibilidades de formación, compatibilizar vida laboral y personal, estatus, etc.

Fig. 2.4. Elementos de los perfiles profesionales.

A. Profesiograma o perfil profesiográfico

El **profesiograma** o **perfil profesiográfico** es la representación gráfica del perfil profesional. Su objetivo es definir gráficamente, de forma graduada mediante una escala, las exigencias del puesto de trabajo y estudiar, a partir de él, el ajuste a dicho perfil de cada candidato a cubrirlo.

Los profesiogramas vienen marcados por las características de la empresa y del puesto que se vaya a cubrir. Para cada puesto y en cada empresa ha de realizarse un profesiograma específico y, posteriormente, se comparará con cada candidato a ocupar el puesto.

Análisis y descripción del puesto de trabajo + Objetivos y cultura de la empresa → Perfil profesional del puesto de trabajo → Profesiograma

Fig. 2.5. Proceso de obtención del profesiograma.

CASO PRÁCTICO 3

Profesiograma

Continuando con el Caso práctico 2, en el que se describía un puesto de trabajo de administrativo en el Departamento Comercial de una empresa dedicada a la venta al por mayor de prendas de vestir, realiza un profesiograma como parte de tus tareas habituales en el Departamento de Recursos Humanos.

Solución:

		Grado 1	Grado 2	Grado 3	Grado 4
Formación	Técnico Superior en Administración y Finanzas				X
	Técnico en Gestión Administrativa		X		
Conocimientos específicos	Utilización de programas de gestión comercial				X
	Contabilidad			X	
	Gestión de almacén			X	
	Conocimientos de gestión del IVA				X
	Redacción comercial		X		
	Manejo de base de datos				X
	Utilización de redes locales		X		
	Idioma: inglés comercial		X		
Experiencia	En el puesto de trabajo		X		
	En puestos similares	X			
Aptitudes intelectuales	Expresión y comprensión verbal			X	
	Memoria			X	
	Capacidad de reacción			X	
	Atención			X	
	Capacidad de análisis	X			
	Capacidad de síntesis	X			
	Aptitud numérica			X	
Personalidad	Iniciativa		X		
	Responsabilidad			X	
	Control emocional		X		
	Liderazgo	X			
	Flexibilidad	X			
	Capacidad de comunicación			X	
	Empatía			X	
	Asertividad			X	
	Discreción				X
Otros elementos	Oportunidades de formación			X	
	Oportunidades de promoción		X		

? ¿SABÍAS QUE...?

Competencias más valoradas

Las **competencias** que más suelen valorar las empresas son:

- Orientación al logro.
- Orientación a la calidad.
- Orientación al cliente.
- Capacidad de aprendizaje.
- Trabajo en equipo.
- Compromiso con la empresa.
- Flexibilidad.
- Facilidad de comunicación.
- Tenacidad.

3.2. Las competencias en los perfiles profesionales

Un **perfil basado en competencias** (perfil competencial) es el conjunto de competencias que define los requisitos esenciales para cada puesto de trabajo.

Las **competencias** son el conjunto integrado de conocimientos, destrezas, habilidades, aptitudes, actitudes, rasgos de personalidad y motivaciones que posee una persona para desempeñar con éxito las exigencias de un puesto de trabajo en un contexto profesional.

Las competencias están íntimamente ligadas a la empresa, a los puestos de trabajo concretos y a las funciones y tareas específicas definidas para cada puesto. Cada empresa identifica y define sus propias competencias, que serán las que se considere que **contribuyen al logro** de los objetivos estratégicos de la compañía, y que no suelen superar las diez.

Las competencias, además, integran los aspectos más relevantes del perfil profesional, sustituyendo a otros dos factores, **la personalidad y las aptitudes,** y sirven para:

- Seleccionar a los candidatos más idóneos para desempeñar el puesto de trabajo.
- Evaluar a los trabajadores que ocupan el puesto.

A. Clasificación de las competencias

Las competencias se pueden clasificar en *genéricas, específicas* y *transversales.*

Competencias genéricas	Son compartidas por diferentes profesiones y diferentes puestos de trabajo, independientemente de la estructura de la empresa y de la actividad de esta. Algunos autores denominan a estas competencias *core* (del inglés, centrales). Las principales competencias genéricas aparecen explicadas en la Tabla 2.3.
Competencias específicas	Se trata de competencias exigibles a quienes van a desempeñar un determinado puesto de trabajo descendiendo a niveles muy concretos, de tal forma que una competencia tenga sentido en función de un puesto de trabajo en una empresa y en un entorno determinados.
Competencias transversales	Son el conjunto de competencias compartidas por un grupo de trabajadores de la empresa.

Tabla 2.2. Clasificación de las competencias.

Fig. 2.6. Aunque se pueden identificar las competencias generales de un cocinero, no se requieren las mismas competencias para un ayudante de cocina o un cocinero de un restaurante tres estrellas Michelin, por lo que se definirán competencias específicas para cada puesto.

Fig. 2.7. Los jefes de departamento comparten competencias transversales, como el liderazgo, la dirección de personas y la persuasión; las personas del Departamento Financiero comparten la capacidad analítica y la orientación al orden y a la calidad, etc.

Competencias genéricas más habituales		
Competencias de logro y acción		• **Orientación al logro:** preocupación por trabajar eficazmente o por competir para superar las exigencias. • **Iniciativa:** predisposición a emprender acciones, mejorar resultados o buscar oportunidades antes de que se lo indiquen o de ser forzado por los acontecimientos. • **Orientación al orden y a la calidad:** preocupación por disminuir la incertidumbre y asegurar la calidad mediante comprobaciones y sistemas de control claros y ordenados.
Competencias de servicio		• **Sensibilidad interpersonal:** capacidad para escuchar, comprender y responder a las preocupaciones, intereses y sentimientos de los demás. • **Orientación al cliente:** deseo de ayudar o servir a los demás, averiguando sus necesidades y después satisfaciéndolas, tanto con los clientes externos como internos.
Competencias de influencia		• **Persuasión e impacto personal:** capacidad para convencer a los demás para lograr una línea de acción. • **Conocimiento organizacional:** capacidad de comprender y utilizar la dinámica de poder, relaciones e influencias existentes dentro de las organizaciones. • **Construcción de relaciones:** capacidad para crear y mantener contactos y relaciones útiles para el mejor cumplimiento de su trabajo.
Competencias directivas		• **Desarrollo de personas:** capacidad para identificar los puntos fuertes y débiles de las personas y facilitar los medios adecuados (formación, apoyo, oportunidades) para poder mejorar y desarrollarse profesionalmente. • **Dirección de personas:** capacidad de definir y comunicar a los demás lo que es necesario hacer, lograr que lo cumplan, y evaluar y reconocer los logros. • **Trabajo en equipo:** disposición para participar como miembro totalmente integrado en un equipo, del cual no se tiene que ser necesariamente el jefe, y colaborar eficazmente, incluso cuando el equipo trabaja en algo directamente relacionado con los intereses personales. • **Liderazgo:** utilización de los rasgos y métodos interpersonales más apropiados para guiar a individuos hacia la consecución de un objetivo.
Competencias de dominio personal		• **Confianza en sí mismo:** convencimiento de su propia capacidad y posibilidades, especialmente en situaciones difíciles que suponen un reto. • **Autocontrol:** capacidad de mantener el control y la calma en situaciones donde existe oposición, hostilidad o en condiciones de trabajo estresantes. • **Flexibilidad:** capacidad para adaptarse con facilidad a los cambios, entender las posiciones de los demás y modificar la suya propia cuando aparecen nuevas tendencias o datos. • **Tenacidad:** capacidad para persistir en una tarea durante largo tiempo a pesar de las dificultades. • **Compromiso con la organización:** voluntad de orientar su actuación de acuerdo con los principios, prioridades y objetivos de la organización.
Competencias cognitivas		• **Aprendizaje:** capacidad de utilizar, mejorar y ampliar los conocimientos y habilidades necesarios en su trabajo. • **Pensamiento analítico:** capacidad de comprender las situaciones y resolver los problemas, analizándolos y reflexionando de forma lógica y sistemática. • **Reconocimiento de modelos:** capacidad de identificar modelos o conexiones entre situaciones que no están relacionadas de manera obvia e identificar aspectos clave o subyacentes en asuntos complejos.

Tabla 2.3. Principales competencias genéricas valorables para un puesto de trabajo.

CASO PRÁCTICO 4

Competencias de diferentes puestos de trabajo

Teniendo en cuenta la Tabla 2.3, trata de identificar cinco competencias requeridas para el desempeño de los siguientes puestos de trabajo en la empresa en la que realizas la función de administrativo del Departamento de Recursos Humanos: director general, director de Recursos Humanos y administrativo de Recursos Humanos.

Solución:

Las competencias para cada uno de los niveles pueden ser:

Director general	Director de Recursos Humanos	Administrativo de Recursos Humanos
• Conocimiento organizacional. • Liderazgo. • Persuasión e impacto personal. • Dirección de personas. • Iniciativa.	• Persuasión. • Desarrollo de personas. • Dirección de personas. • Sensibilidad interpersonal. • Trabajo en equipo.	• Flexibilidad. • Aprendizaje. • Orientación al orden y a la calidad. • Trabajo en equipo. • Orientación hacia el cliente.

ACTIVIDADES

3. Localiza el decreto que establece el título de Técnico Superior en Administración y Finanzas. Puedes encontrar este decreto, por ejemplo, en el BOE o en la página web del Ministerio de Educación. También puedes consultarlo en el portal **www.todofp.es.**

a) Identifica los artículos en los que están regulados:

- El perfil profesional del título.
- La competencia general.
- Las competencias profesionales, personales y sociales.
- Las cualificaciones y unidades de competencia del título.
- El entorno profesional.

b) Con la información que has recopilado:

- Elabora una relación de las competencias profesionales relacionadas con las tareas de un administrativo que trabaja en el Departamento Comercial de una empresa.
- Prepara una relación de las competencias personales y sociales de un administrativo que trabaja en el Departamento Financiero.
- Elabora una relación de las ocupaciones y puestos de trabajo más relevantes que podrás desempeñar cuando hayas obtenido el título.

4. En una empresa que se dedica a prestar servicios de limpieza a empresas e instituciones públicas, el director del Departamento de Recursos Humanos ha detectado que tres empleados llegan habitualmente tarde. El director les ha pedido que justifiquen sus retrasos: dos trabajadores no han justificado los retrasos de forma convincente y otro ha explicado su situación familiar, que le obliga a retrasarse, y ha propuesto recuperar ese tiempo al finalizar la jornada habitual. El director no asume su papel y no ha tomado ninguna medida para resolver el problema de los retrasos. El resto de los trabajadores sienten que existe un agravio comparativo, lo que está generando mal clima laboral.

Identifica las competencias de las que crees que carece este director del Departamento de Recursos Humanos.

4. Previsión de las necesidades de personal

Uno de los objetivos de la planificación de los Recursos Humanos es detectar las necesidades de personal para atender la carga de trabajo en cada periodo de tiempo.

> Para **planificar las necesidades de personal** se toman como punto de partida los objetivos estratégicos de la empresa, el inventario de personal y los perfiles de los puestos de trabajo, con el objetivo de que, ante jubilaciones, bajas por incapacidad temporal, vacaciones e incrementos o disminuciones de la producción, se puedan anticipar las necesidades a corto, medio y largo plazo.

Una vez analizada la plantilla de la empresa, se pueden presentar las tres situaciones que se muestran en la Figura 2.8.

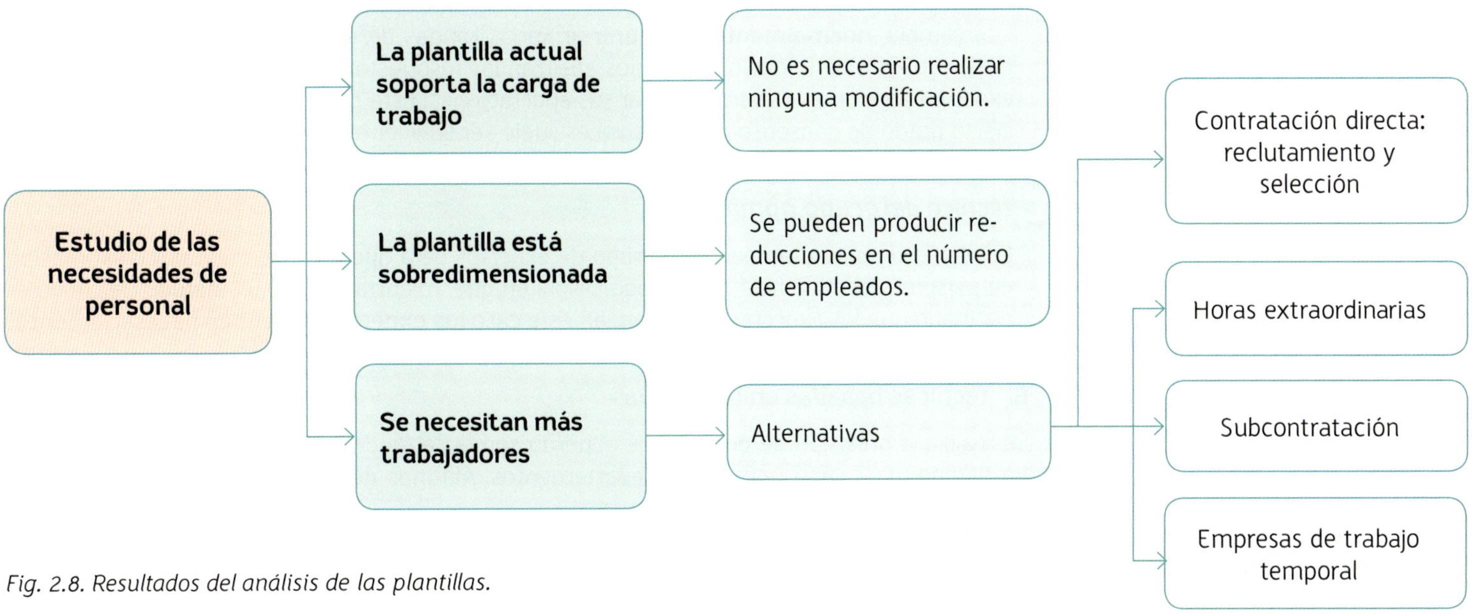

Fig. 2.8. Resultados del análisis de las plantillas.

4.1. Técnicas para estimar las necesidades de Recursos Humanos

Las técnicas para estimar las necesidades futuras de personal se clasifican en dos grupos:

- **Técnicas basadas en la experiencia** de los directivos y grupos de expertos.
- **Técnicas basadas en tendencias.** Se basan en informaciones de la evolución de la producción, de las ventas y de las circunstancias del entorno económico.

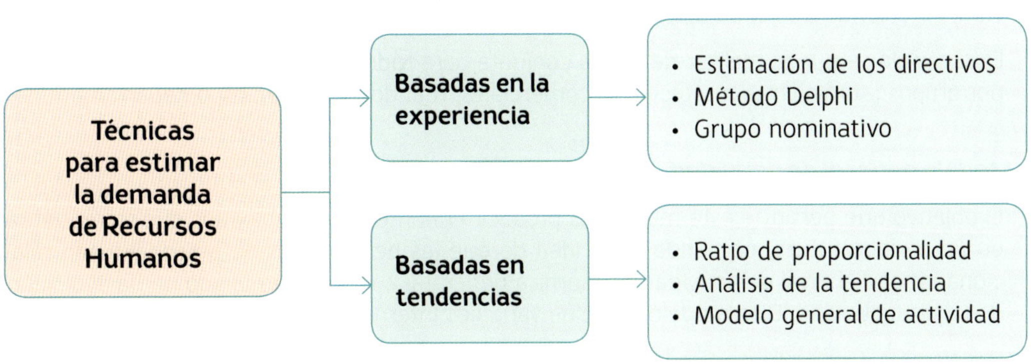

Fig. 2.9. Clasificación de las técnicas para estimar la demanda de Recursos Humanos.

¿SABÍAS QUE...?

Outplacement

En algunas empresas, cuando se producen despidos, utilizan servicios que se encargan de reorientar, reconducir y recolocar a las personas que han sido despedidas. Estos servicios se denominan *outplacement.*

El *outplacement* lo prestan empresas especializadas que atienden psicológicamente, motivan y ayudan a redefinir la carrera de las personas despedidas.

El coste de los servicios de *outplacement* es pagado por las empresas que han efectuado los despidos.

A. Técnicas basadas en la experiencia

Estas técnicas se apoyan en la experiencia y en la intuición de las personas que tienen que tomar las decisiones. Se suele consultar a los directores de los departamentos o a grupos de expertos.

Este tipo de estimación **ha de realizarse siempre**, de forma exclusiva o como complemento de otros métodos de previsión.

- ***Método de estimaciones de los directivos***

Es la Dirección de la empresa la que determina el número y la clase de empleados que necesitará en el futuro, en función de la estrategia de la empresa y de los objetivos planteados. La decisión debe tomarse después de consultar a los jefes de los departamentos y a los mandos intermedios.

- ***Método Delphi***

Un grupo de expertos (directores de los departamentos, jefes de área, mandos intermedios) intercambia, **normalmente sin reunirse**, varias rondas de estimaciones de personal. En el Departamento de Recursos Humanos analizan las respuestas y exponen sus resultados a los expertos para que vuelvan a realizar sus aportaciones. Este proceso es reiterado hasta lograr cierto grado de consenso (con tres veces suele ser suficiente).

- ***Técnica del grupo nominativo***

Consiste en reunir a un pequeño grupo de expertos para que formulen una única estimación de personal. Se diferencia del método Delphi en que, mientras que en el método Delphi no es necesario que los expertos se reúnan, en este caso **los expertos se reúnen necesariamente.**

B. Técnicas basadas en tendencias

Se realiza la previsión de personal de acuerdo con la carga de trabajo prevista, en un período de tiempo, para cada uno de los departamentos. Algunos de los métodos utilizados son los siguientes:

- ***Ratio de proporcionalidad***

Consiste en calcular las necesidades futuras de personal, relacionando el volumen de ventas o el volumen de producción con el número de empleados.

La utilización del volumen de ventas o el volumen de producción dependerá del tipo de actividad: las ventas podrían ser elegidas en el sector comercial y el volumen de producción en las manufacturas.

- ***Análisis de tendencia***

Analiza el pasado para predecir el futuro, estudiando la serie histórica de la evolución del empleo en los últimos años (cinco se puede considerar aceptable) y proceder a su extrapolación, obteniendo una estimación de necesidades de personal en los próximos años.

Este cálculo se puede realizar de forma conjunta para todos los trabajadores de la empresa, por grupos (administrativos, técnicos, comerciales, mandos intermedios) o departamentos.

- ***Modelo general de actividad***

El objetivo que persigue este modelo es predecir el número de empleados que se requerirá en un período futuro, partiendo de la idea de que las necesidades de personal están relacionadas con el nivel de actividad económica general y, a su vez, modulado por la evolución de la productividad. Este modelo combina variables internas de la empresa y del entorno.

Por ejemplo, una empresa puede calcular el número de empleados necesarios en función del crecimiento de la economía, de la tasa de crecimiento de la población, del nivel de desempleo o del volumen de exportaciones de un país.

CASO PRÁCTICO 5

Cálculo del número de empleados mediante el análisis de la tendencia

En un hospital que en la actualidad cuenta con 250 camas, han decidido ampliar hasta 350 camas en dos años.

Calcula la plantilla de personal de enfermería y personal auxiliar para los próximos años 4 y 5, teniendo en cuenta la evolución histórica que se muestra seguidamente:

Año	Nº camas	Personal enfermería	Personal auxiliar
Año 1	150	55	75
Año 2	200	70	95
Año 3	250	85	115
Año 4	300	*100*	*135*
Año 5	350	*115*	*155*

Solución:

Del estudio se deduce que el personal de enfermería crece con 15 nuevos empleados por cada 50 nuevas camas; por lo tanto, en los próximos años, la plantilla aumentará hasta 100 en el Año 4 y hasta 115 en el Año 5. Si el número de auxiliares crece a una tendencia de 20 por cada 50 camas, necesitarán 135 auxiliares en el Año 4 y 155 en el Año 5.

CASO PRÁCTICO 6

Cálculo del número de empleados mediante el ratio de proporcionalidad

Trabajas como administrativo del Departamento de RR. HH. en una empresa dedicada a la fabricación de electrodomésticos, cuyo volumen de producción es de 20.000 unidades al año y la plantilla se distribuye de la siguiente forma:

- Personal de fabricación: 100.
- Personal administrativo: 20.
- Agentes comerciales: 10.

La Dirección ha estimado que en el siguiente ejercicio se incrementará la demanda y se podrá alcanzar una producción de 24.000 unidades.

Calcula el número de empleados que se necesitan en esta empresa para el próximo ejercicio, por cada uno de los grupos de trabajadores, según el ratio de proporcionalidad.

Solución:

Analizando la proporcionalidad, obtenemos el número de empleados necesarios para el próximo ejercicio:

Producción	Empleados de fábrica	Administrativos	Comerciales
Actual: 20.000	100	20	10
Futura: 24.000	*120*	*24*	*12*

ACTIVIDADES

5. Una empresa, cuya producción se exporta mayoritariamente, tiene una plantilla actual de 250 trabajadores. Para calcular el número de trabajadores que necesitan, tienen en cuenta las previsiones del Banco de España y del Gobierno sobre las exportaciones.

Calcula cuál será el incremento de la plantilla si las estimaciones económicas prevén, para el próximo ejercicio, un incremento de las exportaciones del 12 %.

6. La incorporación de personas a una empresa o la disminución del número de trabajadores son decisiones que tienen gran trascendencia, ya que repercuten en los costes de personal, en la organización del trabajo, en la motivación individual y colectiva, así como en la imagen de la empresa en el entorno social.

Indica cuáles son, en tu opinión, las consecuencias cuando la plantilla es mayor de la necesaria para atender la carga de trabajo y cuando es inferior a la necesaria.

SÍNTESIS La planificación de los Recursos Humanos

Planificación de los Recursos Humanos → Proceso que consiste en elaborar e implantar planes que aseguren un número suficiente de empleados, con las competencias necesarias, en los puestos adecuados, en el momento y al coste preciso.

Análisis y descripción de los puestos de trabajo →
- Tareas que se hacen.
- Para qué se hacen.
- Cómo se hacen.
- Relaciones con otros puestos de trabajo.
- Requisitos y cualificaciones exigibles para ocupar los puestos.

Métodos para el análisis de puestos de trabajo →
- Observación directa.
- Entrevista.
- Cuestionarios.
- Diarios.
- Reunión de expertos.

→ Se obtienen →
- Descripción de los puestos de trabajo.
- Perfiles profesionales.

Perfiles profesionales → Se emplean para →
- Reclutamiento y selección.
- Valoración de puestos de trabajo.
- Evaluación del desempeño.
- Necesidades de formación.
- Retribución.
- Prevención de riesgos laborales.
- Planes de carrera.

Estudio de las necesidades de personal →
- La plantilla actual soporta la carga de trabajo → La plantilla debe mantenerse.
- La plantilla actual está sobredimensionada → Reducción número trabajadores.
- La plantilla actual necesita aumentarse →
  - Contratación directa: reclutamiento y selección.
  - Horas extraordinarias.
  - Subcontratación.
  - ETT.

Técnicas para estimar la demanda de Recursos Humanos →
- Basada en la experiencia →
  - Estimación de los directivos.
  - Método Delphi.
  - Grupo nominativo.
- Basada en tendencias →
  - Ratio de proporcionalidad.
  - Análisis de la tendencia.
  - Modelo general de actividad.

TEST DE REPASO

1. El análisis de un puesto de trabajo:

a) Consiste en la descripción del puesto.
b) Consiste en identificar las tareas y funciones del puesto.
c) Sirve para describir a los ocupantes de cada puesto.
d) Describe cómo se realizan las tareas.

2. Mediante el análisis de los puestos no se pretende conocer:

a) Las tareas que se realizan en cada puesto.
b) Las personas que ocupan los puestos.
c) Lo que se hace en cada puesto.
d) Los riesgos del puesto.

3. Mediante el análisis de los puestos de trabajo se obtienen:

a) Los perfiles profesionales.
b) Las carreras profesionales.
c) La planificación de las plantillas.
d) Todas son ciertas.

4. No es un método que se utilice para la descripción de los puestos de trabajo:

a) Los cuestionarios.
b) Las entrevistas.
c) El grupo nominativo.
d) Los diarios.

5. La ficha de descripción del puesto de trabajo no suele contener información sobre:

a) La dependencia jerárquica.
b) Las competencias.
c) Las tareas.
d) Los horarios.

6. Los perfiles profesionales se realizan tomando como base:

a) Las necesidades de personal.
b) La descripción del puesto.
c) La situación del mercado laboral.
d) La formación.

7. Los profesiogramas son:

a) La representación gráfica del perfil profesional.
b) Un método para analizar los puestos.
c) La descripción de las actitudes.
d) Las competencias del puesto.

8. En los profesiogramas no se reflejan:

a) La formación.
b) Las actitudes.
c) Las aptitudes.
d) La personalidad.

9. Elige la opción que no sea una clase de competencias:

a) Genéricas.
b) Específicas.
c) Generales.
d) Transversales.

10. Las competencias genéricas son:

a) Válidas para idénticos puestos de trabajo.
b) Validas solo para una profesión.
c) Válidas para diferentes puestos de trabajo.
d) Válidas para un puesto concreto.

11. Las competencias específicas son válidas para:

a) Un puesto en una empresa concreta.
b) El mismo puesto en diferentes empresas.
c) Diferentes tareas en empresas.
d) Diferentes puestos en diferentes empresas.

12. El ratio de proporcionalidad relaciona el número de empleados con:

a) La evolución del empleo.
b) La actividad económica.
c) El volumen de ventas.
d) Las exportaciones.

13. El análisis de tendencia relaciona las necesidades de personal con:

a) El volumen de producción.
b) La evolución del empleo en los últimos años.
c) La actividad económica general.
d) La productividad.

14. Mediante el modelo general de actividad se estiman las necesidades futuras de personal en función de:

a) Las ventas del último ejercicio.
b) El volumen de producción.
c) La actividad económica general.
d) El número de empleados de la empresa.

COMPRUEBA TU APRENDIZAJE

Se ha valorado la importancia del reconocimiento del concepto de perfil del puesto de trabajo para seleccionar los currículos.

1. Explica cómo incide en las actividades del Departamento de Recursos Humanos la planificación de las plantillas y qué actividades se derivan de esta planificación, tanto a medio como a corto plazo.

2. Mediante el análisis de puestos de trabajo, la empresa recopila y analiza la información sobre los puestos, con la intención de identificar las tareas, obligaciones y responsabilidades de estos. Para la obtención de información se utilizan diferentes técnicas: observación, entrevistas, etc.

   Indica qué método utizarías para obtener la información necesaria para describir los siguientes puestos de trabajo:

   - Vendedor de automóviles.
   - Biólogo investigador.
   - Personal de enfermería.
   - Conductor de autobuses.
   - Operario de una cadena de montaje.
   - Informático programador.

3. Supongamos que tienes que realizar el análisis y la descripción de un puesto de trabajo del Departamento de Atención al Cliente en una compañía de seguros de ámbito nacional.

   a) Indica cuáles serán los métodos más adecuados para realizar el análisis del puesto de trabajo.

   b) Cumplimenta la ficha de descripción de los puestos, tomando como base la que aparece en la Figura 2.3 de esta unidad.

   Debes tener en cuenta que el contenido de la ficha varía en función de cada empresa y de cada puesto de trabajo.

   Puedes apoyarte en el decreto que regula el título de Técnico Superior en Administración y Finanzas, prestando especial atención a los contenidos y criterios de evaluación del módulo *Comunicación y atención al cliente*.

   Desconocerás algunos de los datos, por lo que deberás imaginarte cómo es y qué condiciones reúne un Departamento de Atención al Cliente estándar.

4. Realiza el profesiograma del puesto de trabajo de la actividad anterior. En el profesiograma se reflejarán los aspectos siguientes:

   a) Formación académica.

   b) Experiencia.

   c) Conocimientos específicos adquiridos mediante la formación no reglada.

   d) Aptitudes necesarias para el desarrollo de las funciones y responsabilidades del puesto.

   e) Rasgos de la personalidad relevantes para el desarrollo de las funciones y responsabilidades del puesto.

   f) Motivaciones e intereses profesionales que deberá reunir el ocupante del puesto.

5. Analiza la descripción del puesto de trabajo de las actividades anteriores y trata de identificar las competencias genéricas y específicas que deben reunir los trabajadores del Servicio de Atención al Cliente. Además de la información de la unidad, puedes consultar:

   - El decreto que regula el título de Técnico Superior en Administración y Finanzas.
   - La web del Servicio Público de Empleo Estatal (SEPE), **www.sepe.es**, buscando en los perfiles de las profesiones similares a la de la oferta de empleo.

6. Elabora la ficha de descripción del puesto de administrativo que realiza tareas en el Departamento de Recursos Humanos, en este caso de una mediana empresa.

   Al igual que en el caso anterior, puedes apoyarte en el decreto que regula el título de Técnico Superior en Administración y Finanzas, prestando especial atención a los contenidos y criterios de evaluación de los módulos *Recursos humanos y Responsabilidad Social Corporativa.*

7. En una empresa dedicada a la elaboración de conservas vegetales, la producción en la última temporada ha sido de 600.000 unidades. La plantilla se distribuye de la siguiente forma:

   - Personal de producción: 120.
   - Personal administrativo: 10.
   - Vendedores: 7.
   - Personal de almacén y mantenimiento: 9.

   Debido a las previsiones optimistas que se desprenden de los estudios sobre la evolución del mercado, la dirección ha decidido que, en el siguiente ejercicio, se debe incrementar la producción hasta alcanzar las 900.000 unidades.

   a) Calcula el número de empleados que se necesitan para el próximo ejercicio por cada uno de los grupos de trabajadores, utilizando el ratio de proporcionalidad.

   b) Explica qué alternativas se pueden proponer desde el Departamento de Recursos Humanos para ajustar la plantilla al incremento de la producción.

   c) Indica qué actividades se planificarán en el Departamento de Recursos Humanos para atender al incremento de la plantilla.

8. En una empresa, los ingresos brutos por las ventas en el último ejercicio han ascendido a 3.500.000 euros. De los informes económicos que dispone la Dirección se desprende que, en el siguiente ejercicio, las ventas se contraerán y, por tanto, ha de ajustarse la producción, reduciéndola en un 5 %. En la empresa trabajan los siguientes empleados:

   - Trabajadores de planta: 80.
   - Administrativos: 20.
   - Agentes comerciales: 10.

a) Calcula, mediante el ratio de proporcionalidad, qué incidencia puede tener la planificación de la producción en la plantilla de la empresa.

b) Explica qué alternativas pueden proponer desde el Departamento de Recursos Humanos a la Dirección para ajustar la plantilla, pero que no consistan en el despido de los empleados.

9. Un complejo hotelero está siendo abierto en varias fases sucesivas. Comenzaron inaugurando 100 habitaciones y, cuando esté completamente finalizado, alcanzarán las 350.

La evolución de la plantilla ha sido la siguiente:

Nº habitaciones	Personal limpieza	Personal recepción	Resto de personal
100	15	8	8
150	20	10	12
200	25	12	16

Calcula, analizando la tendencia, la plantilla de personal de limpieza, de recepción y resto de personal (camareros, cocineros, mantenimiento) que necesitarán en el hotel cuando esté completamente finalizado.

10. En una compañía de seguros, la evolución del número de pólizas y de trabajadores es la que se refleja a continuación:

Año	Número pólizas	Personal administración	Personal comercial
Año 1	40.000	110	90
Año 2	60.000	140	110
Año 3	80.000	170	130
Año 4	100.000	200	150
Año 5	120.000	230	170

Calcula la plantilla de personal para los tres próximos años, suponiendo que las previsiones de la empresa incluyan un volumen de pólizas contratadas en evolución constante.

11. En una empresa cuyo volumen de ventas asciende a 20.000.000 euros, las previsiones estiman que, en la próxima temporada, se llegue a un volumen de ventas de 22.000.000 euros. La plantilla actual la forman:

- 50 vendedores.
- 90 operarios en la cadena de montaje.
- 20 administrativos.

Calcula cuál será la necesidad de empleados de cada grupo para la próxima temporada.

12. En una empresa con un plantilla de 550 trabajadores, para calcular el número de trabajadores tienen en cuenta la evolución del Producto Interior Bruto del país.

Calcula cuál será el incremento de la plantilla si las estimaciones económicas prevén, para el próximo ejercicio, un crecimiento del PIB del 2 %.

13. Explica en qué consisten las siguientes técnicas utilizadas para evaluar las necesidades de personal, basadas en la experiencia:

- Estimación de los directivos.
- Método Delphi.
- Técnica del grupo nominativo.

14. Una empresa dedicada a la fabricación de calzado va a ampliar la producción creando una nueva línea de productos dirigida a niños y niñas menores de 10 años, por lo que van a abrir un proceso de reclutamiento y selección, tanto interno (entre los trabajadores de la empresa interesados en cambiar de puesto de trabajo) como externo (abierto al mercado laboral), para seleccionar personal de acuerdo con los perfiles profesionales de los puestos de trabajo.

Dos de los puestos de trabajo que deben cubrir son director de Fabricación y diseñador. Trata de describir las competencias genéricas y específicas que deben reunir estos dos puestos de trabajo.

Puedes obtener información en:

- El Servicio Público de Empleo Estatal (SEPE), **(www.sepe.es).**
- La descripción de las tareas de los puestos que se realiza en el convenio colectivo del sector.
- Los decretos que regulan los títulos de formación profesional de: Técnico Superior en Diseño y Producción de Calzado y Complementos.

Puedes encontrar estos decretos en la web **www.todofp.es.**

15. Realiza el siguiente trabajo:

Trata de identificar al menos tres competencias requeridas para el desempeño de los siguientes puestos de trabajo:

- Soldador.
- Desarrollador de videojuegos.
- Personal de seguridad privada.

Puedes encontrar información en las competencias específicas requeridas en los puestos de trabajo indicados que encontrarás en el Servicio Público de Empleo Estatal (SEPE).

16. En la web del Servicio Público de Empleo Estatal (SEPE), *www.sepe.es> Empresas,* existe un vínculo que da acceso a los perfiles profesionales de las ocupaciones que se ofertan por las empresas en Internet y recoge: la caracterización de la oferta, las competencias específicas requeridas para desempeñar el empleo y el perfil requerido al candidato, como características personales, formación y experiencia, idiomas e informática, competencias personales, etc.

Accede al perfil de los empleados administrativos y realiza un esquema de las competencias demandadas por las empresas.

3
UNIDAD

La preselección y el reclutamiento de los Recursos Humanos

En esta unidad

APRENDERÁS A...

- Secuenciar las fases de un proceso de selección de personal y sus características fundamentales.
- Identificar la información que se genera en cada una de las fases de un proceso de selección de personal.
- Identificar los organismos y empresas relevantes en el mercado laboral, dedicados a la selección y formación de Recursos Humanos.
- Establecer las vías de comunicación oral y escrita con las personas que intervienen en el proceso de selección.

ESTUDIARÁS...

- Las fases del proceso de reclutamiento y selección.
- El proceso de reclutamiento.
- La preselección de personal.

Y SERÁS CAPAZ DE...

- Aplicar los procedimientos administrativos relativos a la selección de Recursos Humanos, eligiendo los métodos e instrumentos más adecuados a la política de cada organización.

1. Fases de un proceso de reclutamiento y selección

Los procesos de reclutamiento y selección pueden ser llevados a cabo por el **Departamento de Recursos Humanos de la empresa** o por una **consultora especializada;** en muchos casos, las empresas externalizan una parte de este proceso y otra parte es realizada por el propio Departamento de Recursos Humanos.

El **reclutamiento** y la **selección** forman parte de un proceso integrado por varias fases, que se inicia con la detección de la necesidad de cubrir un puesto de trabajo y finaliza con la contratación e integración en la empresa de una persona para cubrirlo.

El proceso de reclutamiento se afronta desde dos perspectivas: el **reclutamiento interno,** recurriendo al personal que tiene la empresa en ese momento, y el **reclutamiento externo,** acudiendo al mercado de trabajo para encontrar trabajadores idóneos para cubrir los puestos.

En la Figura 3.1 aparecen todas las fases del proceso de reclutamiento y selección de forma extensa, aunque este proceso puede ser más corto o incluso otro diferente.

IMPORTANTE

El **reclutamiento** se apoyará en dos pilares fundamentales:

- La **descripción de los puestos** de trabajo.
- Los **perfiles profesionales.**

1. Reclutamiento	• Interno: entre el personal actual de la plantilla. • Externo: servicios públicos de empleo, empresas de selección, centros de formación, anuncios, etc.
2. Recepción y preselección	• Recepción de currículos, de dentro y de fuera de la empresa. • Preselección de los candidatos que más se ajusten al perfil del puesto. • Comunicación con las personas cuyos currículos se han preseleccionado.
3. Pruebas de selección	Pruebas psicotécnicas, de personalidad e intereses, profesionales, de idiomas, etc.
4. Entrevistas	• Primera entrevista, por el especialista en selección. • Segunda entrevista, por el jefe del departamento donde esté la vacante, a las personas que han superado la primera entrevista. • Tercera entrevista, por el director, gerente, etc. (solo para puestos de responsabilidad).
5. Comprobación de documentación	• Méritos aportados (titulación, cursos de formación, conocimiento de idiomas, experiencia, etc.). • Referencias del candidato.
6. Toma de decisiones	Superior de la persona que ocupará el puesto y directivos implicados.
7. Pruebas médicas	Se realizan por los servicios médicos de la empresa o por una empresa especializada.
8. Contratación	Protocolos de acogida y manual de acogida, para que el trabajador se ubique en la empresa.
9. Acogida	Se gestiona la modalidad de contratación adecuada o se contrata a través de una ETT.
10. Formación inicial y periodo de prueba	Los nuevos trabajadores reciben formación específica para los puestos para los que han sido contratados. Se ha de superar un periodo de prueba y se realizan un seguimiento y una evaluación del rendimiento.

Fig. 3.1. Proceso de reclutamiento y selección de personal.

CASO PRÁCTICO 1

Fuentes públicas de empleo: Empléate

Como Técnico en Administración y Finanzas, debes ser capaz de reconocer qué método de reclutamiento es más adecuado en función de las necesidades de la organización para la que trabajas y del puesto de trabajo requerido. En Internet existen numerosas fuentes de reclutamiento externo, públicas o privadas, que podrías consultar para hacerte una idea del mercado de trabajo.

Tu jefe te ha pedido que investigues en algún portal oficial las ofertas de empleo, los trabajos más demandados y los requisitos más valorados.

Solución:

Una de las páginas oficiales en las que es posible informarse sobre ofertas de empleo es ***Empléate*** **(www.empleate.gob.es)**, portal de empleo del **Servicio Público de Empleo Estatal (SEPE)**.

En esta web nacional, podrás encontrar ofertas de empleo del Servicio Público de Empleo Estatal, los Servicios de Empleo Autonómicos y de empresas privadas que también colaboran con la actualización de ofertas de empleo cada día.

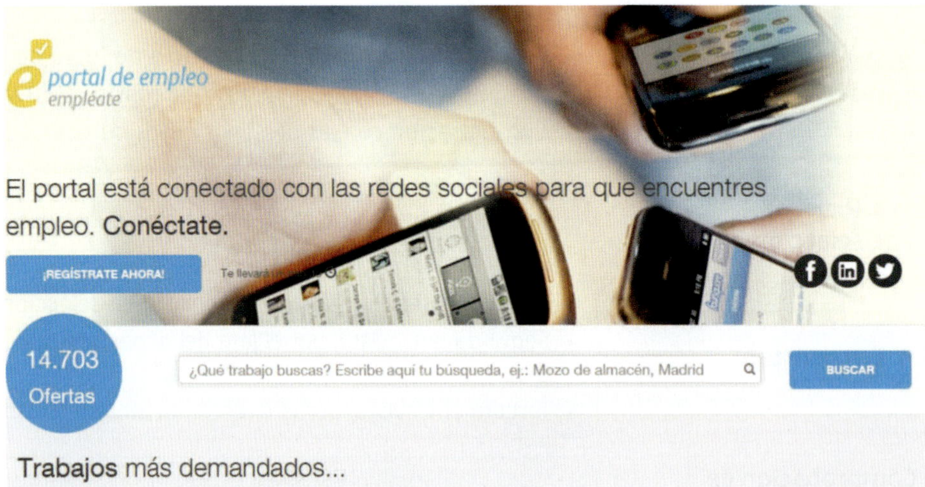

Los *Perfiles de la Oferta de Empleo* de los últimos años contienen información de las ocupaciones que se ofertan por las empresas en Internet y, a modo de ficha, se recoge la caracterización de la oferta, las competencias específicas requeridas para desempeñar el empleo y el perfil requerido al candidato, a partir de cuatro puntos: características personales, formación y experiencia, idiomas e informática y competencias personales.

ACTIVIDADES

1. La **investigación de la identidad digital** cada día va adquiriendo mayor importancia en los procesos de selección, especialmente la actividad en las redes sociales de los candidatos a un puesto de trabajo.

   La Agencia Española de Protección de Datos **(www.agpd.es)** ha puesto en marcha el proyecto de vídeos *online Protege tus datos en Internet,* que tiene como objetivo mostrar al ciudadano cómo puede gestionar su privacidad en la Red. Incluye diez vídeotutoriales, en los que se explica paso a paso cómo configurar las opciones de privacidad de los navegadores, las redes sociales y los sistemas operativos móviles más comunes.

   Busca el proyecto en la web de la Agencia Española de Protección de Datos y realiza un resumen sobre su funcionamiento para exponerlo en clase.

2. El proceso de reclutamiento

El **reclutamiento** es un conjunto de actividades cuya finalidad es atraer un número suficiente de candidatos potencialmente cualificados para cubrir los puestos de trabajo vacantes. El proceso de reclutamiento se **inicia** con **la búsqueda de candidatos** y **termina** cuando **se reciben las solicitudes de empleo.**

Antes de iniciar el proceso de reclutamiento, se investigará si el perfil del candidato puede encontrase dentro de la empresa, o bien, si ha de buscarse fuera. Esto da lugar a dos fuentes de reclutamiento: las *internas* y las *externas*.

Las fuentes de reclutamiento no son excluyentes; generalmente son utilizadas de forma complementaria, salvo casos específicos que lo justifiquen.

ABC VOCABULARIO

Headhunting

Son empresas de selección de búsqueda directa *(executive search o headhunting)*, también llamadas «cazatalentos», que están especializadas en **captación de candidatos de alto nivel** o especialistas con excelentes currículos y trayectorias profesionales brillantes.

Fuentes de reclutamiento

- **Internas**
  - **Movilidad vertical** *(ascensos)*
    - Mérito y capacidad.
    - Antigüedad.
  - **Movilidad transversal** *(movimientos laterales)*
    - Movimiento a un puesto de igual nivel, responsabilidad, salario y posibilidades de promoción.
- **Externas**
  - Candidaturas espontáneas.
  - Servicios públicos de empleo.
  - Organismos públicos y privados.
  - ETT.
  - Agencias de colocación.
  - Anuncios en medios de comunicación.
  - Internet.
  - Personas conocidas.
  - Consultoras de selección de personal.
  - Personal de la competencia.
  - Bolsas de empleo y FCT.
  - EURES: empleo en Europa.
  - Empresas de *headhunting* (cazatalentos).

Fig. 3.2. Fuentes de reclutamiento.

EJEMPLO

Regulación del reclutamiento y la selección en los convenios colectivos

En muchos convenios colectivos se establecen las condiciones para los nuevos ingresos y la selección interna de los trabajadores actuales de la empresa.

En las regulaciones sobre movilidad interna, los convenios no suelen incluir todas las vacantes, ya que se exceptúan aquellas destinadas a los niveles superiores, que suelen ser de libre designación por las empresas.

ACTIVIDADES

2. Mediante un buscador, localiza el convenio colectivo del sector de la mediación de seguros privados y realiza las siguientes tareas:

- Busca los artículos en los que se regulan los ascensos y promociones.
- Identifica qué puestos pueden ser de libre designación.
- Indica cuáles son los criterios básicos para la realización de los ascensos entre grupos y subgrupos profesionales.
- Señala qué circunstancias se valorarán para la promoción entre los grupos y subgrupos profesionales.
- Indica qué tipos de ejercicios realizarán los candidatos, cuando procedan el concurso de méritos y el examen de aptitud.

3. Uno de los requisitos imprescindibles para el ascenso y la promoción en las empresas es la formación continua de los trabajadores. En la web del SEPE (**www.sepe.es**) existe un buscador de cursos de formación.

Accede a este buscador y localiza los cursos formativos que existen actualmente para trabajadores administrativos ocupados.

4. En muchas ocasiones, las empresas recurren a empresas especializadas para realizar el reclutamiento y la selección de nuevos trabajadores. Identifica, al menos, tres empresas que se dediquen a estas actividades y realiza un resumen de los servicios que prestan.

IMPORTANTE

Principio de Peter

«En una jerarquía, todo empleado tiende a ascender hasta alcanzar su nivel de incompetencia».

Laurence J. Peter, 1969.

Laurence J. Peter sostiene que, en una empresa, las personas que realizan bien su trabajo son promocionadas a puestos de mayor responsabilidad, una y otra vez, hasta que alcanzan su **nivel de incompetencia.**

Como consecuencia, muchos puestos de alta dirección son ocupados por profesionales que no tienen la suficiente cualificación para su trabajo; esto conduce a graves errores en las decisiones que toman.

¿SABÍAS QUE...?

Movilidad funcional

Es la facultad del empresario para adaptar temporalmente las funciones de los trabajadores a la realidad organizativa de la empresa. Es una decisión unilateral del empresario que no requiere el consentimiento del trabajador y puede ser:

- *Ascendente,* cuando al trabajador se le encomiendan funciones de un grupo profesional superior al suyo.
- *Descendente,* cuando se le encomiendan funciones de un grupo inferior al suyo.
- *Horizontal,* cuando las funciones son del mismo grupo profesional.

2.1. Reclutamiento interno

Muchas empresas siguen la política de cubrir sus vacantes recurriendo al personal existente en la empresa. Este aspecto se suele incluir en los **planes de carrera profesional,** en los cuales se determina qué puestos de trabajo podrán ser ocupados por trabajadores de la empresa, en función de sus competencias, implicación, objetivos alcanzados, valoraciones, etc.

Por ejemplo, para promocionar los puestos clave mediante los planes de carrera, en la empresa **se diseñan planes de desarrollo concretos** (formación, rotación de puestos, enriquecimiento de funciones, etc.).

A. Políticas de selección interna de personal

Muchas empresas establecen políticas de promoción con objeto de motivar al personal de la empresa y que las personas interesadas puedan promocionar.

Para que las políticas de promoción sean creíbles, eficientes, motivadoras y repercutan favorablemente en el clima laboral, han de cumplir una serie de **requisitos:**

- Haber sido **negociadas con los representantes** de los trabajadores.
- Han de ser **conocidas por todo el personal** y estar abiertas a todos trabajadores que reúnan las competencias necesarias para cubrir los puestos vacantes.
- Se **publicarán las vacantes,** así como el lugar y los plazos para la presentación de solicitudes.
- El proceso **será transparente** para evitar agravios, compromisos y favoritismo. Si fuese necesario, se delegará la responsabilidad de las decisiones en un grupo de personas seleccionadas.
- Se informará de los **requisitos necesarios** para cubrir las vacantes.
- Si hay dudas entre varios candidatos, **se aplicarán pruebas** similares a las utilizadas en la selección, como test, pruebas profesionales y entrevistas.

B. Manifestaciones del reclutamiento interno

El reclutamiento interno puede realizarse mediante *movilidad vertical* y *movilidad transversal.*

Movilidad vertical

Una promoción de movilidad vertical se lleva a cabo cuando se cambia a un empleado a una posición de nivel más alto, con mejor sueldo y mayores responsabilidades.

En este proceso se valorarán diferentes factores, como los méritos, la formación continua y la antigüedad en un puesto determinado.

Movilidad transversal: transferencias

Consiste en transferir a una persona dentro de la empresa, trasladándola a un puesto de la misma empresa con igual nivel de responsabilidad, salario y posibilidades de promoción.

Las transferencias de personal pueden tener diferentes objetivos:

- **Formación y adaptación** de un trabajador para un puesto de mayor responsabilidad.
- **Reubicación de empleados** que ocupaban puestos que desaparecen.
- **Potenciación de la polivalencia,** de tal manera que cada trabajador conozca, además del puesto de trabajo que realiza, otros puestos; de esta forma se evita la monotonía y se cubren puestos vacantes en caso de necesidad.
- **Satisfacer la necesidad** que pueden sentir los trabajadores de cambiar de actividad, de departamento o de localidad.

Ambos tipos de movilidad pueden ser motivadoras para el empleado: la movilidad vertical ofrece perspectivas de desarrollo de una carrera profesional dentro de la empresa a través de promociones y ascensos, y la movilidad transversal permite al trabajador romper la monotonía, su trabajo le puede resultar menos rutinario y, además, puede abrir nuevas vías de promoción.

C. Requisitos para un reclutamiento interno motivador

El reclutamiento interno debe ser motivador y, para ello, tiene que basarse en el **mérito** y en la **antigüedad.**

Requisitos basados en el mérito

Estos requisitos se fundamentan en el desempeño destacado que una persona consigue en su puesto de trabajo. Si no se puede distinguir de forma objetiva entre las personas con un desempeño sobresaliente y las que no lo han tenido, se utilizan dos sistemas:

a) Se tiene en cuenta si los trabajadores han conseguido los **objetivos pactados o marcados** por la Dirección.

b) Se establecen **pruebas o concursos de méritos,** delegando la responsabilidad en un comité cuya composición se pacta con los representantes de los trabajadores.

Requisitos basados en la antigüedad

La antigüedad es el tiempo que la persona ha estado al servicio de la empresa. Las políticas basadas en la antigüedad tienen la ventaja de su objetividad, pero tienen varios inconvenientes:

- No tienen en cuenta el esfuerzo individual de cada trabajador ni las competencias adquiridas mediante la formación continua.
- En muchas ocasiones, el candidato más antiguo no es el más idóneo; simplemente se le recompensa por la permanencia en la empresa y no por ser un buen trabajador.
- El personal joven y con talento es bloqueado en sus posibilidades, reduciendo su deseo de superación personal y de formación permanente.

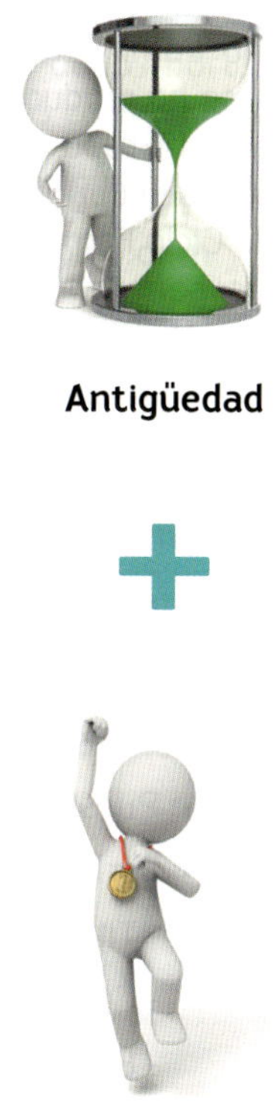

*Fig. 3.3. Habitualmente, las empresas optan por un **sistema mixto de selección** que reconozca tanto la antigüedad como los méritos.*

ACTIVIDADES

5. Como ya sabes, el empresario puede modificar de manera unilateral las funciones que venía desempeñando habitualmente un trabajador, produciéndose lo que se denomina **movilidad funcional.** Busca el convenio colectivo de Banca, localiza los artículos en que se regulan la movilidad funcional y los ascensos, e indica:

a) Qué limitaciones tiene la movilidad funcional.

b) Cuáles son las condiciones que se han de cumplir para ascender del Grupo administrativo al Grupo de técnicos.

CASO PRÁCTICO 2

Regulación de los ascensos

En una empresa dedicada a la fabricación de menaje para el hogar han quedado libres dos puestos de trabajo: uno de oficial administrativo y otro de ayudante del responsable del control de calidad.

El director de Recursos Humanos está estableciendo los criterios para cubrir los dos puestos de trabajo mediante ascensos. También se está negociando que los puestos que dejen vacantes los ascendidos se cubran con personal externo, pero con preferencia para los que hayan trabajado anteriormente en la empresa.

En el Departamento de Recursos Humanos creen que los trabajadores a los que corresponde ascender por antigüedad son muy competentes en su trabajo actual, pero dudan de que tengan las competencias necesarias para el nuevo puesto. En cambio, creen que personas con menos antigüedad podrían ser más competentes.

a) ¿Qué medidas se podrían adoptar para evitar agravios comparativos?

b) Investiga qué cláusulas se suelen incluir en los convenios colectivos para regular los ascensos y evitar tensiones y conflictos.

Solución:

a) Se establecerán sistemas objetivos, tomando como referencia, entre otras, las siguientes circunstancias:

- Titulación adecuada.
- Conocimiento del puesto de trabajo.
- Historial profesional.
- Superar las pruebas que se propongan.

b) En los convenios se suelen incluir cláusulas como las siguientes:

- «En igualdad de condiciones, para la promoción, se dará preferencia al trabajador más antiguo».
- «En la selección de personal de nuevo ingreso, en condiciones de igualdad con otros candidatos, tendrán preferencia aquellos que con anterioridad hayan trabajado en la empresa, con plena satisfacción de la misma».

@ WEB

En **www.portalett.com,** puedes buscar todas las ETT de España por provincias.

Algunas de las más conocidas son:

- Manpower

  www.manpower.es
- Randstad

  www.randstad.es
- Adecco

  www.adecco.es
- Page Personnel

  www.pagepersonel.es

C. Empresas de trabajo temporal (ETT)

Las ETT son empresas de servicios que ceden trabajadores contratados por la ETT a otras empresas. El trabajador contratado por ETT percibe el salario y los complementos que le corresponden según el convenio colectivo aplicable en la empresa usuaria.

Los motivos principales para contratar los servicios de una ETT son: hacer frente a los incrementos puntuales de la actividad y reemplazar a trabajadores fijos en períodos de ausencia; por ejemplo: aumento de la producción, vacaciones o maternidad.

Los trabajadores y las ETT están vinculados por un contrato laboral y no existe ninguna relación contractual entre el trabajador y la empresa usuaria.

D. Agencias de colocación

Las agencias de colocación son entidades públicas o privadas, con o sin ánimo de lucro, que colaboran con los servicios públicos de empleo en la intermediación en el mercado de trabajo, con el fin de ayudar a los trabajadores a encontrar empleo y a los empresarios a encontrar a trabajadores adecuados.

Las agencias pueden ser públicas o privadas, como por ejemplo: ayuntamientos, universidades, administraciones autónomas, organizaciones no gubernamentales, centros de formación ocupacional, sindicatos, etc.

E. Anuncios en prensa

Los anuncios eran un método muy habitual para atraer solicitantes de empleo, pero en la actualidad se utilizan poco. Pueden ser elaborados en el Departamento de Recursos Humanos de la empresa o encargarse a empresas especializadas. En cualquier caso, debe cuidarse su diseño y redacción, puesto que los anuncios han de lograr el objetivo de conseguir candidatos idóneos para el puesto de trabajo y no deben ser discriminatorios, evitando alusiones a edad, sexo, nacionalidad, rasgos físicos o cualquier otro aspecto.

Otras fuentes de reclutamiento externo	
Referencias de los empleados de la empresa	Es probable que los empleados de la empresa recomienden a sus familiares o amigos para cubrir las vacantes que se produzcan. Existen empresas con políticas que facilitan la incorporación de familiares de los trabajadores actuales. En cambio, otras empresas cierran las puertas a esta posibilidad.
Ofertas espontáneas	Se trata de personas que envían espontáneamente su solicitud a la empresa para que figure en los archivos por si en el futuro pueden necesitar empleados.
Formación en Centros de Trabajo (FCT)	Posibilita practicar los conocimientos adquiridos en los centros educativos, a la vez que permite al empresario preseleccionar a sus futuros trabajadores.
Bolsas de empleo	Centros de formación profesional, instituciones, colegios profesionales, centros de orientación, etc.
Empleados de la competencia	Consiste en reclutar trabajadores de la competencia con un perfil profesional adecuado y contrastado. Es un sistema muy utilizado cuando se trata de captar directivos o especialistas del sector. Su utilización debe ser cuidadosamente considerada y valorada, puesto que puede provocar tensiones y conflictos.
Buscar empleados en Europa (Red EURES)	EURES es una red integrada por los servicios públicos de empleo europeos mediante la que los empresarios pueden encontrar los trabajadores que necesitan y los trabajadores que desean trabajar en Europa tienen posibilidades de encontrar empresas que precisan personal. Los euroconsejeros, que existen en todos los países de la Unión Europea, ofrecen asesoramiento en aspectos relacionados con la movilidad dentro del Espacio Económico Europeo.
Asociaciones empresariales y sindicatos	Ambos organismos suelen tener sus bolsas de trabajo o sus propios servicios de intermediación laboral para sus miembros.

Tabla 3.1. Otras fuentes de reclutamiento externo.

8. Como Técnico en Administración y Finanzas, si tuvieses que decidir qué fuente de reclutamiento vas a consultar para cubrir un puesto de trabajo vacante, ¿considerarías que todas las fuentes son adecuadas o igual de eficientes para cualquier tipo de vacante?

Por ejemplo, para cubrir un puesto de peón de albañilería, dado el gran número de profesionales especializados en este sector, seguramente fuese suficiente con acudir a los servicios públicos de empleo o tener en cuenta las recomendaciones de los empleados; en cambio, para cubrir un puesto de físico especializado en nanotecnología y con experiencia, quizás sea preferible recurrir a otras fuentes de reclutamiento, como *headhunters* o la captación directa de empresas de la competencia.

Indica a qué fuente de reclutamiento recurrirías en cada uno de los siguientes casos, ¿interna o externa? En caso de tratarse de reclutamiento interno, ¿qué requisitos exigirías? Y, si recurrieses al reclutamiento externo, ¿a qué medio o medios acudirías?

Puesto de trabajo	Fuente de reclutamiento: *interna o externa*	• **Reclutamiento interno:** *antigüedad, mérito, ambos.* • **Reclutamiento externo:** *servicios públicos de empleo, ETT, conocidos, agencias de colocación, cazatalentos, redes profesionales, etc.*
Oficial de primera		
Auxiliar administrativo		
Jefe de sección de mecanizados		
Comercial de empresa farmacéutica		
Mecánico de automóviles		
Director financiero con experiencia		
Vendedor de tienda de ropa		
Camarero		
Enfermero		
Director comercial para Europa		
Ingeniero de caminos con experiencia		
Tatuador		

9. En la página web del Servicio Nacional de Empleo (SEPE), **www.sepe.es**, dentro del apartado *Empresas* y después en *Publicación de ofertas*, existe un punto de encuentro de empleo entre ciudadanos y empresas, desde el cual se puede realizar una interacción directa y gratuita entre empresas y demandantes de empleo.

Mediante la cumplimentación de un formulario, puedes darte de alta como usuario provisional como empresa en *Empléate*. Esta inscripción te permitirá utilizar los servicios de búsqueda, consulta e inscripción a ofertas de trabajo, creación de currículum, anunciarte para que las empresas te encuentren como demandante de empleo y creación de alertas para que te lleguen las nuevas ofertas por correo o SMS.

Puedes darte de alta como empresa para conocer cómo funciona este mecanismo. También puedes darte de alta como demandante de empleo y estudiar las ofertas de empleo publicadas para técnicos administrativos.

Realiza ambas actividades y pon en común con tus compañeros la facilidad o la dificultad que hayas encontrado para gestionar el alta en ambos casos.

3. La preselección de personal

Cuando el número de candidatos reclutados es elevado, se efectúa una **preselección**, para que únicamente pasen a la entrevista los candidatos con posibilidades de ser seleccionados.

La preselección se realiza mediante el **análisis del currículum vitae** y de **la documentación aportada** por el candidato; además, en muchos casos se indaga en las redes sociales y profesionales. En ocasiones, también se realiza, por teléfono, una primera entrevista de toma de contacto.

Si el reclutamiento se ha realizado mediante Internet, los candidatos habrán cumplimentado cuestionarios de solicitud de empleo específicos para tener estructurados los datos de la forma que interese más a la empresa para facilitar la preselección.

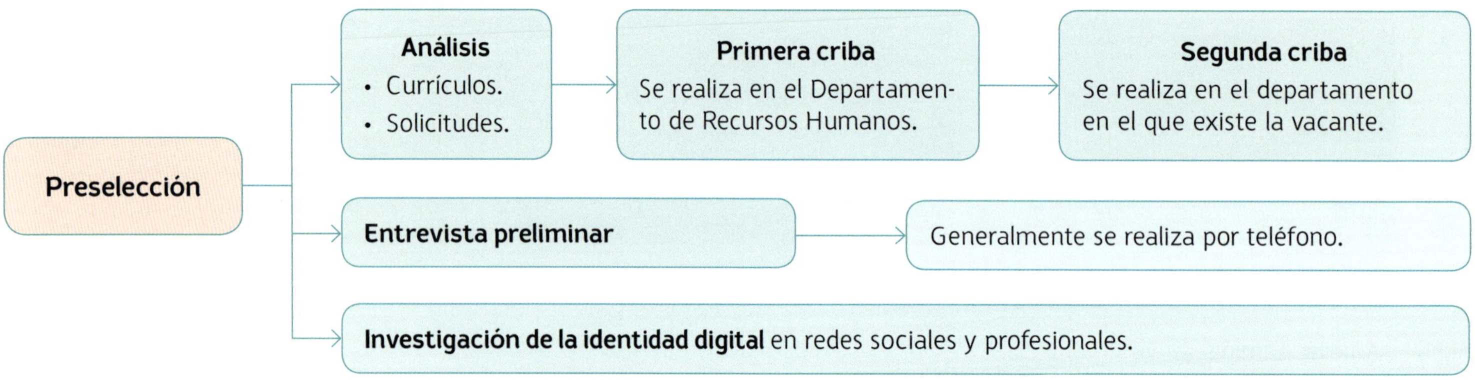

Fig. 3.6. Proceso de preselección.

3.1. Análisis del currículo y de la solicitud

El análisis del currículo o de la solicitud de empleo trata de encontrar candidatos cuyo perfil profesional se ajuste al requerido para el desempeño del puesto de trabajo.

El análisis del currículo es importante para los puestos que requieren **experiencia y titulaciones concretas**; la presencia o ausencia de estos requisitos es suficiente para preseleccionar, o no, los currículos. El análisis de los currículos se realiza en el Departamento de Recursos Humanos y, una vez seleccionado un grupo de ellos, se pasan al departamento en el que se ha producido la vacante para que realicen una segunda criba.

Una vez estudiadas todas las candidaturas, se realiza la **primera clasificación**, formando los tres grupos de la Figura 3.7.

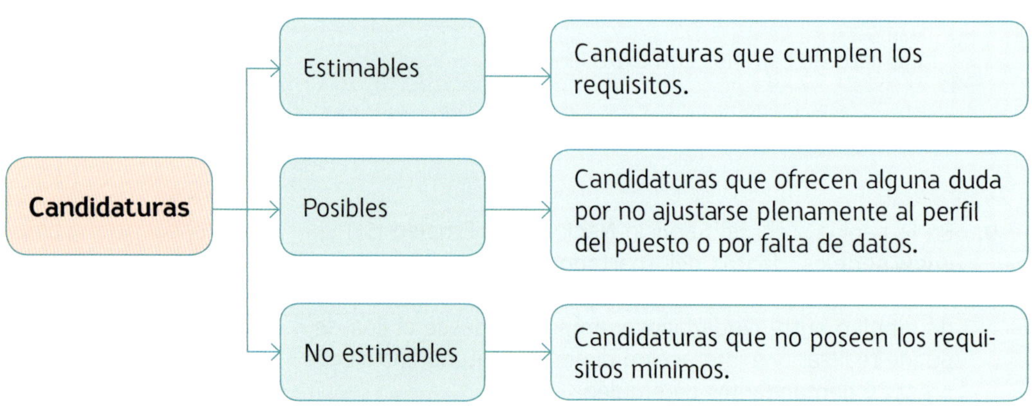

Fig. 3.7. Clasificación de las candidaturas a un puesto de trabajo.

Las candidaturas **estimables** y las que se consideran **más adecuadas de las posibles** pasarán a formar parte del proceso de selección. El resto, debidamente clasificadas y ordenadas, pasarán a formar parte de la base de datos de la empresa para futuras ocasiones.

? ¿SABÍAS QUE...?

Currículos manuscritos

En algunas ocasiones, se piden **currículos escritos a mano** para seleccionar candidatos con **rasgos grafológicos** que indiquen una personalidad adecuada al puesto, dado que algunos rasgos, como la energía, la voluntad o el nivel de actividad, se perciben, entre otros parámetros, por la presión de la pluma sobre el papel.

En otras ocasiones, se pide a los candidatos que escriban su currículo **durante la entrevista.**

3.2. La identidad digital en las redes sociales y profesionales

Internet es una herramienta muy útil para reclutar futuros trabajadores, pero también puede ser usada **para descubrir los puntos débiles que los usuarios dejan al descubierto.**

Las empresas tienen a su disposición información en redes generalistas (Facebook, Twiter), profesionales (Linkedin, Viadeo), páginas personales, blogs o foros de opinión.

Las redes profesionales son muy útiles para las empresas, puesto que las utilizan para seleccionar profesionales. Las personas que tengan un perfil en las redes profesionales deben ser especialmente cautas, ya que su futuro profesional está en juego.

Si las empresas investigan en las redes sociales, observarán si los usuarios actúan con sentido común mostrando un perfil sobrio, los datos que muestran, qué escriben, si incluyen fotografías comprometidas, qué tipo de imágenes etiquetan y cómo son los perfiles de las personas que han agregado como amigos.

Fig. 3.8. ¡Si haces networking, *sé prudente! De cara a la selección pueden ser* ***contraproducentes*** *ciertos detalles de carácter privado, como fotografías inadecuadas (escoge buenas fotografías para tu perfil profesional), comentarios sexistas, faltas de ortografía, errores gramaticales, etc.*

3.3. Entrevista preliminar

En algunas ocasiones, se realiza una **entrevista preliminar**, generalmente **telefónica** (aprovechando el contacto telefónico previo para citar al candidato). En esta entrevista preliminar se indaga sobre aspectos motivacionales y, en el caso de candidaturas dudosas, sobre los aspectos sobre los que sea necesario recoger más información (generalmente sobre experiencia y formación).

La entrevista en profundidad suele realizarse en la última fase del proceso; puede completarse con otra e, incluso, con una entrevista en grupo.

3.4. Comunicación con los preseleccionados

Una vez realizada la preselección y si el número de solicitudes lo permite, se contestará a todas las solicitudes recibidas, tanto si se les convoca para continuar con el proceso como si no, mediante una carta informativa o un correo electrónico, agradeciendo el interés.

A los candidatos rechazados, en general, se les dice que su candidatura no se ajusta al perfil del puesto de trabajo o que no reúnen las competencias requeridas. Además de ser un acto de cortesía para con los candidatos, contribuirá a mejorar la imagen de la empresa.

ACTIVIDADES

10. Probablemente estés dado de alta en redes sociales como Facebook, Twiter, Tuenti o Instagram. Revisa con ojos críticos toda la información que se puede obtener de tu cuenta: perfil personal, amigos, comentarios, preferencias, grupos, fotos, vídeos, etc.

a) ¿Crees que un seleccionador podría extraer algún tipo de información que te pudiera perjudicar en un proceso de selección? Reflexiona sobre cuál es la información que puede perjudicar y actúa en consecuencia.

b) Sobre los contactos, ¿tienes la seguridad de que has aceptado con coherencia las amistades que te lo han solicitado? ¿Crees que el perfil de alguno de tus contactos te puede perjudicar?

11. Cuando una empresa busca profesionales, Linkedin suele ser su referencia. Si no estás en Linkedin, limitas tus posibilidades:

a) Crea un perfil en Linkedin.

b) Haz un listado de empresas donde te gustaría trabajar y busca profesionales de esas empresas en Linkedin. Puedes contactar con ellos y enviarles correos.

c) Explora especialmente los grupos y sus debates profesionales.

12. Supongamos que has finalizado los estudios de Técnico en Administración y Finanzas, incluidas las prácticas. Realiza tu currículum vitae a mano y haz que lo revise un compañero con ojos críticos. Presta mucha atención a que los renglones sean horizontales o ligeramente ascendentes, cuida el espacio entre renglones, la letra tiene que ser muy clara y la presentación limpia.

IMPORTANTE

Palabras clave

Cuando se realiza una solicitud de empleo por Internet, se utilizan palabras clave para cada oferta de trabajo *(keywords)* que van a conformar los criterios de búsqueda de las bases de datos de currículos recibidos o almacenados.

Por ejemplo, palabras relacionadas con la formación, la experiencia, las competencias, los idiomas, etc.

SÍNTESIS La preselección y el reclutamiento de los Recursos Humanos

- **Reclutamiento** → Conjunto de actividades para atraer a candidatos potencialmente cualificados para cubrir los puestos de trabajo vacantes.

- **Fuentes de reclutamiento interno**
  - **Movilidad vertical**
    - Mérito y capacidad.
    - Antigüedad.
  - **Movilidad transversal** → Movimiento a un puesto de igual nivel, responsabilidad, salario y posibilidades de promoción.

- **Fuentes de reclutamiento externo**
  - **Servicio Público de Empleo Estatal.** Está integrado por el Servicio Público de Empleo Estatal y los servicios públicos de empleo de las comunidades autónomas.
  - **Anuncios en medios de comunicación.** Debe ponerse un gran esmero en su diseño y redacción, puesto que deben atraer candidatos idóneos para el puesto de trabajo y transmitir la imagen de la empresa.
  - **Anuncios en Internet y páginas web:**
    - Las páginas webs de las empresas.
    - Portales especializados de empleo *(jobsites)*.
    - Redes sociales y profesionales.
  - **Empresas de trabajo temporal (ETT).** Su finalidad es la cesión de trabajadores, contratados por la propia ETT, a otras empresas.
  - **Agencias privadas de colocación.** Colaboran con los servicios públicos de empleo para ayudar a los trabajadores a encontrar empleo y a los empresarios a encontrar los trabajadores adecuados.
  - **Otras fuentes externas**
    - Referencias de los empleados de la empresa.
    - Ofertas espontáneas.
    - Formación en Centros de Trabajo (FCT).
    - Bolsas de empleo.
    - Empleados de la competencia.
    - Red EURES.

- **Preselección**
  - Análisis de:
    - Currículos.
    - Solicitudes.

    → Primera criba: se realiza en el Departamento de Recursos Humanos. → Segunda criba: se realiza en el departamento donde existe la vacante.
  - Entrevista preliminar. → Generalmente se realiza por teléfono.
  - Investigación en las redes sociales y profesionales.

TEST DE REPASO

1. Las fases de un proceso de reclutamiento y selección:

a) Comienzan con la detección de la necesidad de cubrir un puesto de trabajo.

b) Finalizan con la contratación e integración en la empresa del trabajador.

c) *a)* y *b)* son ciertas.

d) *a)* y *b)* son falsas.

2. Cuando en un convenio se regulan las promociones internas:

a) Se suelen incluir todas las vacantes.

b) No se suelen incluir las vacantes de niveles superiores.

c) En los convenios no se suelen regular las promociones internas.

d) En los convenios no solo se regula la movilidad funcional.

3. El reclutamiento interno no es motivador cuando:

a) Se tienen en cuenta los objetivos conseguidos por el trabajador.

b) Se establecen pruebas y concursos de méritos.

c) Los ascensos se cubren por designación directa.

d) El proceso es transparente.

4. Es un inconveniente que la selección interna esté basada en la antigüedad porque:

a) No tiene en cuenta el esfuerzo individual.

b) Bloquea a las personas jóvenes y con talento.

c) El más antiguo no tiene por qué ser el más competente.

d) Todas son ciertas.

5. Una transferencia de personal consiste en:

a) Un ascenso.

b) Un traslado a un puesto del mismo nivel.

c) Un traslado a un puesto de nivel superior.

d) Un traslado a otra empresa.

6. La movilidad funcional:

a) Es una facultad del empresario.

b) Requiere el consentimiento del trabajador.

c) Requiere un acuerdo entre empresario y trabajador.

d) Requiere un acuerdo con los sindicatos.

7. Las *jobsites* son:

a) Webs de empresas.

b) Portales de ETT.

c) Portales especializados en empleo.

d) Portales de empleo sindicales.

8. A través del portal del Sistema Nacional de Empleo, puedes acceder a:

a) Las ofertas de empleo de las empresas privadas.

b) Las ofertas de empleo en Europa.

c) Los servicios públicos de empleo europeos.

d) Todas las respuestas son ciertas.

9. En el Servicio Público de Empleo Estatal:

a) Los empresarios no pueden buscar trabajadores, pero los trabajadores sí pueden buscar empleo.

b) Es obligatorio realizar el reclutamiento a través de este servicio.

c) Se deben registrar en este servicio las contrataciones de los trabajadores.

d) No es necesario que se registren en este servicio las contrataciones.

10. Los trabajadores de las ETT están vinculados mediante:

a) Un contrato laboral a la empresa usuaria.

b) Un contrato laboral a la ETT.

c) Un contrato civil a la empresa usuaria.

d) Un contrato mercantil con la ETT.

11. En la primera revisión de los currículos, se clasifican en:

a) Estimables, ofrecen dudas.

b) Posibles, no ofrecen dudas.

c) No estimables, no se consideran.

d) Todos son estimables.

12. El *networking* no consiste en:

a) Trabajar utilizando Internet.

b) Establecer relaciones profesionales de cara a la búsqueda de empleo.

c) Establecer relaciones personales de cara a la búsqueda de empleo.

d) Crear perfiles en las redes sociales.

13. Si se hace *networking:*

a) Hay que ser prudente con los comentarios que se realicen.

b) Se escogerán fotografías adecuadas al perfil profesional.

c) Hay que revisar la ortografía de los comentarios.

d) Todas las posibilidades son ciertas.

COMPRUEBA TU APRENDIZAJE

Secuenciar las fases de un proceso de selección de personal y sus características fundamentales.

1. Enumera las etapas del proceso de reclutamiento y selección de personal, desde que se detecta la necesidad hasta que se supera el periodo de prueba, indicando en qué consiste cada una de las fases.
2. En una empresa comercial, ha quedado vacante el puesto de trabajo de director de compras, por lo cual van a iniciar un proceso de selección.

   En esta empresa existe un Departamento de Recursos Humanos, con una sección especializada en reclutamiento y selección.

   - Identifica las fases del proceso de selección, las actividades que se realizarán en cada fase y las personas que intervendrán en cada una de ellas.

   Supongamos que la empresa encarga la selección a una consultora especializada.

   - Identifica las fases de este proceso de selección, las actividades que se realizarán, e indica qué persona o personas tomarán la decisión final.
3. Una empresa debe reclutar personas para cubrir los puestos de trabajo siguientes:
   - Ingeniero.
   - Ayudante titulado.
   - Jefe de taller.
   - Ayudante no titulado.
   - Oficial administrativo.
   - Auxiliar administrativo.
   - Especialista.

   Indica qué fuente de reclutamiento sería más adecuada para cada puesto de trabajo.
4. En una empresa farmacéutica, deben cubrir el puesto de director del Departamento de I+D+I en Biotecnología.

   Han recurrido a los Servicios Públicos de Empleo, a diferentes ETT y han puesto anuncios en la prensa local, pero no han encontrado a la persona adecuada para el puesto.

   Responde a las siguientes preguntas:

   - ¿Qué errores crees que se han cometido en la búsqueda?
   - ¿Qué medios propones como los más idóneos para reclutar candidatos para este puesto?
5. Una empresa hotelera va a inaugurar un nuevo hotel de 30 habitaciones. Para reclutar el personal, están valorando las siguientes posibilidades:

   a) Promocionar a trabajadores desde otros hoteles de la misma cadena.

   b) Acudir al mercado externo.

   Algunas de las vacantes a cubrir son:

   - Director de hotel.
   - Jefe de Recepción.
   - Recepcionista.
   - Cocinero.
   - Camarero.
   - Personal de limpieza.

   1. Indica para qué vacantes acudirías al reclutamiento interno y para cuáles al reclutamiento externo.
   2. Si acudieses al reclutamiento externo, señala al menos dos medios para reclutar a las personas adecuadas para los puestos vacantes.
6. Supongamos que en la actividad anterior recurriste al reclutamiento interno.

   Localiza mediante un buscador el convenio colectivo de hostelería de ámbito nacional que esté en vigor en este momento. Cumplimenta la convocatoria, tomando como base el modelo de impreso que aparece en esta misma unidad, para anunciar que se cubrirá mediante selección interna el puesto de jefe de Recepción.

Establecer vías de comunicación oral y escrita con las personas que intervienen en el proceso de selección, e identificar la información que se genera en cada una de las fases de un proceso de selección de personal.

7. Te han encargado que participes en el análisis de los currículos que se han recibido en una compañía bancaria para cubrir el puesto de técnico administrativo. Utilizando Internet, localiza el convenio colectivo de banca.

   Tomando como referencia la información del convenio colectivo, sobre grupos profesionales y funciones básicas de su prestación laboral, indica qué valorarías de los currículos y de las solicitudes de empleo en los siguientes aspectos:

   - Presentación.
   - Formación y experiencia.
   - Desfases en el tiempo.
   - Incoherencias.
   - Cambios de empleo.
   - Denominación de los puestos de trabajo.
8. La inmensa mayoría de los currículos son descartados en la fase inicial por el aspecto, las faltas de ortografía o porque la extensión es excesiva o insuficiente.

   Los portales de empleo facilitan modelos para poder descargar y usar como plantilla de currículo. Es muy recomendable que antes de empezar a rellenarlo leas el documento de ayuda.

   Accede a un portal de empleo y descarga una plantilla para realizar tu currículo de acuerdo con estas pautas.
9. Si aún no lo tienes, crea un perfil en las redes generalistas que más te interesen (quizá Twitter sea la herramienta más dinámica). Twitter tiene una sección de búsqueda de empleo para las personas que están dadas de alta que se llama "tuiempleo", para buscar y recibir ofertas de trabajo.

   Investiga cómo puedes utilizar Twiter para hacer *networking* y recibir ofertas de empleo.

COMPRUEBA TU APRENDIZAJE

10. La regla básica, cuando se hace *networking*, es pensar qué gana la persona con la que deseas contactar.

Preferentemente, deben ser personas que, por su situación profesional y personal, puedan conocer ofertas de empleo o te puedan relacionar con personas que se encuentren bien situadas en el sector que te interesa.

a) Realiza un listado de las personas que conoces y que te pueden ayudar a encontrar empleo.

b) Realiza un listado de todo lo que puedes ofrecer a los contactos de tu red.

Exponlo en clase para analizar puntos en los que coincidís y aquellos en los que no haya coincidencia de opiniones.

11. Supongamos que estás participando en un proceso de selección y te han mandado investigar el perfil de un candidato que opta a un puesto de administrativo en el Departamento de Recursos Humanos.

Solicita permiso a un compañero para acceder a su perfil y recoger información para analizarla desde el punto de vista de un seleccionador. Después de analizar e interpretar la información, describe qué aspectos pueden perjudicar a tu compañero y cuáles le pueden beneficiar.

Identificar los organismos y empresas, relevantes en el mercado laboral, dedicados a la selección de Recursos Humanos.

12. El Servicio Público de Empleo Estatal está integrado por el Servicio Público de Empleo Estatal **(www.sepe.es)** y los servicios públicos de empleo de las comunidades autónomas.

Accede al servicio de ofertas de empleo de tu comunidad autónoma e investiga cuál es el contenido de los formularios de ofertas de empleo y cómo se especifican los perfiles profesionales que demandan las empresas.

También se pueden buscar directamente trabajadores, accediendo a sus currículos.

Para hacer uso de estas utilidades, es necesario registrarse previamente.

13. Mediante un buscador, localiza las ETT existentes en la provincia en la que resides e investiga las ofertas de empleo más destacadas que gestionan. Investiga cuál es la tipología de trabajadores que las ETT ponen a disposición de las empresas que contratan sus servicios.

Realiza una lista de las ofertas relacionadas con el perfil de un administrativo.

14. Accede a la web del SEPE, **www.sepe.es**, y localiza las agencias de colocación que actúan en la comunidad autónoma y localidad en la que la que resides. Investiga los servicios que ponen a disposición del usuario.

15. Realiza la misma actividad anterior, pero referida a empresas consultoras especializadas en selección.

Investiga qué servicios ofrecen, al menos en dos de los portales de empleo que se mencionan en esta unidad.

16. Puedes buscar empleo en Europa a través del portal europeo EURES, donde puedes registrarte para buscar empleo relacionado con tu perfil profesional en cualquier país de Europa. Investiga cómo es el procedimiento.

17. Una empresa multinacional española va a abrir una sucursal en Irlanda y han decidido contratar como director a una persona española; el resto de trabajadores serán irlandeses.

Mediante EURES, investiga cómo se pueden poner en contacto con los servicios de empleo de Irlanda y cómo acceder a un consejero EURES.

Establecer las vías de comunicación oral y escrita con las personas que intervienen en el proceso de selección.

18. Te encargan que redactes un modelo de carta, pero esta vez para comunicar a diferentes personas que, después de estudiar detalladamente la documentación que habían aportado, se considera que su perfil puede ser el idóneo para el puesto de trabajo cuya vacante desean cubrir. Debes incluir lo siguiente:

- En la carta se les convoca para mantener una entrevista, indicando el día, el lugar, la persona de contacto y los demás datos que consideres oportunos.
- Te despedirás agradeciendo el interés demostrado.

19. En una empresa en la que se está negociando el convenio colectivo, los representantes de los trabajadores quieren introducir una cláusula para que se contemple que, en el caso de que surjan vacantes, los hijos y familiares de los trabajadores tengan preferencia ante los candidatos procedentes del exterior.

Desde el Departamento de Recursos Humanos, creen que este sistema no es el más adecuado y que, a largo plazo, puede resultar contraproducente para la empresa.

Investiga cómo suele ser la redacción de una cláusula que regule esta circunstancia y que sirva para complacer tanto a los representantes de los trabajadores como a los técnicos de Recursos Humanos.

20. Supongamos que trabajas en el Departamento de Recursos Humanos de una empresa en la que están inmersos en un proceso de selección. Después de la fase de reclutamiento, el jefe del Área de Selección te encarga que redactes un modelo de *e-mail*.

Este *e-mail* ha de servir para comunicar a las personas que enviaron su currículum vitae que no han sido preseleccionadas porque su perfil no se ajusta al requerido para el puesto de trabajo.

Además, indicarás que la documentación aportada pasa a formar parte de una base de datos de la empresa, por si en el futuro surgen vacantes con el perfil del candidato y, también, para sustituciones en periodos de vacaciones o en períodos de acumulación de trabajo.

Te despedirás agradeciendo el interés demostrado.

4 UNIDAD

Las pruebas de selección y la entrevista de trabajo

En esta unidad

APRENDERÁS A...

- Establecer las características de los métodos e instrumentos de selección de personal más utilizados en función del perfil del puesto de trabajo.
- Establecer las vías de comunicación oral y escrita con las personas que intervienen en el proceso de selección.
- Elaborar la documentación necesaria para llevar a cabo el proceso de selección.

ESTUDIARÁS...

- Las características de las pruebas de selección.
- La entrevista de selección.

Y SERÁS CAPAZ DE...

- Aplicar los procedimientos administrativos relativos a la selección de Recursos Humanos, eligiendo los métodos e instrumentos más adecuados a la política de cada organización.

1. Las pruebas de selección

En el proceso de selección, se utilizan dos instrumentos: las **pruebas** y la **entrevista de trabajo.** Según el puesto de trabajo que se pretende cubrir, se utiliza un instrumento, otro o ambos.

Mediante la realización de **pruebas de selección,** se pretende evaluar la inteligencia, las aptitudes, la personalidad y los conocimientos de los candidatos a un puesto de trabajo.

Estas pruebas **no son imprescindibles** en los procesos de selección y, si se realizan, no se debe tomar la decisión basándose únicamente en su resultado, sino que se deben considerar un complemento al proceso.

Cuando las pruebas se realizan con las debidas garantías, **ayudan a tomar las decisiones** con mayor seguridad, debiéndose contrastar los resultados obtenidos de algunas de las pruebas en las entrevistas.

En muchos procesos de selección, sobre todo cuando el número de candidatos es elevado, las pruebas, más que para seleccionar, sirven para reducir el número de aspirantes en las siguientes fases y, por tanto, **aminorar el coste de la selección.**

Tipos de pruebas de selección

Las principales pruebas que se aplican en los procesos de selección son:

- Test de inteligencia y aptitudes (psicotécnicos).
- Cuestionarios de personalidad e intereses.
- Pruebas profesionales y de conocimientos.
- Pruebas de idiomas.
- Dinámica de grupos y centros de evaluación *(assessment centers).*

A mayor nivel jerárquico del puesto de trabajo y mayor experiencia de los candidatos, menos adecuadas son las pruebas psicométricas y de conocimientos. Por ejemplo, estas pruebas no son adecuadas para seleccionar a un director de departamento.

Los instrumentos necesarios y recomendables para los diferentes puestos de trabajo aparecen resumidos en la Tabla 4.1:

Puesto de trabajo	Instrumento de selección necesario	Instrumento de selección recomendable
Directivos	Entrevista	• Cuestionarios de personalidad. • *Assessment center.*
Mandos intermedios y técnicos con experiencia	Entrevista	• Cuestionarios de personalidad. • Test de inteligencia y aptitudes.
Técnicos titulados sin experiencia	Entrevista	• Cuestionarios de personalidad. • Test de inteligencia y aptitudes. • Pruebas profesionales. • Dinámica de grupos.
Auxiliares	Entrevista	• Cuestionarios de personalidad. • Test de inteligencia y aptitudes. • Pruebas profesionales.

Tabla 4.1. Instrumentos de selección aplicables para diferentes puestos de trabajo.

! IMPORTANTE

¿Para qué procesos son recomendables las pruebas?

Las pruebas son especialmente recomendables para seleccionar:

- Personas **sin experiencia** laboral.
- Personas para **trabajos especializados,** en los que es posible objetivar y medir las competencias. Por ejemplo: actividades administrativas, informáticas, especialistas en electrónica, sanidad, etc.

? ¿SABÍAS QUE...?

Assessment center

Es un instrumento que se utiliza para seleccionar **directivos y profesionales de alta calificación.** No es recomendable para otros puestos, ya que representa una gran inversión económica y de tiempo (se suele desarrollar durante varios días). El *assessment center* utiliza diferentes tipos de pruebas específicas para cada puesto de trabajo.

1.1. Los test

Los test son pruebas escritas donde las preguntas se contestan muy brevemente, señalando la solución, que se elige entre varias opciones.

ABC **VOCABULARIO**

Psicometría: rama de la psicología que se ocupa de cuestiones relacionadas con la **medición** de aspectos psicológicos de las personas.

Los test son **objetivos**, es decir, la interpretación de los resultados es independiente del juicio y la opinión de los examinadores, y deben ser aplicados e interpretados por expertos en psicología.

Generalmente, se realiza un conjunto de pruebas diferentes, llamadas **baterías**, que, relacionadas entre sí, permiten analizar los resultados y obtener observaciones fidedignas.

Los distintos tipos de test y cuestionarios que veremos en esta unidad son los siguientes:

- Test de inteligencia.
- Test de aptitudes.
- Cuestionario de personalidad.
- Cuestionario de intereses.

Consejos generales para afrontar los test

Las personas que, bien se sometan a un proceso de selección en el que tengan que realizar test, bien sean evaluadores en este proceso, deberían practicar este tipo de pruebas para familiarizarse con sus mecanismos, puesto que la lógica del método se domina mejor cuanto más se practica.

En la Tabla 4.2 aparecen algunos consejos para afrontar estos test.

Estar tranquilos	Si estás descansado y relajado, rendirás al máximo.
Seguir atentamente las instrucciones	En el momento de la realización del test, el examinador dará unas indicaciones precisas y después preguntará si todo está claro. Este es el momento de expresar las dudas y formular las preguntas necesarias.
Concentración	Es necesario concentrarse al máximo sin preocuparse por lo que hacen los demás.
No engañar	Los test de personalidad incluyen escalas de sinceridad, dirigidas a conocer lo sincera que es la persona que contesta. En algunos casos, la escala es eliminatoria; es decir, que si una persona puntúa muy bajo en la escala de sinceridad se puede anular su cuestionario.
Tiempo	El tiempo necesario para realizar los test psicométricos siempre es menor que el que se necesita para finalizar las pruebas. Responde primero a las preguntas con respuesta segura; si dudas, pasa a la pregunta siguiente. Si al final sobra tiempo, vuelve a las preguntas que han quedado sin contestar.

Tabla 4.2. Consejos para afrontar con éxito los test y los cuestionarios.

ACTIVIDADES

1. Indica qué instrumentos utilizarías para seleccionar a la persona indicada para cubrir los siguientes puestos de trabajo:

- Diseñador de páginas web.
- Técnico Superior en Administración y Finanzas, con y sin experiencia.
- Ingeniero químico.
- Fontanero sin experiencia.
- Auxiliar de enfermería.
- Montador de instalaciones eléctricas con experiencia.
- Máster en Desarrollo de Negocio.

1.2. Test de inteligencia

Mediante los **test de inteligencia**, se pretende evaluar la **capacidad intelectual** del candidato. Estos test aportan una puntuación numérica, el **cociente intelectual** (llamado erróneamente en algunas ocasiones *coeficiente intelectual*), que es un indicador de la inteligencia general.

Algunas de las pruebas que se suelen realizar para evaluar la inteligencia son:

- **Series lógicas numéricas.** Series de números organizados con una secuencia determinada a la que le falta el último eslabón, que debe ser adivinado por el candidato.
- **Series lógicas espaciales.** Con el mismo esquema que las anteriores, pero con la disposición en el espacio de figuras y dibujos.
- **Series alfabéticas.** Series de letras que guardan una secuencia concreta y tras la que hay que colocar la letra que continúa la secuencia. También pueden combinar letras y números.
- **Test de razonamiento verbal.** Miden la capacidad de resolución de problemas mediante la palabra, utilizando significados, sinónimos, antónimos o relaciones en series de palabras.
- **Series de visualización espacial.** Consisten en la visualización y manipulación de objetos en el espacio.

Sin embargo, los investigadores son conscientes de que **los test no explican la riqueza y variedad** de la inteligencia de una persona.

Así, el psicólogo e investigador Howard Gardner, premio Príncipe de Asturias de Ciencias Sociales en el año 2011, presentó en 1983 la **teoría de las inteligencias múltiples**, según la cual todos poseemos el potencial de desarrollar ocho tipos de inteligencia: lingüística, lógico-matemática, cinético-corporal, musical, espacial, naturalista, interpersonal e intrapersonal.

Gardner sostiene que hay personas que pueden desarrollar todos los tipos de inteligencia hasta niveles elevados y otras no tanto. También afirma que los perfiles de inteligencia de los niños pueden cambiar, pues son muy flexibles; incluso los adultos, con entrenamiento y esfuerzo, pueden hacerlo, si bien para estos es más difícil.

CASO PRÁCTICO 1

Practica los test de inteligencia

Como Técnico en Administración y Finanzas, una de las funciones del Departamento de RR. HH. en la que quizá debas colaborar es llevar cabo pruebas de selección, entre ellas algún test de inteligencia. Practicar los test puede servirte para enfrentarte con más conocimiento a este tipo de pruebas.

¿Dónde podrías realizar algún test de inteligencia fiable?

Solución:

Existen numerosas páginas en Internet donde puedes practicar test de inteligencia a partir de algunas pruebas psicotécnicas *online:*

- **www.uv.es.** En esta página, podrás practicar el *European IQ-Test,* una adaptación del IQ, *Intelligence Quotient European Test* (test sobre el cociente intelectual).
- **www.psicoactiva.com / www.arealme.com/eq/es/.** En estas páginas, podrás trabajar el término *inteligencia emocional* (IE), capacidad humana de sentir, entender, controlar y modificar estados emocionales en uno mismo y en los demás.

Ten en cuenta que estos test solo ofrecen orientación y **carecen de valor diagnóstico.** No debes entender los resultados como valoraciones científicas, sino como un entrenamiento y nunca como una opinión experta.

El resultado final es meramente orientativo, ya que, para obtener resultados fiables, es preciso realizar varios test complejos y diferentes entre sí para establecer relaciones entre todos ellos.

¿SABÍAS QUE...?

Inteligencia emocional

El término *inteligencia emocional* fue popularizado por Daniel Goleman en su libro *Emotional Intelligence*, publicado en 1995.

Según Goleman, la inteligencia emocional es «la capacidad de reconocer nuestros sentimientos y los de los demás para motivarnos y manejar adecuadamente las emociones, tanto en beneficio propio como en nuestras relaciones».

Para valorar la inteligencia emocional se utiliza el término ***cociente emocional (CE).***

Fig. 4.1. Los test de inteligencia más utilizados en selección de personal son la ***escala Wechsler de Inteligencia para Adultos (WAIS)*** *y el* ***test de Raven.***

IMPORTANTE

Test de los cinco factores

Los rasgos de la personalidad se pueden agrupar en cinco grandes factores:

- **Estabilidad emocional:** conservar la calma, incluso en situaciones extremas.
- **Responsabilidad:** perseverancia y orientación al logro.
- **Extroversión:** sociabilidad y capacidad de comunicación.
- **Amigabilidad:** cortesía y trato amable.
- **Apertura a la experiencia:** buscar cambios y nuevas formas de realizar el trabajo.

1.3. Test de aptitud o de eficiencia

La aptitud está relacionada con el **rendimiento:** para lograr algo, hay que tener la aptitud necesaria.

La **aptitud** es la capacidad o habilidad potencial que tiene una persona para realizar una tarea todavía no aprendida, pero que se puede llegar a aprender.

A la hora de elegir los test que se aplicarán, se han de conocer cuáles son las aptitudes necesarias para desarrollar las tareas del puesto de trabajo y, en función de ello, elegir las pruebas. Existen test específicos para medir aptitudes administrativas (aptitud numérica, aptitud espacial, aptitud mecánica, aptitud digital, etc.).

1.4. Cuestionarios de personalidad

Mientras que los test de aptitud se centran en la extracción y análisis de datos para la evaluación de las aptitudes concretas de un candidato, el cuestionario de personalidad obtiene datos sobre los **rasgos de la personalidad.**

Los **rasgos de la personalidad** son el conjunto de características biológicas y socioculturales, permanentes y casi invariables, que modulan el comportamiento de los individuos.

Con el fin de obtener un perfil más preciso del candidato y según los rasgos de la personalidad que se deseen medir, se combinan diferentes tipos de cuestionario con preguntas sencillas y sin respuestas «buenas» o «malas». Es importante que los candidatos respondan con **sinceridad.**

EJEMPLO

Escalas de sinceridad

Hay varias formas de medir el grado de sinceridad de una persona en un test de personalidad. Una de ellas es **incluir preguntas que se refieran a pequeños defectos** que tenemos la gran mayoría de las personas, como por ejemplo:

- ¿Nunca deja para mañana lo que puede hacer hoy?
- ¿Se enfada alguna vez?
- ¿Alguna vez ha exagerado sus éxitos o méritos?
- ¿Ha mentido alguna vez?

Si un candidato no reconoce que, de vez en cuando, actúa o tiene comportamientos que todos tenemos, denota que no está respondiendo de forma sincera y que está tratando de dar una imagen que en realidad no existe.

Otra forma de detectar la sinceridad de respuesta es **intercalando la misma pregunta dos o tres veces,** expresada de la misma forma o parecida, para ver si el candidato se contradice en las respuestas.

ACTIVIDADES

2. Ya sabes que el modelo de los **cinco grandes factores** analiza la composición de los siguientes rasgos de la personalidad: estabilidad emocional, responsabilidad, extroversión, amigabilidad y apertura a la experiencia. Otro de los test de personalidad más utilizado en selección de personal es el **test de 16 factores de Cattell (16PF).**

   Acude a la siguientes páginas web y realiza ambos test de personalidad, teniendo en cuenta que es importante que las respuestas sean lo más sinceras posible. Aunque solo ofrecen orientaciones y no valor diagnóstico, comentad las soluciones en clase, confrontando los resultados con la imagen que cada uno tiene de sí mismo.

   - Test de los cinco factores: **http://goo.gl/4nxBt9.**
   - Test de los dieciséis factores: **http://goo.gl/wkvLZY.**

1.5. Cuestionarios de intereses

Mediante los **cuestionarios de intereses**, se pretenden medir las preferencias de una persona, que están relacionadas con la satisfacción que obtendrá en el desarrollo de su trabajo.

Estos cuestionarios parten del principio de que una persona con una inteligencia media y un gran interés hacia una tarea obtendrá mayor éxito que otra cuya inteligencia sea superior y su motivación baja.

1.6. Pruebas profesionales

Con este tipo de pruebas, se pretende medir el nivel profesional del candidato para la realización de las tareas de los puestos de trabajo.

Las pruebas suelen consistir en la **resolución de casos prácticos** o **prácticas** con máquinas o instrumentos de trabajo, en los que el candidato tiene que aplicar sus conocimientos y destrezas para las tareas del puesto de trabajo. Así se observa cómo se desenvuelve y los resultados que obtiene.

1.7. Pruebas de idiomas

Los conocimientos de idiomas pueden ser un requerimiento indispensable para algunos puestos de trabajo y estarán reflejados en la descripción de estos. Los procedimientos más habituales para evaluar el conocimiento de un idioma son:

- **Pruebas orales.** Si el entrevistado y el entrevistador se desenvuelven con fluidez, parte de la entrevista se desarrolla en el idioma a evaluar.
- **Pruebas escritas.** Se pueden realizar pruebas de diferentes niveles. La prueba más concluyente es la traducción inversa; es decir, si se está evaluando el conocimiento del inglés, se traduce un texto del castellano al inglés.

En los anuncios de reclutamiento se puede indicar que los candidatos acrediten su conocimiento de una lengua mediante un título (escuelas de idiomas, Oxford o Cambridge). Esta acreditación se solicita en la preselección, pero, si la competencia lingüística es importante para las tareas propias del puesto, se realiza una prueba.

Fig. 4.2. Muchas de las pruebas de idiomas se basan en los estándares marcados por el ***Marco Común Europeo de Referencia para las Lenguas (MCER)****, que establece una escala de 6 niveles comunes de referencia para la organización del aprendizaje de lenguas y su reconocimiento público.*

1.8. Dinámica de grupos

La dinámica de grupos es una reunión de entre 10 y 14 personas. Suele haber dos evaluadores que observan la expresión verbal y corporal, la capacidad para trabajar en equipo, el nivel de liderazgo y el impacto que un candidato causa en los demás.

Esta técnica es muy útil para detectar el potencial de las personas recién tituladas y sin experiencia laboral. La reunión se desarrolla de la siguiente forma:

- **Presentación.** Los candidatos se presentan diciendo su nombre y apellidos, hablan de los estudios que han realizado, de su experiencia laboral, la empresa en la que trabajan en la actualidad y por qué se encuentran en el proceso de selección.
- **Discusión sobre un tema de actualidad.** Se entrega a los candidatos un artículo de prensa de carácter general sin que estos tengan un conocimiento previo (debe ser un tema neutro: ciencia y tecnología, descubrimientos, etc.).

ACTIVIDADES

3. Diseña una **prueba profesional** para los candidatos de un proceso de selección de personal administrativo para el Departamento Comercial de una empresa, cuya función será gestionar las operaciones de compraventa.

   Indica qué tipo de casos prácticos incluirías y por qué razones. Te puedes apoyar en el decreto que regula el título de Técnico Superior en Administración y Finanzas y en la descripción del puesto de trabajo y el perfil profesiográfico de los Casos prácticos 2 y 3 de la Unidad 2.

1.9. Centros de evaluación o *assessment centers*

Los **centros de evaluación** o *assessement centers* son un instrumento que se utiliza en la selección de puestos directivos.

Incluyen diferentes técnicas y varios evaluadores (técnicos de la empresa cliente y consultores externos) con el objetivo de recoger la máxima información posible sobre las competencias observables en los candidatos. Las pruebas que se suelen utilizar pueden ser individuales o grupales:

- Análisis y presentaciones.
- Dinámica de grupos.
  - *Role-playing:* se trata de una dinámica de grupos, muy utilizada por las empresas durante el proceso de selección o capacitación del personal, que consiste en representar una situación de manera tal que parezca real; la persona debe tratar de ponerse «en el lugar de».
  - Tareas grupales de roles asignados.
  - Tareas grupales de roles sin asignar.
- *In-tray, in-basket* o **bandeja de documentos:** a través de la presentación de una situación laboral ficticia, pero realista, en la que el candidato recibe información del puesto y de la situación laboral a partir de una bandeja de documentos; permite valorar competencias como la planificación, la capacidad de organización, el liderazgo o la toma de decisiones, entre otras.

EJEMPLO

Una película, un *assessment center*

La película hispano-argentina ***El método*** (2005) representa una prueba de selección del tipo *assessment center.* Siete candidatos aspirantes a un puesto de dirección ejecutiva se presentan a la prueba de selección de personal de una empresa multinacional. Sus personalidades van desde el triunfador, pasando por el agresivo, hasta la mujer insegura, el crítico o el indeciso.

Los siete aspirantes al puesto serán sometidos a una serie de pruebas psicológicas con las que se pretende deducir cuál de ellos posee el perfil que mejor encaja con los requisitos del mundo empresarial. A lo largo de un día, se pondrá a prueba la personalidad de cada uno y la manera en que se relacionan con los demás.

CASO PRÁCTICO 2

Preparación y evaluación de un *in-tray*

Trabajas en una empresa de *assessment centers* y te indican que debes preparar un *in-tray* con los candidatos que se presentan hoy al puesto de trabajo.

a) ¿Qué aspectos debes tener en cuenta antes de prepararlo?

b) ¿Cómo lo organizarías?

c) ¿Cómo se evaluaría el ejercicio?

Solución:

a) Dado que se trata de una situación ficticia, deberás tener en cuenta los siguientes aspectos antes de preparar la prueba: escenario o contexto en el que se desarrolla el puesto, nivel funcional requerido para el puesto y dificultad del ejercicio.

b) Deberás presentar la siguiente situación ficticia a los candidatos: un directivo, jefe o responsable debe abandonar durante un tiempo su puesto habitual de trabajo. El candidato debe recoger ese testigo y solucionar los problemas más importantes de esa compañía.

La única información que se entrega a nuestro participante es la que se encuentra en una **bandeja de documentos** encima de la mesa. Entre esa información, se encuentran apuntes de compañeros, documentos, correos electrónicos, la agenda y una nota de bienvenida con información general del puesto: objetivos, equipo directo, organigrama, etc.

c) Los ejercicios del *in-tray* están diseñados por especialistas en el ámbito de la evaluación, por lo que se considera una herramienta de carácter psicológico para conocer de manera fiable cómo es un trabajador. Una vez los candidatos hayan acabado el ejercicio, deben relacionarse cada una de sus acciones con competencias para el puesto, tales como capacidad de adaptación al puesto, de organización y gestión del tiempo, de trabajo en equipo, de resolución de conflictos, etc.

2. La entrevista de selección

La **entrevista** es la **herramienta imprescindible** en cualquier proceso de selección. Consiste en una conversación formal y en profundidad, que girará sobre la experiencia profesional, los datos de personalidad, las motivaciones y las competencias, y cuyo objetivo es valorar si el candidato coincide con el perfil que se está buscando.

La entrevista de selección se puede desarrollar en diversos escenarios, aunque lo habitual es que tenga lugar en el despacho del entrevistador; puede haber uno o más entrevistadores. Durante la entrevista, se recoge la información de dos maneras: mediante **preguntas** y mediante la **interpretación del lenguaje no verbal.**

2.1. Clasificación de las entrevistas

Existen diferentes tipos de entrevista que se recogen en la Tabla 4.3. Estos tipos de entrevista no son excluyentes entre sí, ya que se pueden combinar según los fines que en cada caso se persigan.

IMPORTANTE

¿Qué se pretende averiguar en las entrevistas?

- **Qué experiencia** tiene el candidato.
- **Qué competencias** reúne.
- **Su capacidad** para realizar el trabajo.
- **La motivación** para el trabajo actual y para el futuro.
- **Su integración** en el equipo de trabajo y en la empresa.

	Según el momento en el que se realizan
Entrevista preliminar	Entrevista breve para repasar el currículo y preseleccionar a los candidatos con el perfil solicitado. Se realiza cuando hay un elevado número de candidatos cuyo currículo encaja para la selección.
Entrevista de selección habitual	Entrevistas largas para profundizar en el currículo, la personalidad y las competencias de los aspirantes.
Entrevista final	Entrevistas para candidatos que cumplen los requisitos del perfil del puesto. Suelen realizarse con la terna de candidatos que más se ajustan al perfil. El objetivo es tomar la decisión sobre el candidato a incorporar.
	Según la forma en que se realizan
Entrevista estructurada	Se confecciona previamente un cuestionario con preguntas iguales para todos los candidatos. Presenta el inconveniente de no permitir al entrevistador explorar las respuestas interesantes o poco comunes.
Entrevista no estructurada	El seleccionador plantea al candidato las cuestiones de modo general, facilitando que el entrevistado se exprese libremente. También permite al entrevistador formular preguntas no previstas.
Entrevista mixta o semiestructurada	Es una mezcla de las dos anteriores, con preguntas estructuradas y no estructuradas. La parte estructurada proporciona una base informativa sobre las competencias de los candidatos. La parte no estructurada permite el conocimiento de las características específicas del candidato.
	Según el grado de tensión
Entrevista normal	Se desarrolla en un ambiente relajado donde entrevistador y entrevistado intercambian información.
Entrevista de tensión	El seleccionador tratará de crear un ambiente tenso por medio de determinado tipo de preguntas y por el modo de formularlas. Por ejemplo, tratará de infravalorar el currículum del candidato, preguntar de manera impertinente o realizar comentarios con ironía. Se suelen utilizar para seleccionar a candidatos que puedan manejar adecuadamente situaciones conflictivas por requerimientos del puesto de trabajo.
	Según el número de personas que intervienen
Entrevista individual	Es la más frecuente, realizada por un solo seleccionador y a un solo candidato.
Entrevista grupal	Un entrevistador y varios entrevistados. Suelen empezar con una presentación del seleccionador. Tras esta explicación, se presentarán los participantes, exponiendo cuáles son sus estudios y experiencia relacionada con el puesto.
Entrevista de panel	Intervienen varios entrevistadores. Un entrevistador conducirá la entrevista y todos evaluarán con los mismos criterios al entrevistado.

Tabla 4.3. Diferentes tipos de entrevistas.

IMPORTANTE

¿Qué condiciones debe reunir un buen entrevistador?

Un buen entrevistador debe reunir las siguientes condiciones:

- **Conocimiento** del puesto **de trabajo** para el que entrevista.
- **Equilibrio emocional,** para juzgar con imparcialidad.
- **Empatía,** para saber escuchar, ser cordial y acogedor.
- **Respeto,** para tratar a los candidatos con consideración.

2.2. Planificación de la entrevista de selección

El entrevistador suele ser un técnico especialista en selección, generalmente un psicólogo que, salvo excepciones, no será experto en el puesto de trabajo para el que entrevista. Es importante, por este motivo, que el entrevistador conozca de antemano a la perfección las **necesidades del perfil profesional** requerido.

Así, el entrevistador planificará la entrevista de antemano, teniendo siempre como referencia el **perfil profesiográfico** del puesto. De este modo, se evita comparar a los candidatos entre sí, en lugar de compararlos respecto a las exigencias del puesto a cubrir.

Recuerda que el **perfil profesiográfico** es un documento previo a la entrevista en el que se recogen los aspectos cualitativos y cuantitativos deseables en el candidato al puesto de trabajo.

Un **perfil profesiográfico** contiene, normalmente, **cuatro** tipos de información: características personales (edad, requisitos físicos, etc.), formación y experiencia profesional, rasgos de personalidad y habilidad (carácter, aptitudes y actitudes) y otros requisitos específicos para el puesto de trabajo.

Preparación del ambiente para iniciar la entrevista

En la entrevista, se procurará crear un clima agradable para que el candidato se comporte con la mayor naturalidad posible, teniendo en cuenta lo siguiente:

- El lugar de la entrevista será un despacho independiente, bien iluminado y con la temperatura adecuada.
- La entrevista se desarrollará a la hora establecida; **no se debe hacer esperar** al entrevistado.
- En la sala de espera puede haber publicaciones relacionadas con la empresa y su sector de producción, de manera que permita al entrevistado formarse una imagen positiva de esta.
- El entrevistador dedicará más tiempo a los candidatos con experiencia profesional y académica más extensa.
- El entrevistador preparará el despacho, la mesa, la silla y la colocación de cada uno de los participantes. Se evitará cualquier obstáculo físico que interfiera en la comunicación, para que el entrevistador valore todos los aspectos de la comunicación verbal y no verbal.
- El entrevistado y el entrevistador se situarán en un plano de igualdad, pero el entrevistador debe poder tomar notas con facilidad. Por ejemplo, el entrevistador podrá apoyarse en una mesa con las sillas de frente, o bien situar dos butacas en la forma denominada *posición triangular abierta,* pudiendo tomar notas sobre una superficie dura, como una carpeta, tal como aparece en la Figura 4.3.

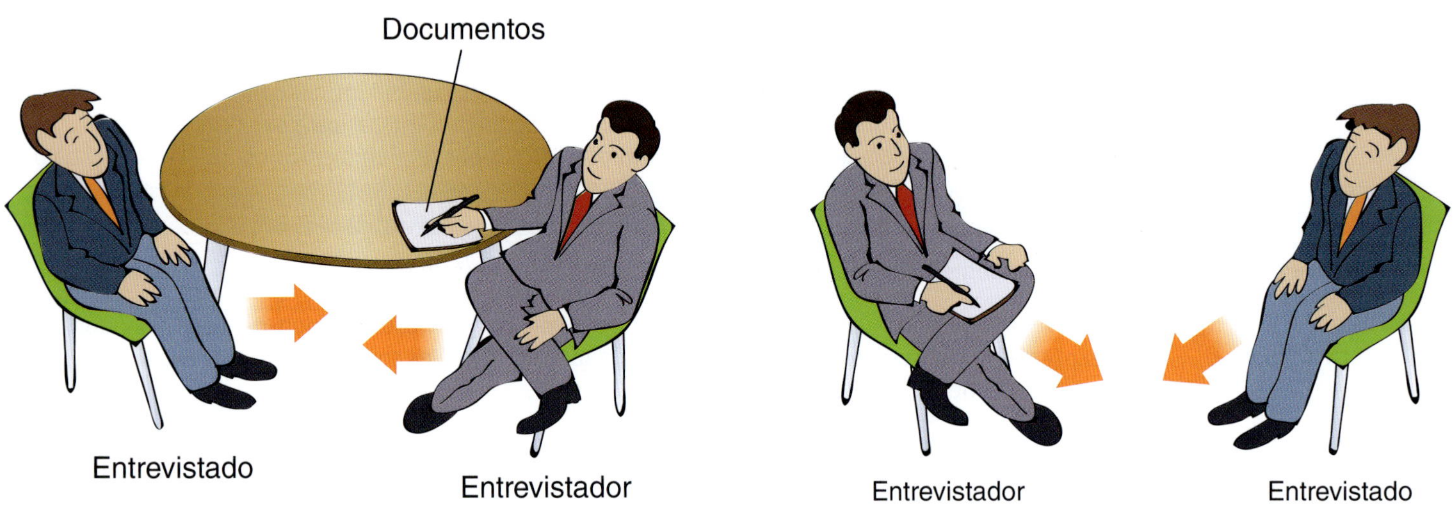

Fig. 4.3. Posiciones para la entrevista de selección: a) enfrentados, b) posición triangular abierta.

Consejos para el entrevistado: qué evitar

Del mismo modo que el entrevistador debe planificar y preparar la entrevista, el entrevistado debe conocer de antemano algunas actitudes o comportamientos que debe evitar para no causar una impresión negativa en el entrevistador. Algunos de ellos son los que indicamos en la Tabla 4.4.

Consejos para el entrevistado: actitudes y comportamientos que no deben manifestarse durante una entrevista	
Llegar tarde.	Sentarse en el borde de la silla.
Tutear al entrevistador, a menos que él lo pida.	Hablar mal de otras personas: antiguos jefes, compañeros o profesores.
Tomar bebidas alcohólicas.	Mostrar dudas sobre la propia capacidad.
Comer chicle, caramelos o cualquier otra cosa.	Comentar que se aceptaría cualquier puesto o cualquier salario.
Mirar el reloj.	Extenderse en temas personales.
Mirar indiscretamente alrededor.	Pretender inspirar lástima.
No mirar a los ojos al entrevistador, esquivar la mirada.	Preguntar cuestiones personales al entrevistador.
Hablar de política, religión o hacer valoraciones morales.	Contestar con monosílabos.
Discutir con el entrevistador.	Hablar sin parar.
Hacer demasiados gestos con la cara o con las manos.	Mentir.
Dar imagen de indiferencia o superioridad.	Tomarse confianzas con el entrevistador o pensar que es un amigo.

Tabla 4.4. Actitudes y comportamientos que no deben manifestarse durante una entrevista.

! IMPORTANTE

¿Qué observará el entrevistador?

- **Puntualidad** del entrevistado.
- Si el **candidato se ha informado** sobre la empresa y el sector.
- Si **se sienta antes** de que se lo pidan y su postura durante la entrevista.
- Si **tutea al entrevistador** sin que se lo pidan.
- Si **la indumentaria** y el aspecto son adecuados al estilo de la empresa.

CASO PRÁCTICO 3

Preparando entrevistas de selección

Como Técnico en Administración y Finanzas, es posible que debas colaborar en el desarrollo de alguna entrevista de selección. Para abordarla con éxito, es importante que vayas preparado, que conozcas todas sus claves, que te entrenes y así conocerás cómo te sientes y trabajarás en tu seguridad.

¿Cómo podrías prepararte y entrenarte para estas pruebas?

Solución:

En Internet, encontrarás múltiples páginas con consejos para abordar y practicar las pruebas de selección, así como para preparar la entrevista.

Una de las páginas en la que puedes informarte es: **www.todofp.es.** Allí encontrarás una serie de vídeos que explican cuáles son las pruebas de selección que se realizan con mayor frecuencia y consejos para abordarlas, y un ***Entrenador de entrevistas,*** herramienta diseñada para ayudar a preparar las respuestas más adecuadas de una entrevista real.

Este entrenador consta de varios apartados: presentación, información personal y experiencia. Por cada apartado, se facilitan vídeos con buenos y malos ejemplos de cómo actuar durante la entrevista.

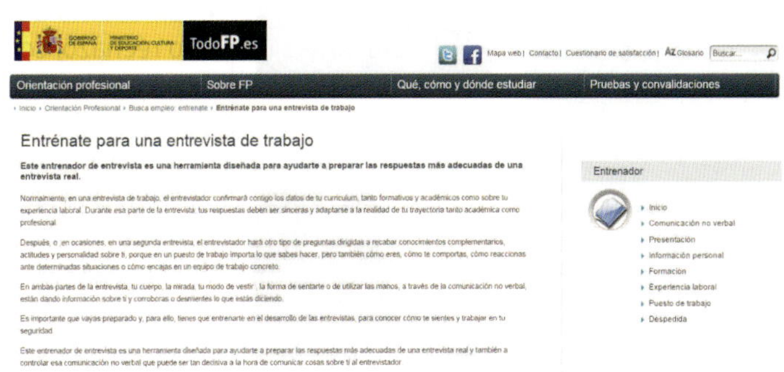

> **? ¿SABÍAS QUE...?**
>
> **Sistema de gestión por competencias**
>
> La entrevista por competencias es fundamental para las empresas que han implantado **un sistema de gestión por competencias.**
>
> La **gestión por competencias** busca dirigir de manera integral los Recursos Humanos, mediante el aprovechamiento y desarrollo de las competencias de cada persona, para conseguir los objetivos empresariales.

3. Fase de exploración de competencias

En los procesos de selección, se valoran las posibles **competencias** que el candidato posee en relación a las requeridas en los puestos de trabajo.

Algunas de ellas son la iniciativa, la orientación al logro, la capacidad de liderazgo, la capacidad de trabajo en equipo, de adaptación a la empresa, la gestión del tiempo y del estrés, la capacidad de planificación y organización, etc.

Las empresas cada vez utilizan más las llamadas **entrevistas por competencias,** también denominadas **entrevistas de incidentes críticos,** pues la mayoría de las preguntas están relacionadas con **situaciones (incidentes)** que el candidato vivió en el pasado o con las que podría encontrarse en el futuro.

> El objetivo de las **entrevistas por competencias** es conocer cómo actuó el candidato y cómo actuará en relación con las **competencias** exigibles en el puesto de trabajo.

Así, la entrevista por competencias se fundamenta en la realización de preguntas sobre situaciones **(STAR):**

- **S.** Situaciones en las que empleó una competencia requerida para el puesto de trabajo a cubrir.
- **T.** Trabajos que se vieron implicados en la situación relatada por el entrevistado.
- **A.** Actuaciones del entrevistado para solucionar la situación relatada.
- **R.** Resultados obtenidos después de las actuaciones.

Las preguntas se realizan de forma que obliguen al candidato a dar una **explicación** y no una contestación de tipo sí o no. Las preguntas serán concretas y específicas, y permitirán al candidato recordar situaciones en las que haya tenido que poner en práctica las competencias que se buscan.

Aunque las competencias requeridas varían de una empresa a otra y son diferentes para cada puesto de trabajo, en la Tabla 4.7 aparece una relación de preguntas agrupadas por competencias.

Iniciativa	Logro/decisión
• ¿Qué iniciativa te planteas para mejorar tu trabajo/formación? • ¿Cómo te desenvolviste en tu anterior trabajo? • ¿Qué consultabas a tu jefe/profesor antes de emprender una tarea? • ¿Qué idea tuya aprobó tu jefe/profesor?	• Cuéntame alguna decisión importante que tomaste en tu anterior empleo/estudios. • Cuéntame alguna ocasión en la que tuviste que asumir una gran responsabilidad. • Cuéntame alguna ocasión en la que tuviste que esforzarte para conseguir lo que te habías propuesto.
Liderazgo	**Capacidad de negociación**
• Cuéntame alguna ocasión en la que alguien consiguió hacer cambiar tu punto de vista. • Cuéntame alguna ocasión en la que tuviste que convencer a alguien para que hiciera algo. • Cuéntame alguna ocasión en la que tuviste que conseguir la colaboración de otras personas.	• ¿Tuviste que convencer alguna vez a tus compañeros para que modificaran la forma de hacer el trabajo? • ¿Cómo aceptas recibir órdenes? • Cuéntame alguna situación en la que impusieras tu voluntad a un grupo.
Planificación y organización	**Integridad**
• ¿Qué prioridades estableces en un día normal de trabajo/estudio? • ¿Descríbeme un día de trabajo/estudio?	• Cuéntame alguna situación en que te saltaras las normas de la empresa/clase. • Cuéntame alguna ocasión en que tuviste que ocultar la verdad.
Adaptabilidad a la empresa	**Resistencia al estrés**
• ¿En qué momento comenzaste a sentirte bien en tu actual puesto de trabajo? • ¿Cómo afrontaste los cambios de trabajo?	• ¿Cómo afrontas los momentos de presión en los estudios/trabajo? • ¿Cómo te sientes cuando tienes que prolongar tu jornada habitual?

Tabla 4.7. Ejemplos de preguntas por competencias que pueden surgir en una entrevista.

En esta fase, el entrevistador puede observar los siguientes signos del **lenguaje no verbal en el candidato:**

El lenguaje no verbal en la fase de preguntas
Señales que indican mentira, dudas e inseguridad
• **Tocarse la boca.** Cuando decimos una mentira intentamos taparnos la boca, los ojos o los oídos. También se puede interpretar como duda, inseguridad o exageración. • **Tocarse la nariz.** Este gesto se usa para disimular una mentira o cuando se duda de lo que dice el interlocutor. • **Frotarse los ojos.** Representa el intento del cerebro de evitar mirar a la cara a la persona a la que se está mintiendo. • **Frotarse las orejas.** Indica desconfianza, duda o el intento de no oír nada malo. • **Rascarse el cuello.** Indica duda, no estar de acuerdo. • **Los dedos en la boca.** Este gesto se produce cuando la persona se siente presionada y necesita seguridad. • **Tirar del cuello de la camisa.** Indica que la persona miente y sospecha que ha sido descubierta, o bien cuando se siente enfadada o frustrada, alejando la tela para que circule el aire.
Las manos
• Las manos se esconden inconscientemente cuando se quiere ocultar algo. • Las palmas de las manos abiertas hacia arriba indican sinceridad y honestidad. Las palmas hacia abajo y abiertas indican que se está tratando mentir. • Las manos entrelazadas a la altura del vientre pueden indicar frustración, actitud hostil o negativa. • Unir los pulgares significa confianza en uno mismo.
La mirada
• Cuando una persona trata de ocultar alguna cosa, la mirada se mantiene menos de la tercera parte del tiempo. • Cuando se mantiene la mirada en la del otro durante, al menos, las dos terceras partes del tiempo, puede significar: – Que encuentra al interlocutor atractivo (las pupilas se dilatan). – Que siente hostilidad y desafía (las pupilas se contraen). • Cuando se cierran los ojos prolongadamente durante una conversación, significa que el tema está produciendo una reacción negativa.
La imitación
• Cuando una persona copia el gesto de su interlocutor, quiere decir que comparte sus pensamientos. Se logra una buena relación en una entrevista copiando la postura del interlocutor, ya que le pone en actitud receptiva.
Las pistas
• El entrevistador no debe dar pistas sobre la respuesta; por ejemplo, moviendo la cabeza afirmativamente o sonriendo cuando se obtiene una respuesta adecuada.

Tabla 4.8. Comunicación no verbal en la fase de preguntas.

ACTIVIDADES

5. Busca el real decreto por el que se establece el título de Técnico Superior en Administración y Finanzas. Localiza el artículo en el que se enumeran las competencias profesionales, personales y sociales del título. Supongamos que vas a ser sometido a una entrevista de selección:

- Selecciona cinco competencias sobre las que te gustaría que te preguntasen en una entrevista. Redacta una pregunta para cada competencia.
- Selecciona cinco competencias sobre las que no te gustaría que te preguntasen en una entrevista. Redacta esas preguntas.

Este ejercicio te servirá para conocer cuáles son los puntos fuertes y débiles de tu currículo.

SÍNTESIS Las pruebas de selección y la entrevista de trabajo

- **Pruebas de selección**
  - De inteligencia y aptitudes
    - Inteligencia: para evaluar la capacidad intelectual de las personas.
    - Aptitudes: para seleccionar la persona más adecuada a las tareas de cada puesto de trabajo.
  - De personalidad e intereses
    - Personalidad: pretenden evaluar los rasgos de la personalidad.
    - Intereses: pretenden medir las preferencias de una persona hacia el trabajo.
  - Profesionales
    - Pretenden medir el nivel profesional en la realización de las tareas concretas del puesto de trabajo.
  - De idiomas
    - Pruebas orales y escritas para evaluar el conocimiento de un idioma.
  - Dinámica de grupos
    - Reunión de un grupo de candidatos, con varios evaluadores, en la que se discute sobre un tema de carácter general.
  - *Assessement centers*
    - Actividades de evaluación en las que se emplean diferentes técnicas y varios evaluadores.

- **Entrevista de selección**
  - Es una conversación formal y en profundidad, cuyo objetivo principal es comprobar y valorar si el candidato es el adecuado para el desempeño de un puesto de trabajo.
  - Fases de la entrevista
    - 1. Acogida
      - Se ha de crear un clima de confianza para que el entrevistado se sienta relajado.
    - 2. Información sobre la empresa y el puesto
      - La empresa: propiedad, principales productos o servicios, número de trabajadores, ámbito territorial, etc.
      - El puesto y las tareas del puesto.
    - 3. Preguntas del entrevistador
      - Se desarrolla toda la vida laboral del candidato, comenzando por el último empleo.
    - 4. Preguntas del entrevistado
      - Si el entrevistado realiza preguntas inteligentes, ganará puntos frente a su entrevistador.
    - 5. Cierre
      - Se despide con amabilidad al candidato, sin dar pistas del resultado de la entrevista.
    - 6. Informe de la entrevista
      - Al finalizar la entrevista, se realiza un informe que refleje los aspectos más importantes y la valoración del entrevistador. Este informe pasará a formar parte del expediente del candidato.

TEST DE REPASO

1. **Son instrumentos de selección imprescindibles:**
   - (a) Los test de inteligencia.
   - (b) Los test de personalidad.
   - (c) Las entrevistas.
   - (d) Las pruebas profesionales.

2. **Las pruebas de selección no son un instrumento adecuado para seleccionar:**
   - (a) Personas para puestos especializados.
   - (b) Directivos.
   - (c) Personas sin experiencia.
   - (d) Personas con experiencia.

3. **Para seleccionar un técnico administrativo, sin experiencia, es adecuado realizar:**
   - (a) Pruebas profesionales.
   - (b) *Assessement center.*
   - (c) Dinámica de grupos.
   - (d) Todas son ciertas.

4. **La interpretación de los test:**
   - (a) Es libre.
   - (b) Depende del criterio del examinador.
   - (c) Es objetiva.
   - (d) Es libre, pero objetiva.

5. **En la realización de los test de inteligencia:**
   - (a) Se responderá sinceramente.
   - (b) El tiempo está limitado.
   - (c) El tiempo no está limitado.
   - (d) Hay escalas de sinceridad.

6. **El indicador de la inteligencia general de las personas se denomina:**
   - (a) Coeficiente intelectual.
   - (b) Cociente intelectual.
   - (c) Cociente emocional.
   - (d) Coeficiente emocional.

7. **Se suelen medir las aptitudes de los candidatos mediante:**
   - (a) Test psicomotores.
   - (b) Series de visualización espacial.
   - (c) Series lógicas numéricas.
   - (d) Cuestionarios de personalidad.

8. **El *assessement center* es un instrumento especialmente indicado para seleccionar:**
   - (a) Un director de Recursos Humanos.
   - (b) Un agente comercial.
   - (c) Un mando intermedio.
   - (d) Un administrativo.

9. **Mantener la cabeza inclinada hacia un lado se puede interpretar como una manifestación de:**
   - (a) Desinterés.
   - (b) Interés.
   - (c) Mala educación.
   - (d) Aburrimiento.

10. **La entrevista se planifica para comparar un candidato con:**
    - (a) El perfil del puesto.
    - (b) Otros candidatos.
    - (c) La persona que ocupa actualmente el puesto.
    - (d) Las expectativas del entrevistador.

11. **Cuando se entrevista a personas con larga experiencia laboral, se suele comenzar preguntando sobre:**
    - (a) Los primeros trabajos.
    - (b) Los últimos trabajos.
    - (c) Los cambios de empleo.
    - (d) La formación.

12. **Mediante la técnica STAR, se indaga sobre:**
    - (a) La formación del candidato.
    - (b) El historial profesional del candidato.
    - (c) Las competencias.
    - (d) La personalidad del candidato.

13. **No es una actitud acertada durante la entrevista:**
    - (a) Rebatir la opinión del entrevistador.
    - (b) Mentir para defender el currículo.
    - (c) Inspirar lástima.
    - (d) Todas son actitudes erróneas.

14. **Es un signo que se puede interpretar positivamente:**
    - (a) Cerrar los ojos prolongadamente.
    - (b) Mantener la mirada ante preguntas difíciles.
    - (c) Mantener las palmas de las manos hacia abajo.
    - (d) Dar la mano suavemente.

COMPRUEBA TU APRENDIZAJE

Establecer las características de los métodos e instrumentos de selección de personal más utilizados en función del perfil del puesto de trabajo.

1. Indica qué instrumentos utilizarías para, mediante la selección externa, encontrar a la persona idónea para cubrir los siguientes puestos de trabajo:
   - Agente comercial de una empresa farmacéutica.
   - Mozo de almacén en una empresa que comercializa refrescos.
   - Cajero de un supermercado.
   - Director del Departamento Financiero de un concesionario de automóviles.
   - Administrativo del Departamento Financiero.
   - Director del Departamento de Administración de una empresa comercial.
   - Teleoperador de una compañía telefónica.

2. Accede a la página del SEPE, **www.sepe.es** y realiza un extracto del contenido sobre los tipos de pruebas de selección y sobre los consejos para ayudar a mejorar la realización de las pruebas de selección.

3. **www.CI-training.com** es un portal gratuito de entrenamiento y mejora del cociente intelectual (CI) basado en la realización de test de inteligencia y psicotécnicos para aumentar las capacidades mentales. Puedes practicar para aumentar tu CI, adaptar los test a tus posibilidades y progresar a tu ritmo.

   Entrénate para realizar test de inteligencia. El resultado final será meramente orientativo, ya que para obtener una puntuación exacta del CI es preciso realizar varios test complejos y diferentes entre sí y hacer la media entre todos ellos.

4. En la página **www.psicoactiva.com** > *psicotécnicos*, encontrarás una recopilación de test que puedes realizar *online* para practicar y mejorar en su realización.

   Este tipo de test tiene la función de medir capacidades y aptitudes intelectuales de diversa índole, como la atención, la memoria verbal y visual, aptitudes numéricas, lingüísticas, etc.

   Considera la realización de los test como un entrenamiento, ya que la mayoría de estos test generan una batería de preguntas diferentes cada vez que se realizan, por lo que podrás practicar de manera ilimitada para superarte. Puedes realizar el test de inteligencia renovado.

   Repite los test varias veces sin preocuparte por el tiempo ni por los errores que puedas cometer. Comprobarás cómo los resultados van mejorando, ya que poco a poco se va interiorizando la lógica de las pruebas. Cuando pienses que dominas el método, realiza los test, pero con el tiempo limitado y en condiciones similares a las que se pueden dar al realizar pruebas de este tipo.

5. El Test de Raven es un test de 60 preguntas con el que se pretende medir el cociente intelectual personal. Este test consiste en encontrar la pieza que falta en una serie de figuras que se irán mostrando. Se debe analizar la serie que se presenta y, siguiendo la secuencia horizontal y vertical, escoger una de las seis piezas sugeridas, la que encaje perfectamente en ambos sentidos, tanto en el horizontal como en el vertical.

   Busca el test en tu navegador de Internet y practica algunas de las preguntas.

6. La inteligencia emocional es la capacidad del ser humano para salir adelante positivamente ante cualquier situación que se le presenta en relación consigo mismo y con otras personas.

   Busca un test de inteligencia emocional en tu navegador de Internet y complétalo.

7. Busca y realiza un cuestionario de personalidad, pensado para hacer una valoración de la forma que tienen habitualmente de comportarse las personas, los sentimientos que poseen frente a determinadas circunstancias, las principales actitudes, etc.

   Las preguntas deben responderse anotando la respuesta que más se acerque a la realidad. No existen contestaciones correctas o incorrectas, ya que cada uno de nosotros tiene una personalidad y unos intereses distintos y vemos las cosas de diferente manera.

8. Investiga en qué consisten las siguientes pruebas del *assessement center:* tareas grupales de roles asignados y tareas grupales de roles sin asignar.

Establecer las vías de comunicaciones orales y escritas con las personas que intervienen en el proceso de selección y elaborar la documentación necesaria para llevar a cabo el proceso de selección.

9. El mejor modo de no cometer errores es acudir a la entrevista teniendo muy claras las virtudes que te convierten en el aspirante perfecto al puesto, habiendo preparado y entrenado la entrevista; para ello, visita la página del SEPE, **www.sepe.es**, y realiza las siguientes tareas:

   Busca el vídeo en el que se explica cómo preparar una entrevista de trabajo y después realizar un resumen del contenido de este vídeo. Igualmente, busca el vídeo en el que se explica cómo concretar una cita para una entrevista de trabajo. Realiza después un resumen de todos los consejos.

   De la misma forma, es conveniente que veas el vídeo en el que se explica cómo se concierta una cita y realiza un resumen que refleje las pautas del desarrollo de esta.

10. En la página del SEPE, **www.sepe.es,** dentro del apartado *Te ayudamos a encontrar empleo,* hay vídeos con explicaciones sobre cómo preparar la entrevista. Accede a esta página para ver los vídeos relacionados con la preparación de la entrevista y realiza una relación de los elementos que consideres esenciales para afrontar una entrevista de trabajo con éxito.

11. En el blog **http://tutorialesempleo.blogspot.com.es,** podrás encontrar temas relacionados con la selección de personal. En el vídeo-tutorial *Cómo prepararse para una entrevista de trabajo,* se muestran ejemplos de cómo vestirse, cómo comportarse y qué preguntas hacer al final de la entrevista, entre otras. También encontrarás un vídeo con consejos sobre cómo preparar la entrevista de trabajo.

12. Un entrevistador ha observado las actitudes y gestos siguientes durante una entrevista de trabajo:

- Al recibir al entrevistado, este le dio la mano con la palma hacia arriba.
- En un determinado momento, el entrevistado cruzó los brazos y las piernas.
- Cuando le preguntó sobre los resultados académicos, se tiró del cuello de la camisa.
- Cuando el entrevistado contaba los buenos resultados académicos en el ciclo formativo, inclinó la cabeza a un lado y el cuerpo hacia delante.
- Durante un periodo de tiempo, permaneció con los pulgares unidos.
- Al despedirse, estrechó la mano con sus dos manos.

Explica el posible significado de estos gestos y actitudes.

13. En la web **http://bilbao.net,** en *Inicio > Promoción empresarial > Buscar empleo,* puedes encontrar videos explicativos sobre:

- Cómo superar una prueba de selección.
- Cómo preparar una entrevista de trabajo.
- Cómo hacer frente a preguntas difíciles.

Presta especial atención al apartado en el que se dan consejos sobre cómo afrontar las preguntas difíciles.

14. Una persona candidata a un puesto de trabajo desea conocer qué aspectos debe cuidar para causar una buena primera impresión en una entrevista de selección, pues no quiere cometer errores, especialmente con la manera de vestir.

Busca información en la Red para orientar a esta persona sobre cómo vestir en una entrevista de trabajo.

Elaborar la documentación necesaria para llevar a cabo el proceso de selección.

15. Simulad una entrevista de trabajo en el aula para un candidato a un puesto de administrativo en un Departamento de RR. HH. Los compañeros del entrevistado tomarán notas para realizar un informe en el que se reflejen los aspectos siguientes:

- Cómo fue su expresión verbal: tono de voz, claridad en las expresiones, muletillas.
- Cómo ha defendido los puntos fuertes del currículo.
- Cómo ha justificado los puntos débiles del currículo.
- Cómo fue la comunicación no verbal, cómo pueden interpretarse actitudes y gestos, y si su interpretación puede favorecer o perjudicar al candidato.

Si la entrevista se grabó, el entrevistado también cumplimentará el informe de la entrevista para auto-valorarse. El resultado de la autovaloración se comparará con las valoraciones de sus compañeros. Al finalizar la entrevista, realizarán un informe utilizando el impreso de la Figura 4.5.

16. Supongamos que trabajas en el Departamento de Recursos Humanos de una empresa en la que están realizando un proceso para seleccionar técnicos informáticos.

El jefe del Área de Selección te encarga que redactes un modelo de correo para comunicar a los candidatos entrevistados que, después de mantener la primera entrevista, se les sigue considerando personas idóneas y han sido seleccionados para pasar a la segunda entrevista, puesto que su formación, trayectoria profesional y competencias se ajustan a las características del puesto a cubrir. Se les convoca a una segunda entrevista, indicando fecha, hora, lugar, etc.

17. Supongamos que estás trabajando en un Departamento de Recursos Humanos en el que están realizando la selección de personal administrativo para el Departamento Comercial. Estás colaborando en la preparación de las entrevistas y te encargan las siguientes tareas:

- Localizar el decreto que regula el título de Técnico Superior en Administración y Finanzas e identificar las competencias profesionales personales y sociales del título.
- Identificar las competencias relacionadas con este puesto de trabajo.
- Redactar, al menos, una pregunta por cada competencia identificada.
- Redactar varias preguntas en relación con el puesto, teniendo presente la descripción del puesto de trabajo y el profesiograma de los Casos prácticos 2 y 3 de la Unidad 2.

Realiza estas tareas y compara los resultados con alguno de tus compañeros para debatir qué preguntas pueden ser más idóneas.

5
UNIDAD

Etapas finales del proceso de selección y tratamiento de la documentación

En esta unidad

APRENDERÁS A...

- Mantener actualizada la información precisa para el desarrollo de las funciones del Departamento de Recursos Humanos.
- Organizar y conservar la documentación del Departamento de Recursos Humanos en soporte convencional e informático.
- Valorar la importancia de la aplicación de criterios de seguridad, confidencialidad, integridad y accesibilidad en la tramitación de la información derivada de la administración de los Recursos Humanos.

ESTUDIARÁS...

- Etapas finales del proceso de selección.
- Tratamiento de la documentación laboral.
- Protección de datos personales.
- Gestión de la documentación del personal.

Y SERÁS CAPAZ DE...

- Aplicar los procedimientos administrativos relativos a la selección de Recursos Humanos, eligiendo los métodos e instrumentos más adecuados a la política de cada organización.

1. Etapas finales del proceso de selección

El proceso de selección no finaliza con la elección de la persona adecuada para el puesto, sino que aún quedan por cumplir varias etapas: petición de **referencias**, comprobación de **documentación**, **ofrecimiento del puesto** al candidato seleccionado, **reconocimiento médico**, **contratación** e **incorporación**. Estas etapas se reflejan en la Figura 5.1.

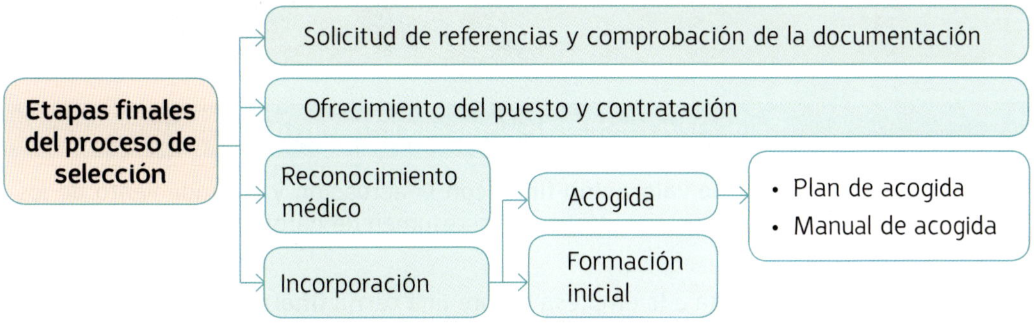

Fig. 5.1. Etapas finales del proceso de selección.

> **! IMPORTANTE**
>
> **Comprobación de la documentación**
>
> Es necesario **revisar** y **cotejar** toda la documentación del currículo: personal, académica, idiomas, referencias, formación complementaria, etc.
>
> La documentación que justifica la **experiencia laboral** también debe ser comprobada; por ejemplo, con la vida laboral.

1.1. Solicitud de referencias

Las **referencias** son informes del candidato que provienen de antiguos jefes o colaboradores.

La forma más adecuada de actuar es **pedir permiso al candidato** durante la entrevista para **solicitar referencias**, de **manera confidencial**, en anteriores empresas.

Las referencias son una forma de comprobar la *veracidad de la información* que el candidato ha facilitado durante el proceso de selección y resultan muy útiles cuando los candidatos han tenido alguna experiencia laboral.

Salvo que el candidato indique lo contrario, no se pedirán referencias a la empresa en la que esté trabajando en la actualidad, sino en las que ha trabajado anteriormente.

Las referencias se pueden solicitar de varias formas:

- **Por Internet.** Las redes profesionales permiten solicitar referencias a los contactos.
- **Por teléfono.** Es la forma más habitual, ya que es rápido, poco costoso y permite la indagación directa.
- **Por escrito.** No suele dar resultado, puesto que genera desconfianza al recibir respuestas generales y asépticas.
- **Mediante una visita personal.** Aporta mayor precisión y claridad en la información, pero exige más tiempo y dedicación que las otras formas.

Cuando los candidatos no tengan experiencia laboral, las únicas referencias que pueden aportar son las de los **centros educativos** en los que hayan cursado sus estudios. En estos casos, es suficiente con pedir una copia del título o del certificado de calificaciones obtenidas.

Problemas que surgen en las peticiones de referencias

Las referencias son un tema delicado y es difícil conseguir información objetiva debido a que, o bien la persona a la que se solicitan las referencias no desea comprometerse y emite un informe aséptico, o bien que, para ayudar al candidato, exagera las cualidades de este.

Si el candidato tuvo algún problema en la empresa anterior, probablemente el informe sea negativo; aunque, en ocasiones, la verdadera causa del problema podría no estar en el trabajador, sino en factores ajenos a él, como una deficiente organización de la empresa.

> **? ¿SABÍAS QUE...?**
>
> **Referencias**
>
> En las solicitudes de referencias, se **indagará** sobre:
>
> - **Funciones** que realizó el candidato.
> - Fechas de **ingreso** y **baja** en la empresa.
> - **Retribución.**
> - Aspectos destacables de la **personalidad** y de la **profesionalidad.**
>
> 
>
>
> Esa documentación se comprobará y archivará posteriormente en el **expediente** del candidato.

1.2. Análisis de la información y toma de decisiones

Cuando en los procesos de selección se han realizado una o varias entrevistas y se han aplicado diferentes pruebas, hay que **integrar la información sobre cada candidato.** La integración de los datos y el informe final dependerán de si ha intervenido una empresa consultora o la selección la ha realizado el Departamento de Recursos Humanos.

Tanto si el proceso de selección ha sido externo como interno, siempre se realiza una **última entrevista para valorar a la terna final** de candidatos.

Selección mediante empresa consultora
• Se elabora el **informe de valoración final**, con la actuación y el rendimiento de los candidatos, sus puntos fuertes y débiles, y un resumen de datos personales, académicos y profesionales. • Normalmente se presenta a la empresa cliente una **terna final de candidatos.** • Se realizan **recomendaciones** para que la empresa cliente tome la decisión final.
Selección mediante Departamento de Recursos Humanos
• Se elabora un **informe** con los candidatos que se consideran válidos. • Se presenta una **terna final de candidatos** a su **cliente interno**, que tendrá que decidir en último lugar, asesorado por el Departamento de Recursos Humanos.

Tabla 5.1. Elementos para la toma de la decisión final en un proceso de selección.

IMPORTANTE

Comunicación con los candidatos no selecccionados

Siempre que el número de candidatos lo permita, es un acto de cortesía comunicar mediante un correo electrónico la **desestimación** de las personas que han participado en el proceso de selección, especialmente en la fase de las entrevistas; este acto contribuye a crear una buena imagen de la empresa.

Además, los candidatos rechazados pueden ser candidatos potenciales para procesos de selección futuros; por ello se les solicita permiso para incorporar su currículo a la base de datos de la empresa.

1.3. Oferta del puesto al candidato seleccionado

La **oferta** se suele realizar en una **entrevista** en la que se informará al candidato sobre las **características del puesto:** funciones y tareas, duración del contrato y periodo de prueba, horario, vacaciones, retribución, beneficios sociales e incentivos.

Si ambas partes están de acuerdo, **firmarán un contrato de trabajo** que se registrará en el Servicio de Empleo de la comunidad autónoma.

A. Precontratación

En algunas ocasiones, de forma previa a la contratación, se realiza el ofrecimiento del puesto de trabajo a través de un **precontrato** o **carta de oferta de empleo** en la que se indican las condiciones de la incorporación. Este tipo de documentos son aconsejables cuando se ofrece el empleo a una persona que está trabajando en otra empresa, para que tenga la seguridad de que será contratada.

En el precontrato, se puede incluir la **indemnización por daños y perjuicios** a pagar por la empresa en caso de incumplimiento empresarial y no ejecución de la contratación; sin embargo, no dará lugar a indemnización por despido, puesto que la relación laboral aún no ha comenzado.

ACTIVIDADES

1. En ocasiones se firman precontratos por diferentes razones: por ejemplo, para que la persona seleccionada que esté trabajando en otra empresa tenga la seguridad de que, después del período de preaviso, será contratada; o bien, puede suceder que la empresa en la que trabaja actualmente realice una contraoferta y la persona seleccionada decida permanecer en esta empresa, rechazando el nuevo empleo.

   Localiza en Internet un modelo de precontrato y cumpliméntalo con tus datos.

1.4. El reconocimiento médico

Antes de comenzar la relación laboral, es posible que se solicite al candidato elegido un **reconocimiento médico** para comprobar que reúne las condiciones físicas y psíquicas necesarias para desempeñar el puesto de trabajo.

Para realizar el reconocimiento médico, es necesario el **consentimiento previo** del candidato (es aconsejable que este consentimiento se realice por escrito).

El examen médico será diferente para los distintos puestos de trabajo. Puede suceder que el médico descubra problemas de salud que no tienen por qué afectar al desempeño del puesto de trabajo y quedarán dentro del secreto profesional del médico. El resultado del examen médico que se entregará a la empresa será **«apto»** o **«no apto».**

El empresario será informado de las conclusiones que se deriven de los reconocimientos efectuados **en relación con la aptitud del trabajador** para el desempeño del puesto de trabajo, pero el acceso a la información médica de carácter personal se limitará al personal médico, sin que pueda facilitarse al empresario sin consentimiento expreso del trabajador.

*Fig. 5.2. El reconocimiento médico **no es obligatorio** y se llevará a cabo respetando siempre el derecho a la **intimidad**, la **dignidad** de la persona y la **confidencialidad** de toda la información relacionada con el estado de salud del trabajador.*

1.5. El periodo de prueba

El periodo de prueba puede concertarse por escrito con los límites de duración que se establezcan en los convenios colectivos. En defecto de pacto en el convenio, la duración del periodo de prueba **no podrá exceder de:**

- **Seis meses** máximo para los **técnicos titulados.**
- **Dos meses** máximo para los **demás trabajadores.**
- **Tres meses** máximo, en las empresas de **menos de veinticinco trabajadores,** para los trabajadores que no sean **técnicos titulados.**

En el periodo de prueba, cualquiera de las partes podrá dar por **finalizado el contrato sin necesidad de preaviso** y el trabajador **no tiene derecho a percibir** indemnización alguna. Durante este periodo, el trabajador tendrá los mismos derechos y obligaciones que el resto de los trabajadores de plantilla.

! IMPORTANTE

Seguimiento y control del periodo de prueba

Durante el periodo de prueba, se realizará un seguimiento y un control del nuevo trabajador que conviene plasmar por escrito.

Se evaluarán los aspectos siguientes:

- **Calidad** en la realización del trabajo.
- Sentido de la **responsabilidad.**
- **Sentido de equipo** y de **colaboración.**

CASO PRÁCTICO 1

Periodo de prueba para contratos en prácticas

Tras finalizar el ciclo formativo, encuentras trabajo como administrativo en una empresa. Han decidido hacerte un contrato en prácticas y establecer un periodo de prueba. ¿Cuánto durará como máximo tu periodo de prueba? ¿Te computa el periodo de prueba al considerar la antigüedad en la empresa?

Solución:

El contrato en prácticas tiene la particularidad de que el periodo de prueba no será de **más de dos meses** para titulados de grado superior. El periodo de prueba sí computa para la antigüedad del trabajador en la empresa.

ACTIVIDADES

2. Las empresas suelen comunicar, mediante correo electrónico, la desestimación de los candidatos que han llegado a las últimas fases del proceso de selección. Es un acto de cortesía que contribuye a crear una buena imagen de la empresa.

Redacta una carta para comunicar a los candidatos rechazados en las últimas fases que han sido desestimados, ya que hay otros candidatos que se adaptan mejor al perfil del puesto de trabajo. Indica que la empresa desea conservar su currículo por si en el futuro surgen puestos a los que se adapte su perfil profesional.

3. Un trabajador que no posee titulación va a comenzar su periodo de prueba en una empresa que tiene un total de 20 empleados. ¿Cuánto podrá durar, como máximo, este periodo? ¿Y si la empresa tuviese una plantilla de 30 empleados?

3. Protección de datos personales

@ WEB

Agencia Española de Protección de Datos

www.agpd.es

Se trata de un ente público independiente cuya finalidad principal es velar por el cumplimiento de la legislación sobre protección de datos personales.

Los **objetivos** de la web son:

- Fomentar que los ciudadanos conozcan sus derechos y las posibilidades que el ente les ofrece para ejercerlos.
- Disponer de un instrumento que facilite el cumplimiento de la normativa para quienes recogen y tratan los datos personales.

Para proteger los datos personales y la intimidad de las personas, se aprobó la **Ley Orgánica de Protección de Datos de Carácter Personal (LOPD)**, en la que se reconoce al ciudadano el derecho fundamental a la protección de datos, la facultad de controlar sus datos personales y la capacidad para disponer y decidir sobre ellos.

El nombre, los apellidos, la fecha de nacimiento, la dirección postal o la dirección de correo electrónico, el número de teléfono, el número de identificación fiscal, la matrícula del coche, el DNI, el número de Seguridad Social, etc., son datos que **identifican a una persona**, ya sea directa o indirectamente.

3.1. La protección de datos en la empresa

Los trabajadores facilitan a las empresas documentación y datos personales desde que son reclutados en un proceso selectivo más los que faciliten durante la relación laboral. Todos estos documentos pasan a formar parte del expediente personal y deben ser protegidos para garantizar el derecho al honor y a la intimidad.

Las empresas en las que se recogen y tratan datos de carácter personal (trabajadores, clientes, proveedores) deben tener un responsable del fichero o de su tratamiento, al que corresponde velar por el cumplimiento de la Ley Orgánica de Protección de Datos de Carácter Personal (LOPD). Este responsable, que habitualmente será el personal administrativo dentro del Departamento de Recursos Humanos, tiene, entre otras, las obligaciones que aparecen en la Tabla 5.6.

Informar a los afectados	Cualquier persona tiene derecho a conocer si sus datos personales van a ser incluidos en un fichero y el tratamiento que se realiza con esos datos. Los responsables de los ficheros tienen obligación de informar sobre la recogida de los datos y su utilización.
Pedir el consentimiento	Como regla general, la inclusión de datos de carácter personal en un fichero supone un tratamiento que requerirá el consentimiento del afectado.
Calidad de los datos	Los datos que se recaben han de ser adecuados a la finalidad que motiva su recogida.
Garantizar los derechos de los afectados	El responsable del fichero debe facilitar y garantizar el ejercicio de los derechos de oposición al tratamiento, acceso, rectificación y cancelación.
Deber de guardar secreto profesional	Quienes intervienen en cualquier fase del tratamiento de los datos deben guardar el secreto profesional sobre estos, aun después de finalizar su relación con el responsable del fichero.
Adopción de medidas de seguridad	El reglamento establece tres niveles de seguridad (alto, medio y básico), atendiendo a la naturaleza de la información tratada.

Tabla 5.6. Obligaciones que genera a las empresas la Ley Orgánica de Protección de Datos.

3.2. Medidas de seguridad en el tratamiento de datos

Los encargados del tratamiento de datos o de los ficheros, es decir, el personal administrativo que desarrolla su actividad en el Departamento de Recursos Humanos, deben adoptar las medidas necesarias para garantizar la seguridad de dichos datos.

Las medidas de seguridad exigibles a los ficheros y al tratamiento se establecen en función de **tres niveles de seguridad: básico, medio y alto** (Tabla 5.7 y Tabla 5.8).

Niveles	Ficheros
Nivel básico	Se aplica a ficheros con datos de carácter personal: nombre y apellidos, dirección, DNI, teléfono, imagen personal, etc.
Nivel medio	• Datos relativos a la comisión de infracciones administrativas o penales. • Datos de los que sean responsables las autoridades tributarias o entidades financieras. • Datos relacionados con la Seguridad Social y las mutuas de trabajo. • Datos que definan características o personalidad de los ciudadanos y que permitan evaluarlos.
Nivel alto	• Datos de ideología, afiliación sindical, religión, creencias, salud, origen racial o vida sexual. • Datos recabados para fines policiales sin consentimiento de las personas afectadas. • Datos derivados de violencia de género.

Tabla 5.7. Clasificación de los niveles de seguridad.

Medidas de seguridad de nivel básico	
• Definir funciones y obligaciones de los usuarios con acceso a los datos y a los sistemas de información. • Deberá existir un proceso de notificación, gestión y registro de las incidencias que afecten a los datos. • Existirá una relación de usuarios y accesos autorizados a cada uno de ellos, con acceso únicamente a los recursos que precisen para el desarrollo de sus funciones. • Los soportes deberán identificar el tipo de información que contienen, ser inventariados y accesibles para autorizados.	• La salida de soportes y documentos deberá ser autorizada por el responsable del fichero. • Cuando se deseche algún documento o soporte, deberá procederse a su destrucción o borrado. • Se adoptarán medidas para identificar y autentificar a los usuarios y las contraseñas se cambiarán cada año, como mínimo. • Se realizarán, como mínimo semanalmente, copias de respaldo.
Medidas de seguridad de nivel medio: incluye todas las medidas de nivel básico más las siguientes.	
• Se designarán uno o varios responsables de seguridad. • Se realizará una auditoría de seguridad cada dos años. • Se establecerán sistemas de registro de entradas y salidas de soportes que permitan conocer los documentos, fechas y horas, así como las personas responsables del envío o la recepción, que deberán estar debidamente autorizadas.	• Se establecerá un mecanismo que limite la posibilidad de intentar varias veces el acceso no autorizado al sistema de información. • Solo las personas autorizadas en el documento de seguridad podrán acceder al lugar donde están los equipos de información. • Deberá existir un proceso de notificación, gestión y registro de las incidencias que afecten a los datos.
Medidas de seguridad de nivel alto: incluye todas las medidas de nivel básico y medio, más las siguientes.	
• Los soportes deberán etiquetarse de forma comprensible para los usuarios con acceso autorizado, pero de manera que dificulte la identificación para el resto de las personas. • Se conservarán copias de respaldo de los procedimientos de recuperación de los datos en un lugar diferente al que se encuentran los equipos que los tratan.	• En cada intento de acceso a los datos, se guardarán la identificación del usuario, la fecha, la hora y el fichero al que ha accedido, al igual que si ha sido autorizado o denegado. • La transmisión de datos a través de las redes de telecomunicaciones se realizará cifrando los datos para que la información no sea inteligible ni manipulada por terceros.

Tabla 5.8. Resumen de las principales medidas establecidas para los tres niveles de seguridad.

ACTIVIDADES

5. Supón que trabajas en el Departamento de Recursos Humanos de una empresa de 300 trabajadores y tu tarea es gestionar expedientes y archivos. Indica qué nivel de seguridad aplicarías a los siguientes datos personales de trabajadores:

- Nombre y apellidos, DNI, dirección y teléfono.
- Resultados de las pruebas de selección.
- Contrato de mujer víctima de violencia de género.
- Contrato de trabajo.
- Justificación de los estudios para el puesto de trabajo.
- Amonestaciones y sanciones.
- Causas de la extinción del contrato.
- Sindicato al que está afiliado.
- Informe final de la consultora de selección.
- Resultado del examen médico.
- Documento de alta en la Seguridad Social.
- Datos bancarios y financieros.

Mantener actualizada la información precisa para el desarrollo de las funciones del Departamento de Recursos Humanos.

1. Como hemos estudiado en esta unidad, una de las etapas finales del proceso de selección es el reconocimiento médico. Este reconocimiento médico no es imprescindible, salvo para verificar si el estado de salud de los trabajadores puede constituir un peligro para los demás trabajadores o para personas relacionadas con la empresa.

   Investiga para qué puestos de trabajo concretos es imprescindible realizar el reconocimiento médico.

2. La solicitud de referencias es un tema que se debe tratar con mucha delicadeza, pues presenta aspectos éticos que hay que considerar; por ejemplo: emitir un informe negativo sobre el comportamiento de un trabajador en el pasado puede destrozar la imagen y la reputación del antiguo trabajador.

   Indica cómo procederías si tuvieras que pedir referencias para respetar la intimidad y la protección de los datos de las personas que están participando en el proceso de selección.

3. Supongamos que trabajas en el Área de Administración de un Departamento de Recursos Humanos y una de las tareas que tienes encomendadas es recabar la documentación, para formar el expediente, de las personas que se incorporan a la empresa por primera vez.

   Realiza una relación de los documentos que deberás recabar para formar el expediente.

4. Continuando con la actividad anterior, durante el proceso de selección, y al realizar el expediente personal de los nuevos trabajadores, se han recogido y tratado datos de carácter personal.

   Indica qué nivel de seguridad tienes que otorgar a cada uno de los documentos que recabes para formar el expediente personal de los nuevos trabajadores.

5. En los Casos prácticos 2 y 3 de la Unidad 2, hemos realizado la descripción y el profesiograma del puesto de administrativo del Departamento Comercial.

   Apoyándote en el esquema del Caso práctico 2 de esta unidad, elabora un plan de acogida para este trabajador que se incorpora al puesto de administrativo. Puedes hacerlo describiendo los pasos a seguir o bien mediante un esquema.

   También puedes incluir todos aquellos aspectos que te gustaría que se contemplasen en ese plan de acogida si tú fueses la persona que se incorpora a la empresa.

6. Realiza un listado de la documentación e información que creas conveniente incluir en un manual de acogida para los nuevos empleados.

   Incluye también toda la información que te gustaría recibir si fueses la persona que se incorpora a la empresa.

7. Un trabajador que ha sido seleccionado para ocupar un puesto de trabajo tiene que firmar un contrato indefinido a tiempo completo. En el contrato de trabajo, la empresa ha insertado una cláusula específica para informar al trabajador sobre la recogida de los datos y su utilización. La cláusula es la siguiente:

   «De conformidad con la Ley Orgánica 15/1999, de 13 de diciembre, de Protección de Datos de Carácter Personal (LOPD), se informa al trabajador de que los datos personales que figuran en la documentación de ingreso, en los formularios de ingreso, así como los obtenidos como consecuencia de la relación laboral entre la empresa (nombre de la empresa) y el trabajador, forman parte de ficheros de datos de carácter personal.

   Su objeto es la gestión de nóminas, recursos humanos y servicios generales.

   Al facilitar esta información y firmar el presente contrato, el trabajador presta su consentimiento para dichos tratamientos.

   Le informamos de que puede ejercitar sus derechos de acceso, rectificación, cancelación y oposición mediante escrito dirigido al responsable del tratamiento de esos ficheros, (dirección, nombre y apellidos del responsable)».

   Lee atentamente la cláusula y estudia si se cumplen las obligaciones que establece la LOPD respecto a la protección de datos personales de los trabajadores.

Organizar y conservar la documentación del Departamento de Recursos Humanos en soporte convencional e informático.

8. Una de las tareas de los administrativos de los Departamentos de Recursos Humanos es gestionar la documentación de los expedientes personales de los trabajadores y transferir la documentación a los archivos intermedio e histórico.

   Indica cuánto tiempo deben conservarse y cuáles se pueden expurgar, porque las normas no exigen su conservación, de los documentos siguientes:

   - Resultados de las pruebas de selección.
   - Resultados de los exámenes médicos.
   - Contratos de trabajo.
   - Documentos de afiliación a la Seguridad Social.
   - Vida laboral.
   - Partes de bajas y altas médicas.
   - Nóminas.
   - Documentos de cotización a la Seguridad Social.
   - Documentación de la extinción de los contratos.
   - Informes de las entrevistas de salida.

9. Cuando un trabajador deja de prestar servicios en una empresa:

   - ¿ Qué sucederá con su expediente personal?
   - ¿Qué documentos pasarán al archivo intermedio?
   - ¿Qué documentos pasarán al archivo histórico?

COMPRUEBA TU APRENDIZAJE

10. De acuerdo con lo que hemos estudiado sobre protección de datos personales, indica cómo se debe proceder en las siguientes situaciones:

- ¿Puedes utilizar el dato del teléfono móvil de los trabajadores para enviarles mensajes de texto vía SMS?
- ¿Un trabajador tiene derecho a solicitar que desaparezcan de su expediente personal sus datos personales y familiares?
- ¿Han de ser considerados datos de salud los relativos a la enfermedad común y accidente profesional?
- ¿Se consideran datos especialmente protegidos los relativos a la condición sexual de las personas?
- ¿Se consideran datos sobre la salud de los trabajadores los informes de las revisiones médicas anuales que las empresas están obligadas a efectuar según la Ley de Prevención de Riesgos Laborales? Indica el nivel de seguridad que ha de aplicarse a dichos informes.

Puedes buscar información en la página web de la Agencia de Protección de Datos.

11. Apoyándote en la información contenida en las Tablas 5.7 y 5.8, indica cómo deberías proceder si trabajases en el Área de Administración de un Departamento de Recursos Humanos, en relación con la protección de datos personales, en las situaciones siguientes:

- ¿Cuáles son tus obligaciones a la hora de recoger los datos personales de los nuevos trabajadores?
- El director del Área de Formación pide la documentación de las pruebas de selección de un trabajador.
- Un compañero encargado de la gestión de nóminas te solicita la documentación de un trabajador para conocer su dirección y poder enviarle los recibos de salarios a su domicilio.
- El director del Departamento Técnico solicita acceder a los datos de uno de sus subordinados.
- ¿Cómo se deberá proceder cuando se expurguen los expedientes que han perdido vigencia administrativa y legal?
- Indica qué persona o personas pueden acceder a la documentación contenida en el expediente personal de los trabajadores.
- ¿Qué nivel de seguridad debes aplicar a la documentación relativa a la afiliación sindical de un trabajador? ¿Cómo debes actuar cuando un superior te solicite estos datos?

Valorar la importancia de la aplicación de criterios de seguridad, confidencialidad, integridad y accesibilidad en la tramitación de la información derivada de la administración de los Recursos Humanos.

12. Supongamos que estás trabajando en el Departamento de Recursos Humanos de una empresa y una de tus tareas es gestionar los expedientes de los trabajadores.

Describe el procedimiento que se ha de seguir para que una persona que no está autorizada pueda acceder a la documentación que tiene nivel 1 de seguridad.

13. Accede a la web de la Agencia Española de Protección de Datos **(www.agpd.es)** para investigar si las empresas pueden ceder los datos personales de los trabajadores a la Inspección de Trabajo o de Hacienda.

14. Supongamos que en la empresa en la que trabajas han publicado tu fotografía en su página web sin pedir tu consentimiento expreso. Investiga si se ha vulnerado algún derecho. ¿Cómo se hubiese actuado correctamente?

15. A un trabajador que está de baja médica, el director del Departamento de Recursos Humanos le ha exigido que, en los partes de baja, esté identificada la causa que la motiva. Esto puede vulnerar sus derechos, ya que estamos en presencia de un dato de salud al que hay que aplicar medidas de seguridad de nivel alto.

En el parte de baja, han de figurar únicamente las fechas y la indicación de «baja» u otras expresiones de las no pueda deducirse fácilmente la enfermedad que ocasiona la baja. Accede a la página web de la Agencia Española de Protección de Datos para descargar y cumplimentar el documento necesario para denunciar esta presunta violación de tus derechos.

16. Un trabajador tiene conocimiento de que en una empresa en la que trabajó tiempo atrás conservan los datos personales contenidos en los documentos que aportó mientras estuvo trabajando en ella; sin embargo, estos datos ya no son necesarios para la finalidad para la que se recabaron.

Busca información en la web de la Agencia Española de Protección de Datos para saber cuál es el procedimiento para poder ejercer el derecho de cancelación. Cumplimenta un formulario poniendo en conocimiento de esta agencia la existencia de un hecho que puede constituir infracción administrativa en materia de protección de datos.

17. En el momento en que se procede a la recogida de los datos personales, por ejemplo a partir del Modelo 145, el trabajador interesado debe ser informado previamente de modo expreso, preciso e inequívoco de, entre otros, la existencia de un fichero, de la posibilidad de ejercitar sus derechos y de la existencia de un responsable del tratamiento.

Accede a la página de la Agencia Tributaria y descarga el Modelo 145.

Lee con atención el primer párrafo del impreso que hace referencia a la protección de datos y estudia el formulario. Responde a las siguientes preguntas:

a) ¿Crees que facilitar la información que se solicita puede atentar contra el honor y la intimidad de las personas?

b) ¿Rechazarías cumplimentar el documento, aun sabiendo que tu situación personal y familiar ocasionaría que el porcentaje de retención a cuenta del IRPF fuese menor y, por tanto, tu salario mayor?

6
UNIDAD

La comunicación en la empresa

En esta unidad

APRENDERÁS A...

- Establecer los canales de comunicación interna entre los distintos departamentos de la empresa, así como entre el personal y los departamentos.
- Caracterizar las habilidades de comunicación efectiva en los diferentes roles laborales.

ESTUDIARÁS...

- Los elementos de la comunicación.
- La comunicación en la empresa.
- Técnicas para mejorar la comunicación.
- La comunicación asertiva.

Y SERÁS CAPAZ DE...

- Coordinar los flujos de información del Departamento de Recursos Humanos a través de la organización, aplicando habilidades personales y sociales en procesos de gestión de Recursos Humanos.

1. Los elementos de la comunicación

La **comunicación** es un **proceso** por el que una persona llamada **emisor** transmite a otra, llamada **receptor**, un **mensaje** a través de un **medio** o **canal**, procurando conseguir el entendimiento de su significado y quedando a la espera de una **respuesta.**

La comunicación en el entorno empresarial es vital en el trabajo en equipo, para desarrollar tareas, comprender instrucciones y transmitir ideas, así como para gestionar a los colaboradores.

1.1. Elementos del proceso de comunicación

Los principales elementos del proceso de comunicación aparecen en la Figura 6.1.

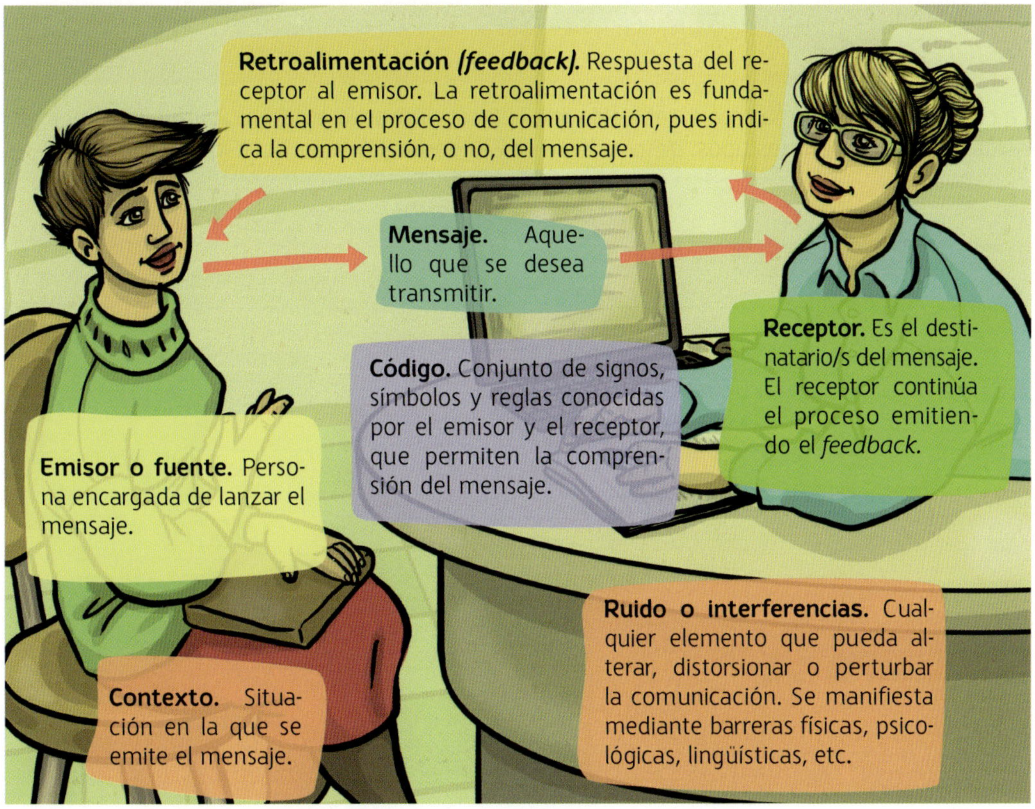

Fig. 6.1. Elementos de la comunicación.

ABC VOCABULARIO

Información. Es el envío de un mensaje a un receptor.

Información no es lo mismo que *comunicación*, pues la dirección del mensaje se da en un solo sentido y no hay retroalimentación o *feedback*.

Si no existe retroalimentación, no existe comunicación, con lo que sin *feedback* solo se habrá producido una transmisión de información.

- No siempre **fuente** y **emisor** coinciden en la misma persona. Por ejemplo: en una empresa, la fuente puede ser el director general y el emisor el director de Recursos Humanos, que es quien transmite finalmente la información.
- El **mensaje** debe estar codificado para que el receptor lo pueda entender.
- El **código** más utilizado es el lenguaje (oral o escrito), pero también existen otros códigos como la lengua de signos, el *braille*, las señales (por ejemplo, las de tráfico o las marítimas, destellos luminosos, banderas y sonidos, etc.). El lenguaje no verbal también es un código: gestos, miradas, posturas, etc.
- El **contexto** puede hacer que el mensaje tenga un significado distinto en función de la situación. Es muy distinta la interpretación de la frase «este avión no funciona» cuando se dice en una tienda de juguetes que si la dijera un piloto en pleno vuelo.
- El **canal** es el medio a través del que se difunde el mensaje (cartas, reuniones, circulares, intranet, correo electrónico, etc.). El emisor debe seleccionar el canal más apropiado según los objetivos deseados.

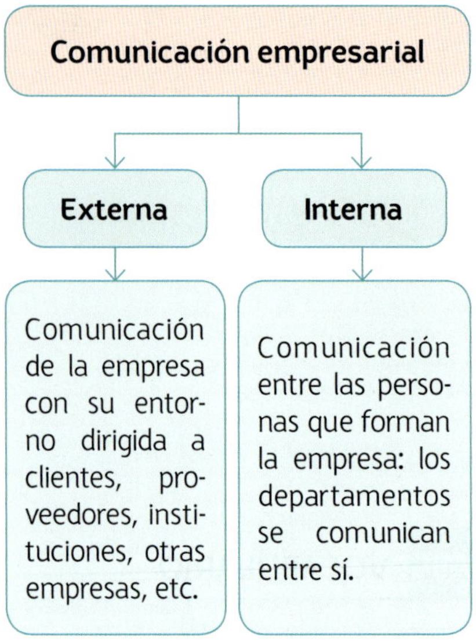

Fig. 6.2. Comunicación interna y externa en el entorno empresarial.

2. La comunicación en la empresa

Las empresas, que están formadas por personas que se relacionan entre sí, **necesitan sistemas de comunicación eficientes,** ya que de una buena comunicación puede depender el éxito de la organización.

> La **comunicación empresarial,** conocida también como **comunicación corporativa** o **institucional,** consiste en el proceso de emisión y recepción de mensajes dentro de una empresa.

Este proceso de comunicación puede ser *interno* o *externo,* tal y como muestra la Figura 6.2.

2.1. La comunicación interna en la empresa

> La **comunicación interna** se genera y ejecuta dentro de la empresa con el objetivo de informar, coordinar, organizar tareas, controlar, motivar y liderar.

La comunicación interna está establecida por la Dirección de la empresa y sigue la línea jerárquica. Se clasifica en tres tipos: *descendente, ascendente* y *horizontal* (Figura 6.3).

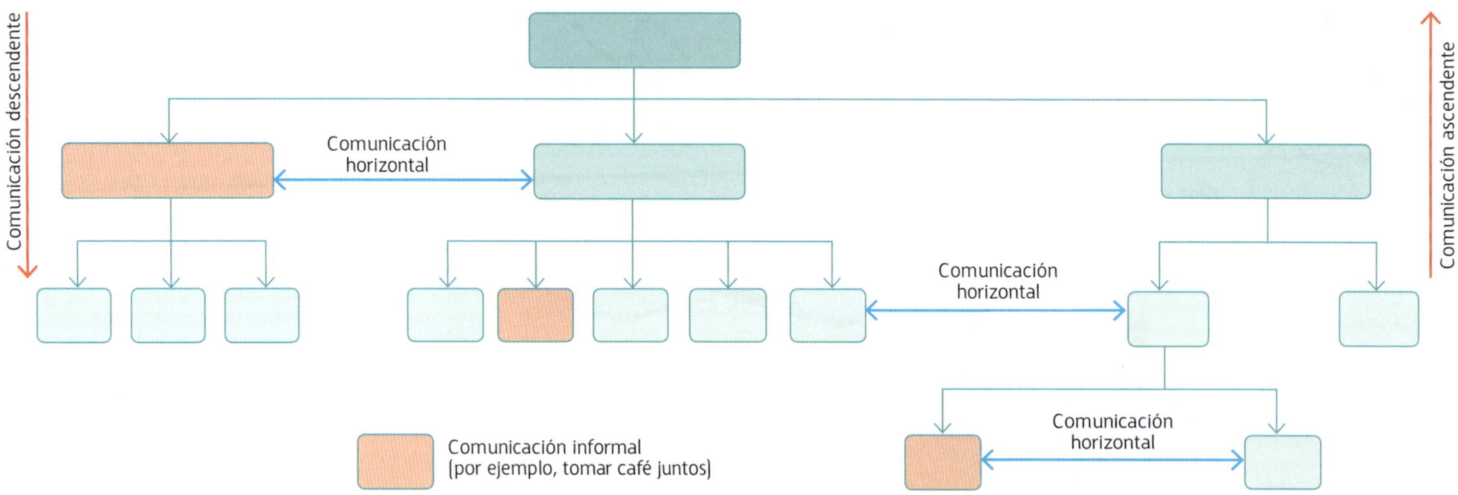

Fig. 6.3. Manifestaciones de la comunicación interna.

A. Comunicación descendente

> La **comunicación descendente** surge cuando se transmite información desde los niveles superiores de la jerarquía a los niveles inferiores (desde la Dirección o mandos intermedios hasta empleados de niveles más bajos).

La comunicación descendente sirve para transmitir información sobre la *cultura de la empresa:* sus objetivos, forma de realizar el trabajo, motivación, normas, horarios, vacaciones, retribución, promoción, ritmo de trabajo, despidos, programas de formación y reciclaje, etc. Los medios utilizados para este tipo de comunicación suelen ser la intranet, reuniones, entrevistas, teléfono, circulares, cartas, manuales, etc.

ACTIVIDADES

1. Lee la situación que se describe a continuación e indica todos los elementos posibles en este proceso de comunicación: emisor, receptor, canal, mensaje, código, contexto, ruido y retroalimentación.

El director del Departamento Comercial encarga al jefe del Área de Compras que concierte una visita a Roma para negociar un contrato con un proveedor italiano. El jefe de Compras (que está estudiando italiano) llama al jefe de Ventas de la empresa italiana para concertar una visita. El jefe de Ventas de la empresa italiana escribe un correo, traducido al inglés por un programa informático, para aclarar las dudas que le han surgido tras la conversación telefónica.

B. Comunicación ascendente

La **comunicación ascendente** discurre desde las posiciones jerárquicas inferiores de la empresa (empleados) hacia las superiores (responsables, jefes, directores).

Esta comunicación permite conocer a la Dirección los problemas laborales, discrepancias, inquietudes de los trabajadores e incluso detectar situaciones de abuso de los mandos intermedios. Se manifiesta fundamentalmente de dos formas: *comunicación del desempeño del trabajo* y *comunicación del clima laboral* (Tabla 6.1).

Comunicación del desempeño del trabajo	• Informes de los subordinados sobre la realización de su trabajo para sus jefes inmediatos. • Sugerencias de mejora recibidas a través de canales o mecanismos establecidos para ello. Por ejemplo: las aportaciones de los círculos de calidad o los planes de sugerencias.
Comunicación del clima laboral	Encuestas anónimas de clima laboral, sondeos, líneas abiertas de teléfono, intranet, buzones de quejas o política de puertas abiertas.

Tabla 6.1. Manifestaciones de la comunicación ascendente.

*Fig. 6.4. Para contar con una comunicación ascendente **eficaz,** es necesario que los subordinados se sientan libres para expresarse, ya que algunas de las barreras más frecuentes son el miedo a las represalias, el temor al despido o los filtros de mandos intermedios.*

C. Comunicación horizontal o lateral

La **comunicación horizontal** se establece entre personas de distintos departamentos, del mismo nivel jerárquico y sin relaciones de dependencia directa entre sí.

La comunicación horizontal surge cuando se crean equipos de trabajo integrados por personal de diferentes departamentos y tiene como objetivos la coordinación entre departamentos, la realización de trabajos conjuntos, y la identificación y resolución de problemas.

Las **principales barreras** con las que se enfrenta la comunicación lateral son las siguientes:

- Rivalidades personales y rivalidades entre departamentos.
- Ausencia de espíritu de equipo.
- Falta de visión global de la empresa.
- Contraposición de objetivos comunes frente a objetivos de cada departamento.

Para superar estas barreras, la Dirección debe intervenir, organizando puestas en común, marcando claramente los objetivos y haciendo rotar al personal por diferentes departamentos.

IMPORTANTE

Comunicación transversal o diagonal

Este tipo de comunicación permite el intercambio de información entre personas y unidades de distintos departamentos y diferentes niveles jerárquicos que no tienen comunicación directa entre sí.

También contribuye a acelerar la circulación de la información, mejorar las relaciones personales y conocer el clima laboral.

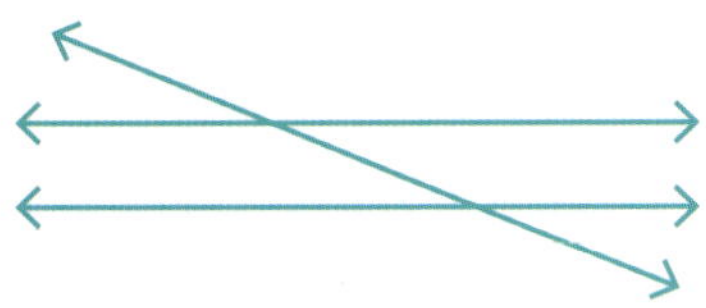

Fig. 6.5. Comunicación transversal.

CASO PRÁCTICO 1

Políticas de puertas abiertas

En la empresa del sector de la construcción en la que trabajas como administrativo, existe una política de puertas abiertas que tiene como objetivo la fluidez de la información y el conocimiento de problemas, dudas y conflictos por parte de la Dirección.

Indica cuáles son las manifestaciones de la política de puertas abiertas de tu empresa.

Solución:

Mediante la política de puertas abiertas, las empresas pretenden conseguir un trato cercano que favorezca la comunicación cara a cara con los directivos y así reducir rumores, malos entendidos y falta de motivación. Esta política se manifiesta mediante:

- Las puertas de los despachos están abiertas siempre o la mayor parte del tiempo.
- A los directivos se les llama por su nombre y ellos llaman por su nombre a los trabajadores.
- Cualquier empleado puede hablar, contactar o concertar una entrevista con un directivo sin recurrir a su jefe directo.

2.2. La transmisión de la comunicación

Los **canales de comunicación** que más se utilizan en las empresas y algunos mediante los que se facilita la comunicación aparecen en la Tabla 6.2.

Canales para transmitir información en las empresas
Correo electrónico. Medio de comunicación muy rápido, cuyo *feedback* también puede ser rápido. Presenta el inconveniente de que no todos los trabajadores tienen correo electrónico y que, en ocasiones, puede suceder que, debido al elevado número de correos, estos no se lean.
Intranet (web del empleado o portal de la empresa). Medio muy rápido e instantáneo, habitual para enviar y recibir mensajes *online* entre los trabajadores de una misma empresa.
Correo interno o a domicilio. Utilizado para comunicar temas especiales o muy importantes, como despidos, faltas leves o graves, etc. Las cartas deben ser breves, redactadas con claridad, con un lenguaje cuidado y firmadas por el responsable.
Circulares internas, notas informativas, avisos. Comunicaciones menos oficiales que la carta. Se utilizan cuando hay que comunicar instrucciones con idéntico contenido a muchos trabajadores. Difunden comunicaciones descendentes del jefe a los subordinados mediante el correo interno, el tablón de anuncios o el correo electrónico.
Memorando. Comunicación breve para transmitir información entre diferentes departamentos de la misma empresa y que suele acompañar a documentos e informes.
Boletines o periódicos internos. Algunas empresas editan periódicos y revistas para notificar al personal informaciones económicas, sindicales, culturales, sociales, deportivas, acontecimientos, etc. Es una comunicación propia de las medianas y grandes empresas para difundir información general, crear un buen clima de trabajo y transmitir la cultura empresarial.
Canales que facilitan la comunicación en las empresas
Buzón de quejas, sugerencias y agradecimientos. Recibe sugerencias para mejorar la empresa o quejas de los trabajadores. Sirve a las empresas para detectar conflictos y aspectos que no funcionan bien. Para que estos buzones resulten efectivos, la empresa ha de estudiar las propuestas y darles respuesta.
Videoconferencias. Sirven para realizar comunicaciones entre el personal de la empresa que se encuentra en lugares distantes de manera económica e inmediata.
Línea telefónica abierta. Se trata de una línea telefónica donde todos los trabajadores pueden llamar y dejar preguntas, sugerencias, temores, etc. El comunicante debe identificarse para que los mensajes sean contestados.
Programas de iniciativas. Todos los trabajadores de la empresa tienen la posibilidad de sugerir sus ideas por escrito. En este sistema, se suelen premiar de forma proporcional las aportaciones que se hayan realizado.
Reuniones. Sirven para transmitir información de interés general para tomar decisiones o llegar a un acuerdo común para beneficio de la organización.

Tabla 6.2. Canales de transmisión y facilitación de la comunicación en las empresas.

ACTIVIDADES

2. Indica qué canal utilizarías para transmitir y facilitar la comunicación en los casos siguientes:

- Apercibir a un trabajador por faltas reiteradas de puntualidad.
- Notificar el despido a un trabajador.
- Indagar cómo es el clima laboral en la empresa.
- Convocar a los aspirantes a un puesto de trabajo a una entrevista.
- Dar a conocer los turnos de trabajo en la temporada de Navidad.
- Publicar el calendario laboral.
- Facilitar a los trabajadores que aporten ideas para mejorar el trabajo.
- Informar sobre los periodos de disfrute de las vacaciones de verano.
- Coordinar varios departamentos para el lanzamiento de un nuevo producto.

2.3. Barreras a la comunicación

La comunicación puede no ser efectiva cuando existen barreras y obstáculos que impiden que el mensaje sea interpretado correctamente por el receptor.

Existen diferentes tipos de **barreras a la comunicación:**

- **Barreras físicas.** Interferencias en el ambiente que impiden la comprensión del mensaje: ruidos, murmullos, personas hablando a la vez, malas iluminación y temperatura, etc.
- **Barreras semánticas.** Surgen cuando no se comprende bien el idioma, se utiliza un lenguaje rebuscado o una terminología muy técnica que desconoce el receptor: palabras mal elegidas, omisiones, estructuras inadecuadas, jerga innecesaria o falta de claridad.
- **Barreras de contexto.** En las empresas en las que existen desconfianza, amenazas y mal ambiente laboral, los mensajes serán vistos con escepticismo, los trabajadores tenderán a replegarse y adoptarán una actitud defensiva frente a los mensajes de la empresa.
- **Barreras personales y psicológicas.** En el mundo laboral, entran en contacto personas con diferentes culturas, valores y hábitos; esto puede ocasionar que un mismo mensaje se pueda interpretar de diferentes formas. Algunos tipos de barreras personales son:
  - **Estereotipos.** Generalizaciones que se utilizan para clasificar a las personas, basándonos en la idea que tenemos del grupo al que pertenece. Por ejemplo: los funcionarios trabajan poco o los empresarios son explotadores y avaros.
  - **Efecto halo.** El receptor resulta influido por la impresión, favorable o desfavorable, que se tiene de una persona: cuando se tiene una idea positiva de una persona, existe una predisposición a valorar lo positivo y a pasar por alto lo negativo, y viceversa.
  - **Expectativas.** Al conocer a una persona, verificamos la imagen que nos hemos creado de ella, basándonos en la información positiva o negativa que nos ha dado un tercero.
- **Pérdidas por transmisión en cadena.** Un mensaje que es transmitido sucesivamente de una persona a otra, y de esta a la siguiente, se vuelve cada vez más impreciso. Para evitarlo, se personalizan los mensajes o se utilizan varios canales para comunicar el mismo mensaje. Por ejemplo: enviar el mensaje a través de *e-mail* y confirmar por teléfono.
- **Exceso de información.** En ocasiones, las empresas lanzan a sus empleados grandes cantidades de información que estos no pueden procesar. Ante esta situación, los trabajadores se ven saturados y dejan de prestar atención a los mensajes.
- **Falta de planificación.** Emitir mensajes sin antes pensarlos ni planearlos puede ser algo habitual. Para evitar las distorsiones del mensaje, se debe pensar su contenido, seleccionar el canal más adecuado y elegir el momento oportuno para emitirlo.
- **Puenteo *(by pass)*.** En ocasiones, tanto la Dirección como los empleados emiten mensajes saltándose la línea jerárquica, creyendo que se evita la pérdida de información que se produce a través de los canales. El puenteo resulta negativo para la empresa, ya que los mandos intermedios lo perciben como falta de confianza y autoridad (Figura 6.6).

! IMPORTANTE

Eficacia de la comunicación

La eficacia de la comunicación no depende tanto de lo que el **emisor quiera comunicar**, sino de lo que finalmente **entienda el receptor.**

Por este motivo, el emisor debe asegurarse de que el receptor ha entendido bien el mensaje.

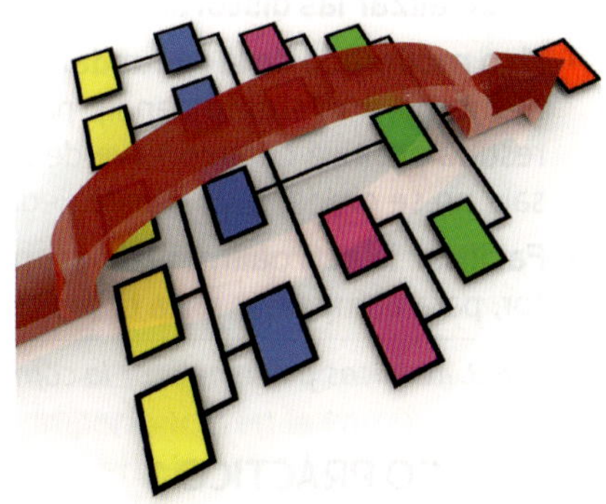

Fig. 6.6. El puenteo puede darse tanto de forma ascendente, de los trabajadores a la Dirección, como descendente, de la Dirección a los trabajadores; en este caso se ilustra un puenteo ascendente.

CASO PRÁCTICO 2

El efecto halo

Luis, el director del Departamento Técnico de tu empresa, tiene una excelente opinión de Lucía, una de las trabajadoras de su departamento, pero una mala opinión de Juan, otro de los trabajadores. ¿Qué barrera a la comunicación se está manifestando? ¿Cómo influye esta barrera en Luis a la hora de valorar el trabajo tanto de Lucía como de Juan?

Solución:

En este caso, la barrera psicológica de Luis es el **efecto halo.**

Ante un buen trabajo de Lucía, Luis tenderá a pensar: «es lo que se esperaba de ella», «realiza un excelente trabajo», etc.; pero, ante un mal trabajo, pensará: «no está mal del todo», «ha tenido un mal día», etc.

Sin embargo, si Juan realiza un buen trabajo, Luis pensará: «es una casualidad», «vaya, por una vez se esfuerza», etc.; mientras que, si hace un mal trabajo, su pensamiento será: «es un desastre», «no se esfuerza lo más mínimo», etc.

Al saludar es muy importante mirar directamente a los ojos.

Si la **mano izquierda acompaña a la derecha** en el apretón, indica sinceridad y confianza.

Tomar del brazo al dar la mano transmite un extra de confianza. **Tomar el hombro** transmite más que tomar la parte superior del brazo.

Dar la mano con la **palma hacia arriba** puede significar sumisión y entrega. Lo correcto es no inclinar la mano ni hacia arriba ni hacia abajo.

Los **brazos entrelazados** a la altura del vientre pueden indicar frustración, actitud hostil o negativa.

Cuando una persona **mantiene la mirada** en la del otro durante, al menos, las dos terceras partes del tiempo, puede significar:

- Que encuentra al interlocutor atractivo; se le dilatan las pupilas.
- Que siente hostilidad y desafía; contrae las pupilas.

Hay que **gesticular** de manera **calmada** y **mesurada.** Gesticular en exceso indica nerviosismo y falta de control.

Balancear el asiento es una conducta que indica **nerviosismo** o **desinterés.**

La **risa debe ser discreta;** de lo contrario, producirá desconfianza en el interlocutor.

Palmas hacia arriba y abiertas: **honestidad, sinceridad.**

Palmas hacia abajo y abiertas: **posición dominante.**

Tocarse la nariz o frotarse un ojo: **se está contando algo falso.**

Inclinar la cabeza a un lado: **escucha activa y atenta.**

Unir los pulgares: **confianza en uno mismo.**

Fig. 6.7. Ejemplos de comunicación no verbal.

CASO PRÁCTICO 4

Puntos fundamentales para realizar una buena exposición oral

En el Departamento de Recursos Humanos ha quedado vacante la jefatura del Área de Formación, que se pretende cubrir mediante promoción interna, teniendo en cuenta la antigüedad en la empresa, la titulación académica y la valoración de un proyecto de formación.

El proyecto ha de ser expuesto y defendido, de forma oral, ante un comité formado por directivos y representantes sindicales.

Uno de los técnicos administrativos, que reúne los requisitos de la convocatoria, te pide que le ayudes a preparar la exposición del proyecto que ha elaborado. Busca información y prepara los puntos básicos que se deben tener en cuenta para realizar una buena exposición oral.

Solución:

Los puntos fundamentales que se han de tener en cuenta para realizar una buena exposición oral son:

- Preparar la intervención ensayándola en voz alta y, si es posible, exponiéndola ante personas que la analicen de forma crítica.
- Comenzar explicando brevemente los puntos que se van a tratar y las razones para ello.
- Hablar pausadamente, cuidando la pronunciación, la intensidad, la entonación y el ritmo de la voz.
- Utilizar la **técnica del faro,** mirando a todos los evaluadores el mayor tiempo posible.
- Ponerse en el lugar de los receptores y tratar de adivinar qué es lo que desean oír.
- Utilizar medios audiovisuales para apoyar el mensaje, como proyecciones, gráficos y presentaciones.
- Cuidar el lenguaje corporal: gestos, posturas, indumentaria, tics, etc.
- No aburrir; para ello, se pueden utilizar anécdotas y datos curiosos o sorprendentes.
- Para finalizar, realizar una síntesis y una enumeración de las conclusiones. Conviene llevar preparados argumentos para rebatir las críticas que se puedan producir al finalizar la exposición y evitar enfrentamientos.

¿SABÍAS QUE...?

Comunicación no verbal óptima

Para una buena comunicación no verbal:

- Procura mirar al interesado, pero sin intimidar ni rehuir su mirada.
- Adopta una expresión facial franca y abierta.
- Mantén una postura relajada.
- Evita tics.
- Cuida el aspecto y el aseo personal.

ACTIVIDADES

3. Con el fin de detectar y hacer evidentes los problemas derivados de la comunicación, realizad el siguiente ejercicio en el aula:

- El profesor solicita cinco alumnos voluntarios que salgan del aula. Entre el profesor y los alumnos que se quedan en el aula, piensan un mensaje que se puede transmitir, de forma escrita u oral, a los alumnos que están fuera.
- El profesor hace entrar a un alumno y le hace leer un mensaje escrito o bien lo dice en voz alta.
- Se hace pasar al siguiente alumno y el que recibió anteriormente la información le comunica el mensaje por escrito o al oído.
- Se realiza la misma operación sucesivamente con el resto de alumnos que están fuera del aula.
- El último alumno explica en voz alta el mensaje que ha recibido.
- Se contrasta el mensaje emitido con el que ha llegado al final de la cadena de alumnos.

Realizad un debate en clase sobre las barreras a la comunicación que han podido distorsionar el mensaje inicial.

4. El saludo es la forma de contacto que una persona tiene con las personas de su entorno. El saludo puede tener diferentes significados dependiendo del contexto y de las personas. Investiga diferentes formas de saludar en diferentes culturas.

5. En muchos casos, no es fácil descifrar el significado de los gestos que se hacen con las manos o los pies. En Internet podrás encontrar varios vídeos que explican el significado de las diferentes posiciones de las manos y los pies. Búscalos y realiza un pequeño resumen.

SÍNTESIS La comunicación en la empresa

Elementos del proceso de comunicación

- **Emisor** → Persona encargada de emitir el mensaje.
- **Mensaje** → Aquello que se desea transmitir.
- **Canal** → Medio a través del cual se difunde el mensaje.
- **Código** → Símbolos, signos y reglas conocidos por emisor y receptor.
- **Receptor** → Destinatario del mensaje.
- **Ruido** → Cualquier elemento que pueda distorsionar la comunicación.
- **Retroalimentación** → Respuesta del receptor al emisor.

Comunicación interna en la empresa

- **Ascendente.** Va de posiciones jerárquicas inferiores a posiciones superiores.
- **Descendente.** Va desde los niveles jerárquicos superiores a los inferiores.
- **Horizontal.** Se produce entre los mismos niveles jerárquicos.

Transmisión de la comunicación

- **Canales para transmitir información** → Correo electrónico, intranet, correo interno o a domicilio, circulares, notas informativas, avisos, memorandos, boletines, revistas, periódicos, etc.
- **Canales que favorecen la comunicación** → Buzones de quejas, sugerencias y agradecimientos, videoconferencias, línea telefónica abierta, reuniones, programas de iniciativas.

Barreras para la comunicación

- Barreras físicas, semánticas, del contexto, personales y psicológicas.
- Expectativas.
- Pérdidas por la transmisión en cadena.
- Exceso de información.
- Falta de planificación.
- Puenteo para evitar la línea jerárquica.

Técnicas de comunicación

- **Oral** → Transmite los mensajes mediante la voz.
- **Escrita** → Transmite la comunicación mediante cartas, informes, etc.
- **No verbal** → Signos no lingüísticos: expresiones faciales, movimientos, vestuario, etc.

Comunicación asertiva

- **Asertividad:** conducta que permite expresar opiniones, pensamientos, sentimientos y defender nuestros derechos, respetando los derechos y los sentimientos de los demás.
- **Estrategias de comunicación asertiva** →
  - Disco rayado.
  - Banco de niebla.
  - Aplazamiento asertivo.
  - Acuerdo asertivo.

TEST DE REPASO

1. La comunicación y la información se diferencian en:

- (a) La retroalimentación.
- (b) La codificación.
- (c) La descodificación.
- (d) El canal.

2. No es un canal de comunicación:

- (a) El correo electrónico.
- (b) La lengua de signos.
- (c) Las cartas certificadas.
- (d) Las videoconferencias.

3. La retroalimentación es:

- (a) La redundancia en los mensajes.
- (b) La descodificación del mensaje.
- (c) La respuesta del receptor.
- (d) La recodificación del mensaje.

4. El ruido en la comunicación pueden ser:

- (a) Sonidos molestos.
- (b) Prejuicios.
- (c) Expectativas.
- (d) Todas son ciertas.

5. La comunicación descendente:

- (a) Transmite la cultura de la empresa.
- (b) Permite conocer los problemas laborales.
- (c) Se genera de manera expontánea.
- (d) Comunica el desempeño del trabajo.

6. Son comunicaciones descendentes:

- (a) Los informes de los mandos intermedios.
- (b) Las encuestas sobre el clima laboral.
- (c) Las circulares de los directivos.
- (d) Los programas de sugerencias.

7. La comunicación lateral es la que se establece entre:

- (a) Personas de diferente nivel jerárquico.
- (b) Personas del mismo nivel jerárquico.
- (c) Personas de diferente nivel jerárquico del mismo departamento.
- (d) Personas de diferentes departamentos y diferentes niveles.

8. El efecto halo son:

- (a) Las expectativas positivas sobre una persona.
- (b) Las expectativas negativas sobre una persona.
- (c) La impresión favorable o desfavorable sobre una persona.
- (d) Generalizaciones sobre grupos de personas.

9. El correo ordinario se suele utilizar para:

- (a) Mejorar el clima laboral.
- (b) Convocar reuniones en los departamentos.
- (c) Comunicar temas especiales e importantes.
- (d) Favorecer la retroalimentación.

10. Para favorecer la comunicación oral, es una actitud correcta del receptor:

- (a) Realizar preguntas al final de la emisión del mensaje.
- (b) Interrumpir si no se entiende alguna idea.
- (c) Evaluar al emisor desde nuestro punto de vista.
- (d) Evaluar el contenido del mensaje.

11. Favorece la comunicación escrita:

- (a) La precisión en el lenguaje.
- (b) Las corrección gramatical.
- (c) La buena presentación.
- (d) Todas son ciertas.

12. El puenteo consiste en:

- (a) Saltarse la línea jerárquica.
- (b) Perder información en canales intermedios.
- (c) Tener deficiente retroalimentación.
- (d) Contar con una descodificación deficiente.

13. La negación repetida es una técnica de comunicación asertiva denominada:

- (a) Aserción negativa.
- (b) Disco rayado.
- (c) Banco de niebla.
- (d) Aplazamiento asertivo.

14. Reconocer la razón de otra persona, pero expresar la decisión de no cambiar nuestra conducta, se denomina:

- (a) Disco rayado.
- (b) Aplazamiento asertivo.
- (c) Acuerdo asertivo.
- (d) Banco de niebla.

7
UNIDAD

La motivación laboral y los equipos de trabajo

En esta unidad

APRENDERÁS A...

- Identificar los fundamentos de las principales teorías de la motivación, así como los instrumentos que se pueden utilizar para motivar a los trabajadores.
- Identificar los elementos de los equipos de trabajo en las empresas y analizar su funcionamiento.

ESTUDIARÁS...

- La motivación laboral.
- Las técnicas para diagnosticar y evaluar la motivación.
- Las características de los equipos de trabajo.
- El liderazgo y los roles en los equipos.
- Los equipos de trabajo.

Y SERÁS CAPAZ DE...

- Aplicar los procedimientos administrativos relativos a la motivación y al trabajo en equipo.

1. La motivación laboral

En el Departamento de Recursos Humanos, se realizan estudios para conocer el **estado de motivación** de los trabajadores y se implantan actuaciones para mejorarlo, ya que contar con personal capacitado, motivado y leal es un factor clave para el éxito de la actividad empresarial.

La **motivación laboral** es el móvil, la necesidad o el deseo que dinamiza e impulsa a los empleados a **desempeñar su trabajo de manera excelente.**

La gran variedad de circunstancias personales y sociales ha dado lugar a diferentes teorías explicativas de la motivación, algunas de las cuales se exponen a continuación.

1.1. Teoría de Maslow: jerarquía de las necesidades humanas

En 1943, el psicólogo Abraham Maslow, en su obra *Motivación y personalidad,* afirmó que la motivación parte de una situación de necesidades jerarquizadas, donde una necesidad tiene mayor importancia que otra dependiendo del momento.

Maslow estableció una **jerarquía de cinco niveles** de necesidades que toda persona deberá ir alcanzando para obtener la satisfacción o autorrealización como individuo:

1. **Necesidades fisiológicas.** Son necesidades básicas como los alimentos, el descanso, el vestido, el calor, etc.
2. **Necesidades de protección y seguridad.** Surgen cuando están cubiertas las necesidades fisiológicas. Por ejemplo: estabilidad en el empleo, protección social, protección contra daños materiales y personales, visión de futuro, etc.
3. **Necesidades afectivas o de pertenencia a grupos.** Cubiertas las necesidades básicas, surgen necesidades que responden a las relaciones con el entorno y que propician que las personas se sientan aceptadas. Por ejemplo: dar y recibir afecto, ser aceptado por los demás, etc.
4. **Necesidades de valoración o estima.** Comprenden tanto la estima por uno mismo como por los demás (autoestima y autoconfianza). Por ejemplo: ganarse el reconocimiento y el respeto de los demás en el entorno laboral o familiar.
5. **Necesidades de autorrealización.** Es la necesidad de realización de valores personales y el desarrollo del potencial propio para llegar a aquello que se es capaz de ser.

1.2. Teoría de Clayton Alderfer (ERC)

Clayton Alderfer, en 1968, revisa la teoría de las necesidades de Maslow, llegando a las siguientes conclusiones:

- **No es necesario que se cumpla el orden** establecido por Maslow. En todo caso, el primer aspecto es cubrir las necesidades básicas, pero después no siguen un orden jerárquico, sino que dependen de las motivaciones de las personas. Por ejemplo: una persona con una licenciatura y un máster acepta un puesto de becario para aprender.
- Si el individuo **no logra satisfacer** una necesidad de orden superior, **aparece una necesidad de orden inferior.** Por ejemplo: un mal clima laboral puede generar reivindicaciones salariales.
- Pueden operar **al mismo tiempo varias necesidades.** Por ejemplo: seguridad y estima.
- Puede variar **el orden de las necesidades** por factores como la familia y la cultura. Por ejemplo: en la cultura japonesa, se anteponen las necesidades sociales a las fisiológicas.

IMPORTANTE

Necesidades motivadoras

Según Maslow, cuando una necesidad se satisface, deja de ser motivadora y son las **necesidades insatisfechas las que pueden motivar.**

Por ejemplo: si un trabajador tiene aseguradas las necesidades básicas (seguridad, salario, etc.), para motivarlo será necesario estimular la satisfacción de un nivel superior, como autonomía, reconocimiento, etc.

*Fig. 7.1. Jerarquía de las necesidades según Maslow revisada por C. Alderfer en su teoría ERC (**E**xistencia/**R**elación/**C**recimiento).*

1.3. Teoría de Douglas McGregor: teoría X y teoría Y

En su obra *El lado humano de las organizaciones,* McGregor (1960) describió **dos estilos de dirección** para motivar a los empleados, a la vez que son dos formas de percibir el comportamiento humano, a los que denominó *Teoría X* y *Teoría Y.* Ambos estilos aparecen explicados en la Tabla 7.1.

Según McGregor, el comportamiento de los trabajadores no es consecuencia de la naturaleza del hombre, sino de la naturaleza de las organizaciones industriales, de sus políticas y de su gestión. McGregor achaca a los órganos de dirección que eligen la Teoría X ser nefastos para el crecimiento y el desarrollo de la empresa, porque ese estilo de dirección desprecia el trabajo realizado por los empleados, a la vez que anula su creatividad y responsabilidad.

Teoría X: estilo autoritario La Dirección **dicta las normas a seguir,** señalando a cada uno lo que debe hacer, cómo hacerlo y en cuánto tiempo.	**Teoría Y: estilo democrático y participativo** La Dirección **motiva a los trabajadores,** dándoles confianza y formación, y facilitando su participación en la toma de decisiones.
• El hombre, por naturaleza, no desea trabajar y, cuando puede, lo evita. • La única motivación de los trabajadores es el dinero. • Para lograr sus objetivos, las empresas deben someter a sus trabajadores a un control estricto: obligando, dirigiendo, premiando y sancionando. • La Dirección somete a los empleados a una constante presión, tratando de que hagan los esfuerzos necesarios para evitar ser sancionados. • Los trabajadores no desean asumir responsabilidades en el trabajo y prefieren ser dirigidos.	• El ser humano no siente una aversión natural por el trabajo. • Los trabajadores se comprometen a conseguir los objetivos empresariales por las compensaciones asociadas con su logro: la mejor recompensa es la satisfacción del ego. • Las personas prefieren ser controladas y dirigidas por sí mismas, en relación con los objetivos que acepten. • Las personas, por naturaleza, tienden a aceptar y a buscar la responsabilidad. • La mayoría de las personas poseen imaginación, creatividad e ingenio, que pueden ser desarrollados para solucionar problemas.

Tabla 7.1. Características de los estilos de dirección X e Y.

ACTIVIDADES

1. Reflexiona sobre tus propias motivaciones y las de otras personas:

   a) ¿Qué motivos te impulsaron a elegir tus estudios?

   b) ¿Crees que tus compañeros han elegido este ciclo por los mismos motivos que tú?

   c) ¿Crees que lo que a ti te motiva podría dejar indiferente a tus compañeros?

   d) Ordena de mayor a menor importancia los motivos que te impulsan a estudiar este ciclo formativo; por ejemplo, obtener un título, trabajar en un puesto determinado, satisfacer a tu entorno, un reto personal, etc.

CASO PRÁCTICO 1

Teoría de Maslow desde la perspectiva laboral

Si trabajas en un Departamento de Recursos Humanos, debes conocer cuáles son las motivaciones que podrían tener los empleados según sea su circunstancia laboral.

¿Cómo se pueden trasladar las necesidades de la jerarquía de Maslow a un entorno laboral o profesional? Describe algunos ejemplos en cada uno de los niveles.

Solución:

Existen necesidades básicas relacionadas con la supervivencia en la organización, como la estabilidad o la seguridad laboral. A partir de ahí, según el empleado vaya alcanzando cierta estabilidad, se irá motivando en alcanzar niveles superiores dirigidos al éxito laboral.

1.4. Teoría bifactorial de Herzberg

Frederick Herzberg publicó su obra *Una vez más: ¿cómo motiva usted a sus trabajadores?* En ella desarrolló su teoría bifactorial en 1976, partiendo de la idea de que los trabajadores mantienen un **equilibrio entre la satisfacción y la insatisfacción** frente al trabajo. Este autor considera que, en lo referente a la motivación laboral, existen dos grupos de factores: los *higiénicos* y los *motivacionales,* tal como se muestra en la Tabla 7.2.

1.5. Teoría de la equidad o justicia laboral de Stacy Adams

Esta teoría sostiene que los individuos realizan comparaciones entre las contribuciones que realizan, las retribuciones que obtienen de la empresa y las de sus compañeros de trabajo.

Las personas tendemos a **comparar los esfuerzos realizados y los resultados obtenidos con los esfuerzos y los resultados de los demás,** según la teoría de Stacy Adams.

Según esta teoría, las personas se sienten motivadas hacia su trabajo cuando existe un equilibrio entre el esfuerzo que han realizado y la recompensa recibida, y cuando no haya una diferencia significativa respecto a lo que perciben otros trabajadores con la misma ocupación.

En este contexto, **motivan las situaciones de equidad,** donde se recompensa a todos los trabajadores en proporción al valor de sus aportaciones, sin que existan situaciones de favoritismo injustificado. Además, los trabajadores han de creer que su capacidad para influir en la productividad va a ser recompensada.

Factores higiénicos Su existencia no produce satisfacción laboral, pero **su carencia genera insatisfacción** en los trabajadores.	Factores motivacionales **Ayudan a trabajar más y mejor,** ya que están relacionados con el contenido de la tarea y la responsabilidad que se asume, favoreciendo la satisfacción y la motivación de los trabajadores.
• Buenas condiciones del entorno físico del puesto de trabajo. • Protección contra accidentes y enfermedades profesionales. • Salario adecuado. • Estabilidad en el empleo. • Buenas relaciones con los compañeros. • Correctas relaciones con los jefes.	• Poder aplicar los conocimientos que se poseen. • Ser valorado por jefes y compañeros. • Reconocimiento del trabajo bien hecho. • Poder desarrollar un carrea profesional. • Realizar las tareas con autonomía. • Desarrollar la creatividad. • Asumir responsabilidades. • Establecer objetivos realistas y que se puedan alcanzar.

Tabla 7.2. Clasificación de los factores relativos a la motivación, según Herzberg.

ACTIVIDADES

2. Indica a qué estilo de dirección, según la teoría de Douglas McGregor, corresponden las siguientes actuaciones:

a) El jefe reparte el trabajo a cada administrativo a primera hora y lo supervisa cuando finaliza la jornada. Los trabajadores tienen que hacer las tareas como su superior les indica; en caso contrario, han de rehacerlas. Si cumplen los objetivos, cobran un plus.

b) Los trabajadores se reúnen una vez al mes durante la jornada laboral para aportar opiniones y realizar sugerencias sobre cómo se puede mejorar la realización de las tareas.

3. Explica la diferencia entre los factores higiénicos y los motivacionales. ¿Por qué no se puede decir que los factores higiénicos sean realmente motivacionales?

4. ¿A qué teoría corresponde el estilo de dirección que Douglas McGregor considera nefasto para las empresas porque desprecia el trabajo realizado por los trabajadores y anula su creatividad y responsabilidad?

5. Reflexiona sobre la frase «los resultados positivos y un alto nivel de motivación solo pueden esperarse cuando los empleados perciben un trato justo en relación a lo que aportan». ¿Crees que esta teoría es aplicable al contexto escolar y en cómo se plasman los resultados en las calificaciones?

IMPORTANTE

Clima laboral

El clima laboral es el **ambiente de trabajo** que se percibe en la organización, expresado por los propios empleados.

El clima influye en la motivación y en la satisfacción de los empleados y, en consecuencia, en la productividad y en los resultados.

Con la medición del clima laboral, se pretende, fundamentalmente, implantar planes concretos para aumentar la motivación y satisfacción de los empleados, así como para anticipar posibles conflictos.

1.6. Medios para diagnosticar y evaluar la motivación

Existen diferentes medios para diagnosticar y evaluar la motivación de los trabajadores:

- **Encuestas de clima laboral.** Son la herramienta más utilizada para evaluar el ambiente que existe en la empresa. En las encuestas, los empleados se expresan, de manera anónima, sobre distintos aspectos de la vida de la empresa (satisfacción, motivación, compromiso, entorno laboral) y así se detectan qué condiciones laborales obstaculizan el bienestar y la productividad de los trabajadores.

  Una vez tabulados los cuestionarios, se ponen en marcha medidas para mejorar los indicadores más débiles. Para que las medidas surtan el efecto deseado en la motivación del personal, debe dejarse pasar un tiempo (unos dos años); pasado este tiempo, se vuelve a realizar la encuesta y se actualizan los indicadores de clima.
- **Entrevistas.** Se realizan a trabajadores concretos, o a los representantes sindicales de los trabajadores, para detectar los factores que generan insatisfacción.
- **Encuestas y entrevistas de salida.** Se hacen cuando un trabajador se va voluntariamente de la empresa.
- **Observación y valoración de las actitudes de los trabajadores.** La observación, siempre que se realice en unas condiciones que garanticen la fiabilidad, puede detectar si los trabajadores manifiestan una actitud positiva o negativa en el puesto de trabajo.
- **Análisis de las condiciones de trabajo.** Si las condiciones de trabajo no se ajustan a unos estándares mínimos, en la empresa habrá un mal clima de trabajo y muy baja motivación.
- **Planes de sugerencias.** Los trabajadores pueden hacer las sugerencias que estimen convenientes para mejorar algún aspecto del trabajo. Se deben agradecer todas las sugerencias y expresar las razones por las que van a ser puestas, o no, en práctica. Las empresas suelen premiar a los empleados por las sugerencias puestas en práctica.
- **Buzones de reclamaciones y quejas.** Los trabajadores deben estar concienciados de que su opinión es necesaria para mejorar la calidad del clima laboral; las reclamaciones y quejas deben ser tenidas en cuenta y contestadas en un breve período de tiempo.

ACTIVIDADES

6. Una de las formas de conocer el clima laboral y el estado de motivación de los trabajadores es realizar una encuesta de salida a los trabajadores que se van voluntariamente de la empresa. En Internet, hay gran cantidad de portales que facilitan la realización de encuestas de clima laboral. Por ejemplo: **www.encuestafacil.com; www.e-encuesta.com.**

Allí encontrarás modelos de encuestas de salida. Estudia alguna de estas encuestas, indica las partes en que están divididas y expón tu opinión sobre si, a través de estas encuestas, se puede conocer el clima laboral en una empresa.

CASO PRÁCTICO 2

Existencia de factores higiénicos y motivacionales

En tu departamento, han realizado una encuesta de clima laboral y las dos condiciones mejorables que se han manifestado en común son los sueldos y el reconocimiento del esfuerzo del trabajador.

a) ¿Crees que un aumento del sueldo contribuirá a un aumento permanente de la satisfacción en el trabajo?

b) ¿Crees que el reconocimiento del esfuerzo por mejorar la formación y progresar en la carrera profesional puede generar satisfacción en el trabajo?

Solución:

a) Las mejoras salariales lograrán una mejora de la satisfacción, pero esta no será duradera. Sin embargo, si la retribución fuese inadecuada y el lugar de trabajo desagradable, habría un mal ambiente laboral e insatisfacción entre los trabajadores, se generarían conflictos y se resentiría la productividad.

b) Algunos de los factores que más motivación generan en los trabajadores es que sean reconocidos sus esfuerzos y que puedan progresar en el trabajo y alcanzar un estatus en el que adquieran mayor responsabilidad. Si no tienen éxito, pueden no encontrarse satisfechos, pero, si lo tienen, estarán altamente motivados.

1.7. Técnicas motivacionales

Existen diferentes instrumentos que pueden mejorar la motivación de los trabajadores:

Adecuación de la persona al puesto de trabajo	La selección de los trabajadores idóneos para desempeñar de manera óptima las tareas de los puestos de trabajo hará que estén motivados. Un trabajador inadecuado para el puesto que va a ocupar se desmotivará: por aburrimiento, si sus capacidades son mayores, o por estrés, si son inferiores.
Políticas de conciliación	Están formadas por medidas para conciliar la vida personal, laboral y familiar. Por ejemplo: horario flexible, trabajo a tiempo parcial, permisos de maternidad y paternidad superiores a los legales, jornada reducida a cambio de reducción salarial, servicios de guardería, permisos y excedencias, etc.
Mejora de las condiciones laborales	Incluye mejoras en el salario, en las condiciones físicas del entorno (iluminación, temperatura, decoración) o en los equipos de trabajo.
Enriquecimiento del trabajo	Consiste en modificar la forma en que se realiza el trabajo para que resulte menos rutinario. Esto se puede conseguir dando autonomía al trabajador para que participe en las decisiones que afecten a su trabajo o rotando puestos, de modo que el empleado conozca y domine diferentes tareas o funciones de una empresa.
Reconocimiento del trabajo	Se fundamenta en reconocer y elogiar al trabajador por el trabajo bien hecho o cuando ha mejorado su rendimiento. El reconocimiento puede consistir en lo que se conoce como «salario emocional»: unas palabras de agradecimiento, una felicitación por correo electrónico, una carta, un informe favorable para el jefe inmediato superior o una propuesta de ascenso, premios, regalos, cestas de Navidad, viajes de empresa, etc.
Formación y desarrollo profesionales	Se fundamenta en la formación para mejorar el desempeño en el puesto de trabajo actual y tener perspectivas para desarrollar una carrera profesional dentro de la empresa mediante promociones y ascensos.
Dirección participativa por objetivos	Consiste en negociar los objetivos a conseguir en un determinado período de tiempo (trimestre, semestre, año). Han de existir evaluaciones periódicas para analizar el grado de cumplimiento de los objetivos. Para que estos sean motivadores, han de ser: realistas (se han de poder alcanzar), desafiantes (han de exigir esfuerzo para alcanzarse), medibles (se ha de poder comprobar si se han alcanzado).
Gestión del desempeño	Es un proceso continuo de identificación, medición y desarrollo del desempeño de los empleados. Para ello, será necesario cotejar las características del puesto y sus requerimientos con la formación académica y profesional, así como el grado de actualización de las competencias profesionales de los trabajadores.

Tabla 7.3. Técnicas de motivación laboral.

ACTIVIDADES

7. En una empresa de 60 trabajadores, han detectado, mediante la observación y los buzones de quejas y sugerencias, que el clima laboral se está deteriorando debido a un empeoramiento de las condiciones de trabajo y al escaso reconocimiento de las tareas bien hechas. La Dirección de la empresa tiene el temor de que el clima de trabajo se deteriore de tal manera que influya negativamente en la motivación de los empleados y, en consecuencia, en la productividad y en los resultados.

La Dirección ha solicitado al Departamento de Recursos Humanos que proponga medidas para incrementar la motivación de los trabajadores.

Realiza una relación de medidas que tú propondrías para incrementar la motivación, pero estas medidas no pueden consistir en incentivos económicos, más días de vacaciones ni permisos retribuidos.

8. ¿Cómo relacionarías las teorías de Alderfer, Herzberg, Adams y McGregor con las técnicas motivacionales de la Tabla 7.3?

2.4. Clases de equipos de trabajo

Algunas de las formas habituales de clasificar los equipos de trabajo son las que se muestran en la Tabla 7.7.

Equipos de la misma área	Son equipos integrados por personas de la **misma área** o departamento de la empresa y **diferente nivel jerárquico** que llevan a cabo trabajos muy específicos. *Por ejemplo:* en el Departamento de Recursos Humanos, pueden existir diferentes equipos de trabajo para realizar actividades como análisis y descripción de puestos de trabajo, realización de los perfiles profesionales de los puestos de trabajo, valoración de puestos de trabajo, reclutamiento y selección.
Equipos interdisciplinares	Son equipos integrados por empleados de **diferentes áreas** de la empresa, pero del **mismo nivel jerárquico,** que se reúnen para llevar a cabo un trabajo concreto. Los equipos interdisciplinares permiten a las empresas poner en marcha proyectos que, sin la colaboración de personas de distintas secciones, no serían posibles. *Por ejemplo:* en una empresa textil, los mandos intermedios de las Áreas de Aprovisionamiento, Fabricación y Comercial forman un equipo para planificar la producción de las prendas de vestir de la próxima temporada.
Equipos de progreso También se denominan **equipos de mejora** o **equipos de desarrollo**	Su objetivo es identificar, analizar y buscar **soluciones a problemas concretos** que afectan a distintas áreas o departamentos. Por esa razón, la composición es multifuncional y multinivel, y los participantes son seleccionados por sus conocimientos y su experiencia. *Por ejemplo:* en una empresa dedicada al procesado de productos cárnicos, se crea un equipo para estudiar las razones y proponer soluciones ante los fallos que se vienen produciendo en el proceso de suministro de materias primas en las diferentes fases del proceso de fabricación. Estos fallos originan que, en ocasiones, los trabajadores permanezcan inactivos por carecer de materias primas y, en otras ocasiones, el exceso de materias primas almacenadas produce deterioros; al mismo tiempo, en el almacén de productos terminados puede haber exceso de *stock.*
Equipos de procesos	Los equipos de este tipo se centran en un **proceso específico** con el objetivo de mejorarlo, rediseñarlo o cambiarlo totalmente para hacerlo más eficiente. Sus miembros son dirigidos por una persona que está muy relacionada con el proceso en cuestión. *Por ejemplo:* en la empresa en la que se producen los desajustes en la cadena de producción, se ha creado un equipo para rediseñar todo el proceso de suministro de materias primas; este equipo nace como consecuencia de las conclusiones obtenidas por el equipo de progreso, que estudió los fallos de aprovisionamiento, y, por tanto, se deberá coordinar con él.

Tabla 7.7. Clases de equipos de trabajo.

ACTIVIDADES

12. Indica qué tipo de equipo crearías en las siguientes situaciones y justifica tu respuesta:

a) Los integrantes del Departamento de Recursos Humanos creen necesario reunirse el último día de cada semana para compartir experiencias, exponer dificultades que han surgido en el trabajo y proponer soluciones en común.

b) Se detecta que en la empresa hay un enrarecimiento del clima laboral, pero se desconocen las causas.

c) Es necesario reunir a un equipo que defina el protocolo de trabajo para llevar a cabo el producto: fases, duración de cada fase, tareas, proveedores que intervienen, responsabilidad de cada uno de ellos, etc.

d) El Departamento Comercial ha detectado que las ventas de su más directo competidor han aumentado gracias a que han introducido innovaciones en el diseño y en la distribución del producto.

e) Se ha detectado que una partida del producto ha salido al mercado con un defecto de fabricación y tiene problemas de funcionamiento; los clientes han reclamado ante los servicios de consumo y han colapsado la central de atención al cliente de la empresa.

f) Los responsables de los Departamentos Técnico, Comercial y Financiero necesitan concretar lo antes posible las características de la línea de producto de la próxima campaña.

2.5. Ejemplos de equipos de trabajo en la empresa

Dos ejemplos clásicos de equipos de trabajo en las empresas son los **círculos de calidad** y los equipos **autogestionados** o **autodirigidos**, como se muestra en la Figura 7.5.

Círculos de calidad	• Equipos que se reúnen voluntariamente, al menos una hora a la semana dentro del horario laboral, para analizar los problemas específicos de su puesto trabajo, mejorar la calidad, la eficiencia, el entorno, el clima laboral, etc. • Las reuniones son dirigidas por un líder, elegido por el mismo equipo, que ejerce de coordinador, pero carece de autoridad jerárquica. • Los miembros del círculo son los que eligen el problema a tratar, recogen la información necesaria, la analizan y realizan propuestas. Las propuestas del círculo se presentan a sus superiores, que decidirán si son aprobadas y llevadas a cabo. Por ejemplo: en una fábrica de automóviles, los trabajadores de la sección de instalación de circuitos eléctricos se reúnen durante una hora, al final de cada semana, para analizar los problemas concretos en sus tareas, sugerir cómo se pueden realizar mejor y proponer soluciones.
Equipos autodirigidos o autogestionados	• Equipos cuyos miembros planifican el trabajo a desarrollar, controlan el ritmo, asignan las tareas, marcan las pausas, toman decisiones sobre el día a día del trabajo, administran el presupuesto y son responsables de los resultados. • La implantación de este tipo de equipos exige un alto grado de confianza entre la Dirección y los empleados, y una cultura de la participación muy asentada. Por ejemplo: en un laboratorio farmacéutico, existe un equipo de investigación en el que se deciden la asignación diaria de las tareas, los turnos de trabajo y la distribución horaria, pudiendo llegar a decidir la contratación y la formación que recibirán los nuevos trabajadores.

Fig. 7.5. Características de los círculos de calidad y de los equipos autogestionados.

CASO PRÁCTICO 4

Equipo de mejora frente a equipo de procesos

En una empresa que se dedica a la fabricación y distribución de gafas de sol están recibiendo quejas y reclamaciones de las tiendas y grandes almacenes en los que comercializan sus productos. Las quejas se derivan de diferentes causas: las gafas llegan a los comercios cuando la temporada primavera verano está muy avanzada; además, cuando hay devoluciones o se envían productos a reparar, la empresa tarda en hacerse cargo de la mercancía y en abonar el importe de las devoluciones a las tiendas.

En las redes sociales, han detectado algunas críticas debidas a los retrasos en las entregas de las ventas *online* y a que, en ocasiones, los clientes han recibido la mercancía deteriorada, tardando la empresa en reaccionar; incluso se han puesto demasiadas pegas para devolver la mercancía.

En la empresa, quieren detectar dónde se están produciendo los errores en la cadena logística y, una vez diagnosticados los problemas, implantar un plan para solucionarlos.

¿Qué clase de equipos de trabajo crees que deben poner en marcha para hacer frente a estos problemas?

Solución:

- Equipo de progreso o de mejora, para detectar los fallos en la cadena de distribución.
- Equipo de procesos para, basándose en los resultados del equipo de mejora, diseñar nuevos procesos de distribución.

SÍNTESIS La motivación laboral y los equipos de trabajo

Teoría de Maslow → Clasifica las necesidades humanas en cinco grupos: fisiológicas, seguridad, sociales, estima y autorrealización.

Teoría de Clayton Alderfer (ERC) → Revisa la teoría de Maslow y plantea nuevas conclusiones.

Teoría de Douglas McGregor
- → Teoría Y. Estilo de dirección democrático y participativo.
- → Teoría X. Estilo de dirección autoritario.

Factores de la motivación según Herzberg
- → Factores higiénicos → Su existencia no produce satisfacción laboral, pero su carencia genera insatisfacción.
- → Factores motivacionales → Están relacionados con el trabajo en sí mismo y son causa de satisfacción.

Teoría de Stacy Adams → Los individuos comparan entre los esfuerzos que realizan y los resultados que obtienen y, a su vez, con los de sus compañeros de trabajo.

Medios para evaluar la motivación →
- Observación de las actitudes
- Análisis de las condiciones de trabajo
- Buzones de reclamaciones y quejas
- Entrevistas
- Planes de sugerencias
- Encuestas de clima laboral

Actuaciones motivacionales →
- Políticas de conciliación
- Enriquecimiento del trabajo
- Reconocimiento del trabajo
- Evaluación del desempeño
- Mejora de las condiciones laborales
- Adecuación persona-puesto de trabajo
- Formación y desarrollo profesional
- Dirección participativa por objetivos

Estilos de liderazgo
- → Según Kurt Lewin →
  - *Autocrático.*
  - *Liberal.*
  - *Democrático.*
- → Según la teoría situacional →
  - *Estilo dirección o control.*
  - *Estilo persuasión o supervisión.*
  - *Estilo participación o asesoramiento.*
  - *Estilo delegación.*

Técnicas para trabajar en equipo →
- Tormenta de ideas o *brainstorming*. Se utiliza para desarrollar la creatividad y buscar soluciones novedosas, originales e insólitas.
- Técnica del grupo nominal. Se utiliza para que los miembros sugieran soluciones y para tomar decisiones democráticas.
- Phillips 66. Se utiliza para recoger muchas opiniones en poco tiempo y promover la participación de todos los individuos.
- Estudio de casos. Se utiliza para aplicar los conocimientos teóricos a situaciones reales.
- Diálogos simultáneos o cuchicheo. Se utiliza para obtener la opinión de todo el grupo y permitir la interacción de todos los miembros.
- Dramatización o *role playing*. Se utiliza para hacer que los miembros del equipo se pongan en el lugar de quien vive una situación real.

TEST DE REPASO

1. Según la teoría de Maslow, la protección por desempleo se encuadraría en las necesidades de:

a) Estima.
b) Seguridad.
c) Fisiológicas.
d) Autorrealización.

2. En la teoría de Maslow, se destaca que:

a) Una vez cubiertas las necesidades básicas, se sigue la jerarquía.
b) Pueden operar varias necesidades al mismo tiempo.
c) La cultura puede hacer variar el orden de las necesidades.
d) Todas son ciertas.

3. Según la Teoría Y, los trabajadores:

a) No desean trabajar por naturaleza.
b) No desean asumir responsabilidades.
c) Solo se esfuerzan bajo amenazas.
d) Se esfuerzan para satisfacer el ego.

4. Según la Teoría X:

a) La Dirección debe motivar a los trabajadores.
b) La organización debe ser participativa.
c) Los trabajadores se esfuerzan bajo presión.
d) Los trabajadores se esfuerzan si los objetivos se negocian.

5. Según Herzberg, los factores higiénicos:

a) No producen satisfacción laboral.
b) Hacen que exista malestar en el trabajo.
c) Motivan de forma directa.
d) Son causa de insatisfacción laboral.

6. Según Herzberg, son factores motivacionales:

a) Estabilidad en el empleo.
b) Salario adecuado.
c) Reconocimiento del trabajo.
d) Buenas relaciones con los compañeros.

7. No es un medio adecuado para estudiar la motivación de los trabajadores:

a) La encuesta de clima laboral.
b) El buzón de reclamaciones.
c) La negociación de los objetivos.
d) La observación.

8. La sinergia surge cuando:

a) Se obtienen resultados más rápidamente que cada miembro por separado.
b) El resultado final de trabajo en equipo es superior a la suma del trabajo de sus miembros.
c) El resultado del trabajo es la suma del trabajo de sus miembros.
d) Los trabajadores se apoyan mutuamente.

9. Señala qué afirmación no es cierta:

a) Un directivo no es lo mismo que un líder.
b) Los líderes democráticos favorecen la creatividad.
c) El líder estilo *laissez faire* da pocas órdenes.
d) Los líderes autocráticos favorecen la comunicación.

10. Los líderes con un comportamiento de apoyo:

a) Controlan los resultados.
b) Indican cuándo han de realizarse las tareas.
c) Fomentan la participación.
d) Definen las funciones.

11. Según la teoría de Belbin:

a) En todos los equipos tiene que haber, al menos, 9 miembros.
b) En los equipos puede haber menos de 9 miembros, pero deben asumir 9 roles.
c) El coordinador y el cohesionador coinciden con el rol del directivo.
d) El papel de evaluador y el papel de finalizador los asume la misma persona.

12. Los equipos de progreso:

a) Se reúnen periódicamente para mejorar resultados.
b) Gestionan los recursos, el tiempo, los presupuestos y planifican el tiempo.
c) Buscan soluciones a problemas que afectan a diferentes áreas de la empresa.
d) Todas son ciertas.

13. Mediante el *brainstorming* se busca:

a) Recoger muchas ideas en poco tiempo.
b) Tomar decisiones democráticas.
c) Generar ideas originales.
d) Promover la participación.

14. Un *role playing*:

a) Agrupa a los miembros del equipo de seis en seis.
b) Es una lluvia de ideas sobre un tema.
c) Representa una situación imaginaria como si fuera real.
d) Es un círculo de calidad.

COMPRUEBA TU APRENDIZAJE

Identificar los fundamentos de las principales teorías de la motivación, así como los instrumentos que se pueden utilizar para motivar a los trabajadores.

1. Señala a qué nivel de la jerarquía de Maslow corresponden las siguientes situaciones:
   - Cobrar el salario mínimo interprofesional.
   - Tener un contrato indefinido.
   - Estabilidad en el empleo.
   - Ser apreciado por los compañeros.
   - Realizar un trabajo valorado por los jefes.
   - Tener protección frente a accidentes laborales.
   - Realizar los valores personales.
   - Poder desarrollar la creatividad en el trabajo.
   - Tener pensiones de jubilación.
2. Un mecánico que trabaja en un taller deficientemente acondicionado (pasa frío en verano y calor en invierno) se siente desmotivado, a pesar de que cobra un buen salario.

   Según la teoría de Herzberg, responde a estas preguntas:

   a) ¿Es suficiente la mala climatización para que el mecánico se sienta desmotivado?

   b) ¿Si le pagaran un plus, aumentaría la motivación?

   c) ¿Si se soluciona el problema de la climatización, se incrementará la motivación?

   d) Pasado un tiempo desde que se resuelven los problemas, ¿cuál crees que será el estado de la motivación?

   Enumera algunos de los factores que, según Herzberg, pueden incrementar de forma duradera la motivación del trabajador.
3. Las teorías de Maslow y Herzberg pueden tener puntos en común. Trata de establecer una comparación entre estas dos teorías, indicando en qué niveles de la pirámide de Maslow se incluirían los factores higiénicos y los motivacionales.
4. En el Departamento Técnico de una empresa que fabrica pastas alimenticias, va a quedar vacante una jefatura de área, ya que la persona que ocupa este puesto se va a jubilar. El jefe del Departamento Técnico se reúne con el jefe del Departamento de Recursos Humanos y deciden que se cubrirá la vacante mediante promoción interna.

   Considerando la teoría de la equidad y lo que hemos estudiado en la Unidad 3 sobre reclutamiento interno, indica cómo deben proceder para que el reclutamiento interno sea motivador y no se produzcan agravios comparativos.
5. En muchas empresas, debido a la crisis económica, se han producido reducciones directas en el sueldo o en la jornada laboral, con la consiguiente reducción proporcional del salario. En estas situaciones, y de acuerdo con la teoría bifactorial, responde a las siguientes cuestiones:

   a) ¿Se considera el salario como un factor higiénico o motivacional?

   b) ¿La reducción del salario repercutirá en la motivación de los trabajadores?

   c) ¿Motivará a los trabajadores recuperar el salario que tenían antes de la crisis?

   d) ¿Cómo se puede intervenir desde la empresa para lograr un incremento duradero de la motivación?
6. En algunas empresas, si los trabajadores alcanzan los objetivos marcados por la Dirección, reciben premios como viajes, días adicionales de vacaciones y permisos retribuidos.

   a) Desde el punto de vista de Herzberg, ¿consideras estos complementos motivacionales o higiénicos?

   b) ¿Y si estos complementos estuviesen reconocidos en el convenio colectivo para todos los trabajadores?

   c) Según la teoría de la equidad, ¿qué sucederá con la motivación de los trabajadores que no reciben estos complementos?
7. En una empresa comercial, se consideran valores positivos la autonomía, la autoorganización del trabajo para conseguir los objetivos marcados, las sugerencias para mejorar el rendimiento y un horario flexible para poder atender la vida personal y familiar; además, se revisan continuamente los procesos para que los clientes reciban los productos con cero defectos.

   En otra empresa comercial, los jefes de departamento marcan los objetivos trimestralmente y los trabajadores son evaluados y retribuidos en función del grado de consecución de los objetivos. Consideran esencial el cumplimiento preciso de las órdenes de los superiores y el control horario es rígido.

   Explica qué teoría de la motivación se está aplicando en cada caso.
8. Puntúa de 0 a 5 las siguientes actuaciones que se pueden utilizar para motivar a los trabajadores, según la importancia que les concedas:
   - Tener posibilidades de mejorar la formación.
   - Tener autonomía para hacer el trabajo.
   - Tener oportunidades de promoción.
   - Reconocimiento del trabajo bien hecho.
   - Tener flexibilidad horaria.
   - Buen salario.
   - Comedores de empresa.
   - Buenos equipos de trabajo.
   - Ambiente laboral sin tensiones.
   - Ritmo de trabajo no estresante.
   - Superiores con estilo democrático.

   Clasifícalos de mayor a menor puntuación y obtendrás una escala de los factores que a ti te motivan y que, probablemente, sean diferentes que los de tus compañeros.
9. Indica, según la teoría del liderazgo situacional, qué estilo de liderazgo debería de manifestar un jefe de departamento en las siguientes situaciones:

a) Los trabajadores rehúyen la utilización de un programa informático y ni siquiera se interesan por aprender su funcionamiento.

b) Alguno de los trabajadores del punto anterior cambia de actitud e intenta utilizar el programa de forma autónoma.

c) Tres de los trabajadores conocen perfectamente el programa, pero se niegan a utilizarlo, alegando que no forma parte de las tareas de sus puestos de trabajo.

d) Dos trabajadores, que tienen amplios conocimientos del programa, lo utilizan de forma autónoma y obtienen buenos resultados.

Identificar los elementos de los equipos de trabajo en las empresas y analizar su funcionamiento.

10. Indica, según la teoría de Belbin, qué rol han asumido en un equipo las personas que tienen las siguientes actitudes:

a) Analiza muy críticamente el trabajo que están realizando.

b) Aporta nuevas ideas sin reflexionar si se pueden realizar o no.

c) Se preocupa por detalles y porque no queden flecos sueltos.

d) Propone ideas y se relaciona con personas de otros departamentos que pueden facilitar el trabajo del equipo.

e) Trata de que los componentes del equipo lleguen a acuerdos.

f) Disfruta considerando diferentes alternativas.

g) Utiliza su formación para lograr los objetivos.

11. Indica qué tipo de equipo identificas en las siguientes situaciones:

a) Los técnicos de la cadena de montaje de una empresa que fabrica electrodomésticos creen conveniente reunirse el último día del mes para compartir experiencias, exponer dificultades del trabajo y proponer soluciones.

b) En un equipo, están definiendo las tareas, las personas que intervienen, las responsabilidades y la documentación que se ha de generar desde que se solicitan mercancías a los proveedores hasta que las mercancías están en el almacén.

c) En una empresa que se dedica al desarrollo de aplicaciones para teléfonos inteligentes van a crear un equipo multidisciplinar, que funcione de forma autónoma y fije sus propias normas de funcionamiento.

12. En una empresa de fabricación de bicicletas, han decidido lanzar una nueva bicicleta eléctrica. Se ha creado un equipo especialista en ciclismo: técnicos, diseñadores y vendedores. La empresa ha puesto a su disposición los recursos necesarios y les ha dado libertad para organizar el trabajo. Responde:

a) ¿De qué tipo de equipo crees que se trata?

b) ¿Cuáles son sus características?

c) ¿Qué técnica de trabajo en equipo se podría utilizar en la fase inical del proyecto?

13. Una empresa de producción de zumos de frutas, líder en calidad y precio, ha detectado que las ventas de su producto estrella, el zumo de naranja, han disminuido porque su más directo competidor ha rediseñado el envase y ha introducido un sistema de apertura muy cómodo, con una campaña de publicidad muy agresiva.

En la empresa, han creado un equipo multidisciplinar (técnico de fabricación, diseñadores, publicistas y comercial) para estudiar el problema y proponer soluciones.

¿Cuál crees que será la técnica ideal de trabajo en equipo para obtener muchas ideas y desarrollar la creatividad?

14. En una empresa que comercializa verduras envasadas, van a comenzar a comercializar verduras congeladas y están pensando cómo va a ser el canal por el que harán llegar sus productos hasta los consumidores. Se plantean cuestiones como: qué tipos de vehículos utilizar (propios o contratar autónomos), cómo realizar la distribución en las diferentes áreas geográficas, qué tipos de contratos se han de celebrar con los distribuidores, en qué puntos de venta situar los productos, cómo actuar cuando existan devoluciones, etc.

a) Indica de qué equipo se trata y quiénes lo forman.

b) Utilizad en el aula la técnica de la tormenta de ideas para esta situación. Se elegirá a una persona que haga las funciones de coordinador del equipo y se irán apuntando en la pizarra todas las ideas que surjan. Una vez terminada la actividad, se releerán todas las ideas y se discutirá si alguna es realmente aplicable para conseguir los objetivos.

15. En una empresa que fabrica maquinaria industrial, están formando a sus agentes comerciales mediante *role playing* para vender estos equipos a medianas y pequeñas empresas.

Elabora un guión en el que varios alumnos representen los papeles de vendedores y directores de empresas a las que se acude a vender. Posteriormente, comentad estas situaciones.

16. En una empresa, existe descoordinación en las diferentes tareas que se realizan en varios departamentos; esta situación está generando retrasos en las entregas de productos a los clientes, por lo que la empresa ha recibido quejas e, incluso, algunos clientes están anulando pedidos.

¿Qué tipo de equipo habría que crear para detectar dónde está el problema? ¿Qué características deberá tener este equipo?

17. Indica qué técnica de trabajo en equipo utilizarías para formar a las personas del Departamento de Recursos Humanos que tienen, entre otras responsabilidades, comunicar despidos a los trabajadores.

8
UNIDAD

La formación en la empresa

En esta unidad

APRENDERÁS A...

- Detectar necesidades formativas en las empresas.
- Describir las fases de los procesos de formación del personal.
- Identificar la información que se genera en los procesos de formación y elaborar su documentación.
- Detectar las necesidades de los recursos materiales y humanos en el proceso de formación.
- Aplicar procedimientos administrativos de seguimiento y evaluación de la formación.
- Establecer las vías de comunicación oral y escrita con las personas que intervienen en los procesos de formación.
- Establecer las características de los métodos e instrumentos de los procesos de formación.

ESTUDIARÁS...

- La formación de los trabajadores.
- La detección de las necesidades de formación.
- El plan de formación.
- La gestión y organización administrativas de la formación.
- La evaluación del programa de desarrollo profesional.
- Métodos y técnicas de desarrollo profesional.

Y SERÁS CAPAZ DE...

- Gestionar los procedimientos administrativos relativos a la formación de Recursos Humanos y designar los métodos e instrumentos más adecuados para el desarrollo de la formación en la empresa privada y en la Administración.

1. La formación de los trabajadores

La formación de los Recursos Humanos en la empresa es el proceso por el que los trabajadores actualizan o adquieren las **competencias necesarias (capacidades, conocimientos, actitudes y aptitudes)** para lograr un óptimo desempeño en su puesto de trabajo.

La formación de los Recursos Humanos en la empresa se lleva a cabo en empresas privadas de cualquier tamaño y en la Administración Pública, ya que es un instrumento eficaz para lograr que las personas se adapten a las exigencias de los puestos de trabajo e incide en la motivación de los trabajadores.

Las empresas destinan partidas presupuestarias para la formación de sus empleados porque la inversión en el desarrollo de las capacidades de los trabajadores es necesaria para disponer de unos Recursos Humanos óptimos.

Las empresas pueden buscar un **doble objetivo** con la formación de sus empleados:

a) **Actualizar las competencias** con las que los trabajadores se han incorporado a la empresa.

b) **Adquirir nuevas competencias** por parte de los trabajadores, para que puedan ocuparse de otras funciones en el seno de la organización. Para ello, las empresas gestionan los planes de carrera para sus trabajadores y planifican cómo se ocupan los puestos clave de la organización.

Actualizar competencias → Formación de mantenimiento

Adquirir nuevas competencias → Formación para la promoción (planes de carrera)

Fig. 8.1. Objetivos de la formación.

El **papel del administrativo** dentro de la gestión de la formación de la empresa puede abarcar, entre otras, las siguientes tareas: integrar la información de los departamentos sobre detección de necesidades formativas, colaborar en la elaboración del plan de formación, organizar cursos, buscar proveedores, controlar la asistencia, etc.

1.1. Regulación legal de la formación de los trabajadores

La formación de los trabajadores en activo forma parte del derecho fundamental a la educación de las personas. Tanto nuestra normativa como las normas de la Unión Europea consideran la *formación* como uno de los *principales instrumentos* para lograr una *alta empleabilidad,* así como un medio para garantizar la estabilidad de los trabajadores en sus puestos de trabajo.

Constitución Española de 1978 →
- Artículo 27. Regula la educación como un derecho fundamental.
- Artículo 35. Regula el derecho de los trabajadores a la promoción a través del trabajo.
- Artículo 40.2. Establece la obligación del Estado de fomentar una política que garantice la formación y la readaptación profesional.

RD Legislativo 2/2015, del Estatuto de los Trabajadores →
- Artículo 4.2.b). Regula la promoción y formación profesional en el trabajo.
- Artículo 23. Regula los derechos que tienen los trabajadores en materia de formación.

Ley 30/2015, de 9 de septiembre → Regula la formación profesional para el empleo en el ámbito laboral.

→
- Derecho a disfrutar de los permisos necesarios para concurrir a exámenes.
- Preferencia para elegir turnos cuando el trabajador curse estudios para la obtención de un título académico o profesional.
- Derecho a la adaptación de la jornada ordinaria de trabajo para la asistencia a cursos de formación profesional.
- Derecho a la concesión de permisos de formación o perfeccionamiento profesional con reserva del puesto.
- Derecho a 20 horas de formación al año vinculada con el puesto de trabajo, formación acumulable hasta en períodos de cinco años.

Fig. 8.2. Normas que regulan la formación en nuestro sistema jurídico.

> **! IMPORTANTE**
>
> **Competencias**
>
> En la Unidad 1, se ha descrito el modelo de gestión por competencias y, en la Unidad 2, se han mencionado los perfiles profesionales basados en estas competencias, explicando su clasificación y poniendo ejemplos de cada una de ellas. Refresca esta información para tener más claro el concepto de *competencia* aplicado a la formación en la empresa.

1.2. Desarrollo y formación de las competencias

Las organizaciones empresariales entienden la formación como un proceso de capacitación que logra la mejora continua y la supervivencia de la empresa en un entorno competitivo.

> La **Ley Orgánica 5/2002, de Cualificaciones Profesionales y de la Formación Profesional,** define las **competencias** como el conjunto de conocimientos y capacidades que permiten el ejercicio de la actividad profesional conforme a las exigencias de la producción y el empleo.

Las organizaciones planifican su formación en dos ámbitos:

a) Las competencias que han de poseer los trabajadores para realizar las **tareas concretas** que suponen el **servicio** que se presta o el **producto** que se fabrica.

b) Las competencias que han de tener las personas que se ocupan de la **organización estratégica** de la empresa.

Cuando una empresa decide realizar formación, prevé el desarrollo de las competencias, que incluyen conocimientos, capacidades y actitudes necesarias para la actividad profesional.

Aptitudes técnicas

- La formación en **aptitudes técnicas** consiste en el aprendizaje de nuevos procesos de trabajo o en el uso de nuevos equipos o instrumentos.
- Las **aptitudes** se desarrollan en cualquier nivel jerárquico de la empresa, desde los empleados de base (que deberán adquirir nuevas competencias para el desarrollo de sus tareas) hasta los directivos (cuyo aprendizaje se basa en adquirir nuevas competencias estratégicas para la empresa, que determinarán su supervivencia).

Actitudes

- La **actitud** es la manera con la que las personas nos enfrentamos a las cosas, a las situaciones o a otras personas.
- La **actitud** no se relaciona con el saber hacer, sino más bien con el *saber estar* o con el *querer hacer*. Las actitudes son un conjunto de competencias esenciales en la vida cotidiana de las empresas, que incluyen en sus planes de formación el trabajo en inteligencia emocional.

Conocimientos

- Los **conocimientos** son las nociones que una persona tiene sobre alguna materia concreta. Se relacionan con el saber y son esenciales en el ámbito laboral, puesto que determinan las capacidades que tiene un trabajador para realizar las tareas y funciones propias de su profesión con eficacia.

Fig. 8.3. Competencias: aptitudes técnicas, actitudes y conocimientos.

ACTIVIDADES

1. Localiza en Internet el convenio colectivo de oficinas y despachos de tu comunidad autónoma y comprueba si existe alguna regulación específica sobre formación para tu sector profesional.
2. Indica si las siguientes competencias son aptitudes técnicas (capacidades) o actitudes: aprendizaje de programa informático de diseño gráfico, compromiso con la organización, aprendizaje de nueva versión de *software* de gestión y tendencia a la automotivación.

1.3. La formación para el empleo

En España, la **Ley 30/2015, de 9 de septiembre,** regula la formación profesional para el empleo en el ámbito laboral, consciente de la importancia y la necesidad de formación tanto para los trabajadores en activo como para los profesionales en situación de desempleo.

La formación profesional para el empleo está integrada por el conjunto de instrumentos y acciones que tienen por objeto impulsar y extender, entre las empresas y los trabajadores ocupados y desempleados, una formación que responda a sus necesidades y contribuya al desarrollo de una economía basada en el conocimiento. La **Fundación Estatal para la Formación en el Empleo** es el organismo encargado de impulsar esta formación.

La formación para el empleo incluye la *formación para trabajadores en activo* y la *formación para desempleados.* Este sistema integra las cuatro iniciativas de formación que aparecen en la Tabla 8.1.

Tipo de formación	Características	A quién va dirigida
Formación programada por las empresas	Formada por las acciones formativas de las empresas, financiadas total o parcialmente con fondos públicos, para atender las necesidades específicas de formación planteadas tanto por la empresa como por sus trabajadores.	Destinada a los trabajadores asalariados, incluidos los trabajadores fijos discontinuos en los periodos de no ocupación, así como los trabajadores que accedan a situación de desempleo, cuando se encuentren en periodo formativo, y los trabajadores acogidos a regulación de empleo en sus periodos de suspensión de empleo por expediente autorizado.
Formación para trabajadores ocupados	Integrada por los planes de formación, sectoriales y transversales, y por la oferta formativa dirigida a obtener certificados de profesionalidad.	Destinada a los trabajadores ocupados, pudiendo participar trabajadores desempleados en la proporción que las administraciones determinen.
Formación para trabajadores desempleados	Incluye las acciones formativas para cubrir las necesidades detectadas por los servicios públicos de empleo, los programas específicos de formación y los programas formativos con compromiso de contratación.	Esta oferta formativa dará prioridad a los desempleados con bajo nivel de cualificación profesional.
Otras iniciativas de formación	Incluye los permisos individuales de formación, la formación en alternancia con el empleo, la formación de los empleados públicos y la formación no financiada con fondos públicos, desarrollada por entidades de iniciativa privada y destinada a la obtención de los certificados de profesionalidad.	

Tabla 8.1. Iniciativas de formación profesional para el empleo en el ámbito empresarial.

! IMPORTANTE

Financiación de la formación

Las empresas pueden financiar la formación de sus empleados mediante un crédito, con cargo a la cuota de la Seguridad Social, que ingresan mensualmente para formación profesional.

La financiación se materializa mediante la aplicación de un **sistema de bonificaciones** en las cuotas mensuales de la Seguridad Social, de tal manera que el desembolso mensual que hacen por sus trabajadores en materia de Seguridad Social puede transformarse en opciones de formación para estos.

@ WEB

Fundación Tripartita

http://www.fundaciontripartita.org

Esta fundación sin ánimo de lucro, llamada actualmente Fundación Estatal para la Formación en el Empleo, está integrada por organizaciones empresariales, sindicatos y el SEPE. Su objetivo es regular el sistema de formación para el empleo en el ámbito laboral mediante una amplia oferta formativa.

ACTIVIDADES

3. Un trabajador acude al Departamento de RR. HH. de su empresa para solicitar un permiso individual de formación. Está realizando estudios universitarios y desea utilizar el permiso para acudir a clase. Señala en qué tipo de iniciativas de formación se incluye este permiso.

4. Consulta en Internet la página web de la Fundación Estatal para la Formación en el Empleo y comprueba las ayudas que existen para los trabajadores y las empresas.

1.4. Los programas de formación en la Administración Pública

El **Real Decreto Legislativo 5/2015, de 30 de octubre,** por el que se aprueba el Texto Refundido de la Ley del Estatuto Básico del Empleado Público, establece en su artículo 14 el **derecho de los empleados públicos** a la **formación continua** y a la **actualización permanente** de sus conocimientos y capacidades profesionales, preferentemente en horario laboral.

Las administraciones públicas, al igual que las empresas, tienen que contar con personal adaptado a los cambios que se producen en la sociedad y están sometidas a un importante proceso de modernización que exige formación continuada.

Junto al objetivo de mejorar las competencias de los trabajadores e incrementar la calidad de los servicios públicos, la formación de este colectivo de trabajadores tiene otra importante función en la promoción: la formación se valora como **méritos en la fase de concurso de las oposiciones,** así como en los sistemas de ascenso.

La formación del personal al servicio de las administraciones públicas debe tener las siguientes características:

- **Continua:** prolongada durante toda la carrera profesional de los trabajadores.
- **Sistemática:** organizada de manera que responda a las necesidades de los servicios.
- **Innovadora:** ajustada a los cambios tecnológicos del entorno.

La Administración Pública organiza planes de formación para sus trabajadores que siguen el mismo método y fases que la organización de un plan de formación para la empresa privada. Estos planes deben estar integrados en un plan estratégico coordinado con los diferentes actores que pueden promover la formación de los empleados públicos.

IMPORTANTE

Formación en la Administración Pública

Los planes de formación en la Administración Pública se llevan a cabo en:

- Administración General del Estado.
- Comunidades autónomas.
- Administración local.

Estos planes se desarrollan en el marco establecido en los acuerdos de formación en las administraciones públicas, firmados de manera continua desde 1995 por los sindicatos y la Administración.

Los planes se desarrollan tanto para funcionarios como para personal laboral o estatutario y son financiados por la Ley de Presupuestos Generales del Estado.

¿SABÍAS QUE...?

Oferta formativa

El INAP (Instituto Nacional de Administración Pública) gestiona la oferta formativa para la actualización permanente de los conocimientos y capacidades de los empleados públicos.

CASO PRÁCTICO 1

Plan unitario de formación

La empresa de formación para la que trabajas ha sido contratada por el ayuntamiento de una ciudad para que organice la formación de sus empleados. El ayuntamiento quiere reforzar las competencias en administración electrónica de todos los trabajadores que desarrollen tareas de atención al público. El ayuntamiento cuenta con 500 empleados.

Indica qué tipo de plan de formación tendría que realizar tu empresa.

Solución:

El plan de formación debe ser un plan unitario, al tratarse de una sola Administración Pública, un ayuntamiento de más de 200 empleados públicos.

Los planes de formación estarán integrados por la formación propiamente dicha y, además, incluirán actividades complementarias que engloben la información, la divulgación y el fomento de la participación. Estos planes se desarrollarán con una primera fase de detección de necesidades que determinará los contenidos. Posteriormente, se designan las metodologías más apropiadas para desarrollar el plan formativo.

ACTIVIDADES

5. Busca en Internet el último acuerdo de formación para el empleo de las administraciones públicas y señala cuál es el ámbito territorial y temporal de dicho acuerdo.

6. Busca en la página **www.inap.es** los tipos de actividades formativas que desarrollan en esta entidad y señala algunas actividades formativas que estén destinadas a la formación de los administrativos de la función pública durante el presente año.

7. Laura López trabaja en una empresa de seguros desde hace siete años como tramitadora de siniestros. Laura gestiona perfectamente el equipo, pero con frecuencia se queja a sus superiores de tener que atender personalmente a los clientes. Su superior inmediato percibe últimamente cierta pasividad en su trabajo. Señala si esta trabajadora tiene que reforzar una competencia técnica o actitudinal.

2. La detección de las necesidades de formación

La **detección de necesidades** es un proceso que tiene como objetivo **planificar una formación ajustada** a las necesidades empresariales.

Cuando una empresa planifica la formación de sus trabajadores, debe comprobar qué necesidades de formación reales existen, comparando qué se tiene que hacer en un puesto de trabajo concreto con lo que realmente sabe hacer el trabajador que lo ocupa.

La detección de las necesidades formativas suele ser responsabilidad del Departamento de Recursos Humanos, que puede formar en dos momentos diferentes: *al incorporarse* al puesto de trabajo o, una vez incorporado en la empresa, mediante la *formación dentro de un plan de carrera* o por una nueva estrategia de la compañía.

EJEMPLO

La formación de un empleado que se incorpora a la empresa es un ejemplo de formación antes de que exista la necesidad, mientras que la introducción de un nuevo programa informático en la gestión de la empresa, que todos los trabajadores tienen que usar, es una formación para una necesidad ya creada.

IMPORTANTE

Inventario de tareas

Técnica que consiste en pedir a los trabajadores y supervisores que realicen un listado de las tareas de sus puestos, valorando en una escala de 1 a 5 cada tarea con preguntas como:

- ¿Con qué frecuencia se realiza la tarea?
- ¿Qué importancia tiene la tarea en el desempeño del puesto?
- ¿Qué dificultades presenta el aprendizaje de las competencias propias de la tarea?

Los métodos para detectar las necesidades formativas se clasifican en dos categorías: métodos relacionados con las **consultas a los trabajadores** y métodos que derivan del **proceso de planificación y desarrollo de la empresa** (Tabla 8.2).

Método	Herramienta	Proceso
Relacionados con la consulta	Entrevista	Recoge datos del encuentro con uno o varios trabajadores para dialogar sobre las necesidades que ellos mismos ven en el puesto de trabajo. Puede realizarse con los trabajadores de cualquier nivel jerárquico.
	Observación	Consiste en detectar las necesidades de formación a través de la observación diaria del trabajo que presta una persona.
	Encuesta	Recoge por escrito las opiniones de los trabajadores sobre las necesidades formativas.
	Círculos de calidad	Reuniones de un equipo de trabajadores que se organizan sistemáticamente para detectar posibles deficiencias, mejoras y necesidades de formación de los trabajadores que ocupan los puestos.
Relacionados con la planificación y el desarrollo empresarial	Estudio de puestos de trabajo	Analiza las tareas que hay que desarrollar en un puesto para establecer qué necesita aprender la persona que ocupa o va a ocuparlo para desarrollarlo con la máxima eficacia.
	Análisis de fallos	Analiza los defectos que se han producido en la actividad desarrollada en un puesto de trabajo y su relación con la falta de formación de la persona que lo ocupa.

Tabla 8.2. Métodos para la detección de necesidades formativas.

CASO PRÁCTICO 2

Necesidades de formación

Pedro trabaja como encargado de la formación de los trabajadores de su empresa. Su superior le encarga que analice las necesidades de formación de dos administrativos a su cargo y de un mando medio de la planta productiva de la empresa. ¿Qué método de detección de necesidades formativas sugieres que debería emplear Pedro para cada supuesto?

Solución:

Pedro podrá utilizar algún método relacionado con la **consulta para los puestos de los administrativos.**

Podrá realizar alguna encuesta a los empleados para valorar las necesidades que perciben en sus puestos de trabajo y también podrá utilizar el método de la observación.

Para el puesto del mando medio, podría utilizarse un método relacionado con la planificación empresarial, ya que este puesto es clave en el propio desarrollo de la empresa; por ejemplo, el método de estudio de puestos de trabajo para formar al trabajador en aquellas tareas que se consideren clave en su desempeño profesional.

! IMPORTANTE

Fases del plan de formación

1. Diseño y elaboración del presupuesto.
2. Desarrollo y ejecución.
3. Evaluación.

3. El plan de formación

El plan de formación es el conjunto de **actividades** que se ponen en marcha para que la empresa cubra sus necesidades y los **recursos necesarios** para llevar a cabo esas acciones. Este plan es elaborado por el Departamento de Recursos Humanos.

3.1. Diseño y creación del plan de formación

El diseño y la creación de un plan de formación requiere el desarrollo de **tareas**, cuyo **registro** dará como resultado el plan de formación a desarrollar en la empresa (Fig. 8.4).

Tareas de diseño y creación del plan formativo

1. Fijar los objetivos del plan formativo: deben quedar definidos y ser coherentes con los objetivos estratégicos de la empresa.

2. Analizar y priorizar las necesidades formativas de los trabajadores: elegir el contenido adecuado, ya que no siempre se podrán atender todas las necesidades formativas de la empresa.

3. Seleccionar a los trabajadores afectados por el plan de formación.

4. Seleccionar formadores, personas o empresas, y decidir si la formación será presencial, a distancia o *e-learning*.

5. Decidir cómo, dónde y con qué recursos se desarrollará la formación, para establecer los recursos económicos necesarios.

6. Temporalizar el plan formativo: establecer un calendario con las fechas de la formación.

7. Aprobar el plan formativo por la Dirección o el departamento correspondiente.

8. Emitir el informe sobre el plan de formación por el Comité de Empresa, con carácter previo a la ejecución de este.

Implantación
En el tiempo estimado y para los trabajadores designados.

Evaluación
Análisis de resultados y obtención de datos sobre formación para próximos años.

Fig. 8.4. Fases en el diseño y la creación del plan formativo.

CASO PRÁCTICO 3

Plan de formación

En la empresa en la que trabajas, se detecta que los trabajadores necesitan formación en prevención de riesgos laborales, por lo que deciden organizar un curso de 50 horas. A los trabajadores se les avisa con un día de antelación a la fecha de inicio, pero sus horarios no son compatibles con el desarrollo del curso. ¿Qué fase del diseño y la creación del plan de formación ha fallado en la organización de este curso de formación?

Solución:

La empresa debió comprobar la disponibilidad de los trabajadores designados para la formación, averiguando si podían recibirla. Además, la temporalización de la formación no fue la adecuada, porque se avisó a los trabajadores con un día de antelación, lo que hizo que no pudieran ajustar sus calendarios de formación con las tareas pendientes en sus trabajos.

La formación de los trabajadores ha de desarrollarse en horario laboral, por lo que el Departamento de Recursos Humanos, que gestiona la formación, habrá de tener en cuenta este extremo para poder organizar los calendarios y horarios adecuados para que la formación pueda llevarse a cabo de la manera más satisfactoria posible.

4. La gestión y organización administrativas de la formación

La **gestión y organización** de la formación es la etapa en la que se desarrollan, por parte del Departamento de Recursos Humanos, los **trámites necesarios** para hacer realidad la formación planificada; se divide en siete fases.

1. Primera fase: concretar la acción formativa

Esta concreción se realiza una vez que se han detectado las necesidades de formación del personal en la empresa. Para ello, se utilizará la información recogida en un documento escrito. En la Tabla 8.3, mostramos un modelo de ficha de detección de necesidades que puede utilizar el administrativo encargado de esta tarea.

Puesto de trabajo	Herramienta	Necesidad formativa	
Puesto:	D./Dña.__________	Competencias	Conocimientos:
			Habilidades sociales:
			Competencias técnicas:
		Actitudes	
Puesto:	D./Dña.__________	Competencias	Conocimientos:
			Habilidades sociales:
			Competencias técnicas:
		Actitudes	

Tabla 8.3. Modelo para documentar la detección de necesidades formativas.

2. Segunda fase: seleccionar a los trabajadores afectados por el plan de formación

La elección de los trabajadores afectados está condicionada con la detección de **necesidades realizada previamente.** En la Tabla 8.4, mostramos un modelo que puede utilizarse para la selección del personal que participará en el plan de formación. Este modelo ayudará en la *priorización* de los trabajadores para participar en la selección.

Trabajador	Categoría	Antigüedad	Titulación	Necesidad formativa que precisa
1. Nombre y apellidos				
2.				
3.				

Tabla 8.4. Modelo para documentar la selección de los trabajadores afectados.

3. Tercera fase: decidir el tipo de formación que va a realizarse

Los responsables de poner en marcha el plan de formación tendrán que valorar el tipo de formación que van a realizar. Los modelos más habituales de formación son: formación presencial en la empresa o en un centro ajeno a la empresa, formación a distancia y formación *online*.

El sistema de formación *online* es muy habitual dadas sus grandes ventajas, entre ellas evitar la pérdida de tiempo en los desplazamientos y la posibilidad de realizar las actividades formativas a distancia.

ABC VOCABULARIO

e-learning. Simplificación de *electronic learning,* también llamado teleformación, formación *online*, enseñanza virtual, etc.

En estos procesos de aprendizaje se produce una **interacción didáctica continuada,** donde el alumno tiene que autogestionar su aprendizaje con ayuda de tutores y compañeros.

El *e-learning* permite realizar la formación en casa o en el trabajo, siendo accesibles los contenidos cualquier día y a cualquier hora gracias a Internet.

b-learning (blended learning). Consiste en procesos de enseñanza-aprendizaje semipresenciales, es decir, que los cursos en este formato incluyen tanto clases presenciales como actividades *e-learning.*

Fig. 8.5. Si se desea contratar la formación con una empresa externa, los encargados podrán pedir varios presupuestos formativos y presentarlos a las personas que tengan que tomar la decisión, teniendo en cuenta que se elegirá el presupuesto que pueda afrontarse económicamente y que cubra las necesidades formativas detectadas.

4. Cuarta fase: elaboración del presupuesto

La elaboración del presupuesto dependerá del tipo de formación que se decida y de los formadores a los que se contrate.

Los presupuestos de formación de una empresa deben incluir los costes directos e indirectos:

a) Los **costes directos** incluyen los gastos derivados de la realización de la formación.

b) Los **costes indirectos** son aquellos que tiene la empresa como consecuencia de la realización permanente de acciones de formación.

En la Tabla 8.5, aparece un modelo de presupuesto de acción formativa con los costes directos e indirectos más habituales que puede cumplimentar un administrativo en el desarrollo de su trabajo.

Costes directos	Costes indirectos
Profesorado	Aulas propias
Aulas alquiladas	Personal permanente en tareas de formación
Medios técnicos	Tiempo para la detección de necesidades
Documentación	Tareas administrativas
Material fungible	Tiempo invertido de la Dirección

Tabla 8.5. Modelo para documentar costes.

5. Quinta fase: informar a la Dirección

Una vez que el Departamento de RR. HH. tiene claro qué necesidades formativas existen, a quién ha de darse la formación y cuál es la propuesta concreta formativa y presupuestada, se ha de iniciar un proceso de información a los directivos que han de aprobar el plan formativo.

Los responsables de Recursos Humanos pueden elaborar un dosier con toda la documentación relativa a la detección de necesidades formativas, trabajadores seleccionados, tipos de formación que pueden darse y presupuestos.

Esta información a los directivos se puede hacer llegar por escrito mediante cualquier soporte, utilizando nuevas tecnologías como Power Point o Prezi.

6. Sexta fase: informar a los trabajadores

Esta fase comprende tanto la información al Comité de Empresa como la información a los trabajadores afectados.

Comité de Empresa

El empresario debe informar al Comité de Empresa sobre el plan de formación en la empresa, con carácter previo a su ejecución, según el artículo 64 del Estatuto de los Trabajadores.

→ Una de las finalidades de esta información es que el Comité pueda emitir un **informe** sobre el propio plan.

Trabajadores

El objetivo del proceso de información a los trabajadores no solo será que conozcan la formación, sino que será el momento para motivarles y limar sus asperezas respecto a las novedades que les plantee en el futuro su trabajo.

→ Para informar a los trabajadores, pueden realizarse **reuniones** o bien elaborar **dípticos** o **trípticos informativos.** Es esencial la motivación que la Dirección haga de los mandos medios.

Fig. 8.6. Información al Comité de Empresa y a los trabajadores.

7. Séptima fase: desarrollo y ejecución de la formación

Esta fase, de gran importancia, ya que se ejecuta todo el trabajo desarrollado anteriormente, incluye la realización de dos actividades distintas, pero interdependientes a la vez:

a) **Organizar fechas y horarios de formación y sustitutos para los trabajadores que participan en el plan de formación.** Entre las gestiones que deben hacer los organizadores de la formación, se encuentra la organización de los horarios de los trabajadores que van a asistir a los cursos de formación, puesto que los horarios de trabajo pueden verse modificados. Si la formación exige la ausencia del trabajador por un periodo significativo de días, habrá que establecer quién le sustituye en sus tareas.

b) **Ejecución de las acciones formativas.** En esta fase, se desarrollan las acciones formativas que han sido decididas, siendo de vital importancia la labor de los administrativos tanto para convocar a los participantes como para preparar la logística de los cursos.

4.1. Gestión administrativa del plan de formación

Los administrativos de las empresas tienen una *importante presencia* en muchas fases de la gestión del plan de formación y pueden participar en las siguientes **tareas:**

- Recoger información sobre las necesidades de formación en la empresa.
- Extraer estadísticas sobre los datos recogidos bajo la supervisión de su superior.
- Buscar y contactar con empresas proveedoras de formación.
- Organizar la logística de las actividades formativas que desarrolla el plan de formación.
- Redactar documentos para informar a los trabajadores sobre los cursos de formación.
- Colaborar y apoyar en la elaboración de horarios alternativos a la formación.
- Distribuir y recoger los test de evaluación y tratamiento de la información.
- Registrar las acciones formativas de los trabajadores en sus expedientes personales.
- Realizar los trámites administrativos pasa solicitar las subvenciones para la formación en la Fundación Estatal para la Formación en el Empleo.

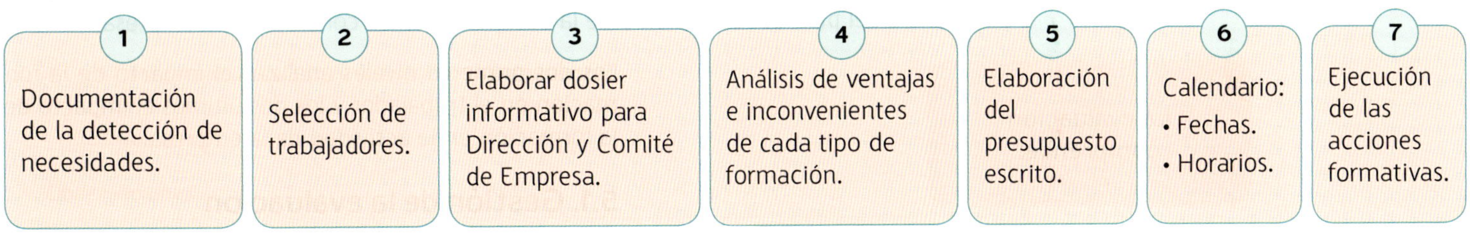

Fig. 8.7. Trámites administrativos que precisan documentarse en la gestión de formación.

CASO PRÁCTICO 4

Formación presencial frente a formación *online*

Trabajas como técnico administrativo en el Área de Formación de una gran empresa. Tu responsable ha decidido que el personal del Departamento de Administración reciba un curso de formación sobre manejo de Excel.

Algunos proveedores a los que ha pedido presupuesto para impartir el curso plantean la posibilidad de desarrollarlo *online*.

Tu responsable te pide que valores las ventajas e inconvenientes que podría tener esta modalidad formativa, realizando un cuadro comparativo para ayudarle a tomar la decisión.

Solución:

Método formativo	Ventajas	Inconvenientes
Presencial	Inmediatez en la consulta de dudas.	• Necesidad de profesor presencial. • Necesidad de lugar y tiempo predeterminado.
Online	• Acceso a los contenidos en cualquier terminal informático. • Evita pérdida de tiempos en desplazamientos.	• La resolución de dudas no es inmediata. • La evaluación del proceso puede no hacerse a diario.

> **! IMPORTANTE**
>
> **Principios pedagógicos**
>
> Un principio pedagógico es un criterio que indica de qué manera una persona puede aprender con más facilidad.
>
> Algunos principios pedagógicos básicos en la formación son:
>
> - Tener en cuenta el nivel de desarrollo del sujeto para planificar las acciones formativas.
> - Utilizar métodos activos que cuenten con la participación de los sujetos.
> - Desarrollar aprendizajes que sean funcionales, es decir, que sirvan para aplicar en el trabajo.

6. Métodos y técnicas de desarrollo profesional

> Un método formativo es el **conjunto ordenado de acciones** que se desarrollan según unos **principios pedagógicos** para que las personas adquieran nuevas competencias.

La elección de la técnica formativa depende de numerosas variables:

a) **El fin que se pretenda conseguir** con la acción de formación concreta. No siempre se llega a los mismos resultados aplicando los mismos métodos formativos, por lo que habrá que elegir la técnica adecuada a cada contexto concreto de formación. Los métodos aplicados son distintos si se pretenden desarrollar habilidades técnicas o si se quieren impulsar nuevos comportamientos.

b) **La experiencia y la edad** de las personas formadas. El método formativo podrá variar si se trata de impartir formación a trabajadores con mucha experiencia y adultos o a trabajadores jóvenes y con poca experiencia.

6.1. Técnicas de formación

Existen muchas técnicas de formación en el mundo empresarial, siendo las más habituales las que se muestran en la Tabla 8.7.

Técnica de formación	Ejemplo
• **Lección magistral.** Presenta conocimientos a través de una exposición oral, aunque sitúa a la persona que se forma en una actitud pasiva en el aula. Hoy en día, las lecciones suelen ir acompañadas de presentaciones realizadas con herramientas como PowerPoint o Prezi.	Un importante farmacéutico realiza una lección magistral en una empresa farmacéutica para el personal de laboratorio sobre los beneficios de un nuevo fármaco.
• **Estudio de caso.** Un grupo de personas analiza un caso para aprender a resolver situaciones que se pueden presentar en la vida real. El caso debe ser lo más detallado y completo posible, pues ello ayudará al equipo en la búsqueda de soluciones a problemas complejos. Este tipo de técnica precisa de trabajo en equipo y participación activa de los alumnos. Sus fases de desarrollo son: 1. Se estudia el caso, elaborando ideas para su solución. 2. Se comenta con el equipo el caso y cada participante aporta sus soluciones. 3. Se extraen conclusiones con el fin de aplicarlas a situaciones análogas.	El equipo de atención al cliente de una clínica dental estudia el caso de un cliente insatisfecho que intenta poner una demanda a la clínica por mala praxis médica.
• **Dramatización o *role playing*.** Es una técnica activa de formación que permite analizar problemas desde el punto de vista de los sujetos implicados, lo que puede ayudar a decidir cómo actuar en el futuro ante una situación similar. Se trata de una técnica de aprendizaje en equipo a partir de un guión que han elaborado los formadores. Se pide a los participantes que asuman un papel y lo representen. Después de la representación, se comentan las reacciones o los sentimientos de los actores y se analiza cómo se enfrenta cada persona a la situación.	En una empresa multinacional de informática, se decide realizar un *role playing* simulando una situación de caída de sistema en una empresa cliente. Los papeles se reparten entre el equipo informático y cada uno responde a la situación de una determinada manera.
• **Formación en el exterior o *outdoor-training*.** Este método está muy extendido en la actualidad y consiste en realizar la formación en espacios alejados del ambiente normal de la empresa y en contacto con la naturaleza. Es un sistema de formación y de desarrollo de comportamientos que permite el aprendizaje de habilidades sociales a través del desarrollo de actividades deportivas o naturales.	Algunas de las actividades que utiliza la formación en el exterior son las yincanas, el *paintball* o las actividades de multiaventura.

Técnica de formación	Ejemplo
• **Formación en línea** ***(online)*** **o** ***e-learning.*** Es una de las modalidades de formación más habituales por la comodidad que supone la organización de los horarios del aprendizaje, así como la no necesidad de aulas. Tiene el inconveniente de que no sirve para trabajos o actividades en los que la formación requiera el manejo de maquinaria. Las claves de este sistema de aprendizaje son: ordenador, aula virtual y tutor en línea que guía la formación.	Una empresa decide impartir un curso de inglés comercial a su fuerza de ventas en formato *e-learning,* para que no afecte al horario habitual de trabajo.
• ***Coaching.*** Este método de formación consiste en que una persona, el *coach* o entrenador, dirige y sigue la formación de otra en determinados campos, normalmente relacionados con el aprendizaje de comportamientos o habilidades sociales. El entrenador va poniendo diversos ejercicios o actividades que la persona que se está formando tiene que ir realizando. El entrenador sigue el proceso, pero normalmente no acompaña a diario al alumno.	Esta técnica se utiliza con directivos de cualquier ámbito empresarial para incrementar sus habilidades o potenciar que ellos sepan activar las competencias de sus trabajadores.
• **Tutorización o** ***mentoring.*** Esta técnica de formación consiste en designar a un tutor que acompaña a una persona en su proceso de aprendizaje de manera permanente mientras dura la formación. El tutor enseña al alumno los conocimientos, competencias o técnicas que precisa. El formador puede ser una persona de la empresa o contratada del exterior.	En un estudio de publicidad, un *copy* senior es el tutor del nuevo *copy* junior, al que está acompañando en su aprendizaje en la empresa mientras realiza la formación.

Tabla 8.7. Técnicas de formación en la empresa.

Muchos de estos métodos tienen un elemento común que consiste en hacer a la persona que se forma **sujeto activo del aprendizaje,** frente a los modelos tradicionales de formación.

Estas técnicas, que se incluyen en muchos de los métodos analizados (*coaching,* dramatización, estudio de caso), se cimientan en el concepto de **aprender haciendo,** al suponer que el aprendizaje se realiza desde la propia experiencia personal y que lo aprendido desde la experiencia se lleva a la práctica en la empresa con mayor rapidez y fiabilidad.

¿SABÍAS QUE...?

Tutorización informal

Existe una tutorización informal de los trabajadores que se desarrolla cuando un trabajador con más experiencia ayuda en las tareas a un empleado que se acaba de incorporar a la empresa.

CASO PRÁCTICO 5

Técnicas de formación

Una empresa ha detectado que en el Departamento Comercial se están generando problemas de convivencia en los trabajadores derivados de la falta de costumbre al trabajar en equipo.

Para solucionar el problema, la empresa ha enviado a cinco trabajadores a realizar un curso de actividades multiaventura en los Pirineos.

¿Qué tipo de técnica de formación ha utilizado esta empresa?

Solución:

El método de formación empleado es la formación en el exterior o *outdoor training,* que tiene como objetivo mejorar las habilidades sociales a través de actividades en contacto con la naturaleza fuera del ambiente de la oficina.

ACTIVIDADES

10. Indica qué método de formación sería adecuado para atender las siguientes necesidades formativas de la empresa:

a) Una empresa desea contratar a una persona para realizar labores comerciales. Sus competencias técnicas están comprobadas, pero le faltan recursos en habilidades sociales.

b) Los trabajadores de una empresa precisan mejorar sus competencias en habla inglesa. Los trabajadores prefieren no tener que desplazarse para realizar la formación.

c) Un nuevo empleado se incorpora al servicio de contabilidad de una empresa. Durante unos meses, se designa al jefe de equipo como responsable del seguimiento del nuevo empleado.

d) Una empresa precisa que sus trabajadores aprendan de forma eficaz nuevas técnicas de ventas.

- **La formación de los trabajadores**
  - **Normativa reguladora**
    - Constitución española de 1978.
    - RD Legislativo 2/2015, del Estatuto de los Trabajadores.
    - Ley 30/2015, de 9 de septiembre.
  - **La formación en RR. HH.**
    - Competencias: aptitudes técnicas (capacidades), conocimientos y actitudes.
  - **Formación para el empleo**
    - Formación de empresa.
    - Formación para trabajadores.
    - Formación para desempleados.
    - Otras iniciativas.
  - **Plan de formación en administraciones públicas**
    - Continua.
    - Sistemática.
    - Innovadora.
- **Detección de las necesidades de formación**
  - Antes de que surja la necesidad.
  - Cuando la necesidad ya existe.
    - Métodos relacionados con la consulta a los trabajadores.
    - Métodos relacionados con la planificación y el desarrollo empresarial.
- **Plan de formación**
  1. Fijar objetivos.
  2. Analizar necesidades de formación.
  3. Elegir los trabajadores objeto de la formación.
  4. Seleccionar a los formadores.
  5. Decidir cómo, cuándo y qué recursos se destinan a la formación.
  6. Temporalizar las enseñanzas.
  7. Aprobar el plan formativo.
  8. Emitir un informe por el Comité de Empresa.
- **Gestión y organización**
  1. Concretar la acción formativa.
  2. Seleccionar a los trabajadores.
  3. Decidir qué tipo de formación se va a impartir.
  4. Elaborar el presupuesto.
  5. Informar a Dirección.
  6. Informar a los trabajadores.
  7. Desarrollar y ejecutar la formación.
- **Evaluación del plan formativo**
  - Evaluación global del plan y evaluación de acciones formativas concretas.
  - Gestión de la evaluación.
- **Métodos y técnicas de desarrollo profesional**
  - Lección magistral.
  - Estudio de caso.
  - Dramatización o *role playing*.
  - Formación exterior.
  - Formación *e-learning*.
  - Tutorización.

TEST DE REPASO

1. La formación de mantenimiento de los trabajadores tiene como objetivo:

a) Actualizar competencias de los trabajadores.
b) Adquirir nuevas competencias.
c) Motivar a los trabajadores.
d) Formar a cargos directivos.

2. La formación, como derecho fundamental, se regula en:

a) El Estatuto de los Trabajadores.
b) El artículo 27 de la Constitución Española.
c) La Ley 30/2015, de 9 de septiembre.
d) El Código Civil.

3. La formación para la promoción consiste en:

a) Ascender de puesto a un trabajador.
b) Que los trabajadores adquieran nuevas competencias.
c) Que los trabajadores aprendan cómo usar las competencias que ya han adquirido.
d) Que los trabajadores actualicen las competencias que poseen.

4. Las empresas tienen la obligación de formar al trabajador durante al menos:

a) 10 horas cada año.
b) 20 horas cada seis meses.
c) 20 horas cada año.
d) 25 horas cada año.

5. Las competencias se definen como:

a) El conjunto de las actividades que realiza el trabajador en su puesto de trabajo.
b) El conjunto de actitudes con las que nos enfrentamos a las cosas.
c) El potencial de inteligencia emocional que los trabajadores poseen.
d) El conjunto de conocimientos y capacidades que permiten el ejercicio de la actividad profesional.

6. La formación en aptitudes técnicas se relaciona con:

a) La inteligencia emocional.
b) La manera en la que las personas nos enfrentamos a las cosas.
c) El aprendizaje de nuevos procesos o el uso de nuevos equipos.
d) El saber estar en los sitios.

7. Los trabajadores tienen derecho en la empresa a disfrutar de:

a) Los permisos necesarios para concurrir a exámenes.
b) Dos días para concurrir a exámenes.
c) Tres días para concurrir a exámenes.
d) Dos horas en la jornada habitual para concurrir a exámenes.

8. El método de análisis de fallos para la detección de necesidades formativas consiste en:

a) Hacer una encuesta a los trabajadores.
b) Realizar el análisis antes de que exista el fallo.
c) Analizar los aspectos positivos que se desarrollan en la actividad de trabajo.
d) Analizar los defectos que se han producido en la actividad desarrollada en el puesto.

9. Son costes directos de la formación los gastos de:

a) Tiempo dedicado a la detección de necesidades.
b) Tareas administrativas a realizar.
c) Tiempo que invierte la Dirección en la supervisión de la formación.
d) Gastos de profesorado y material.

10. El *coaching* es una técnica de formación:

a) En la que un entrenador dirige la formación de una persona en ciertos campos.
b) Que se realiza normalmente *online*.
c) Que se desarrolla en ambientes rodeados de naturaleza.
d) Que estudia un caso concreto para luego aplicarlo a situaciones semejantes.

11. El *outdoor training* es un método de desarrollo profesional que se utiliza frecuentemente para desarrollar:

a) Competencias en nuevas tecnologías.
b) Competencias en idiomas.
c) Competencias matemáticas.
d) Comportamientos.

12. La formación para el empleo de trabajadores ocupados incluye:

a) A trabajadores ocupados y desempleados.
b) Solo a trabajadores ocupados.
c) Solo a trabajadores desempleados.
d) Los permisos individuales de formación.

COMPRUEBA TU APRENDIZAJE

Detectar necesidades formativas en las empresas.

1. Señala qué objetivo tiene la empresa con la formación que se va a realizar en este caso:

   En el Departamento de RR. HH. de una empresa, se ha decidido que los auxiliares y oficiales administrativos que se encargan de las nóminas participen en un curso de formación. El curso versará sobre las novedades fiscales que el Gobierno ha publicado recientemente.

2. Relaciona los siguientes métodos de detección de necesidades formativas con su desarrollo:

1. Observación	*a)* En una reunión de equipo, se detectan las deficiencias del trabajo.
2. Estudio de puesto	*b)* Se examina el trabajo diario de un trabajador.
3. Encuestas	*c)* Analiza los defectos que se han producido en la actividad desarrollada.
4. Análisis de fallos	*d)* Analiza las tareas que se desarrollan en un puesto concreto de trabajo.
5. Círculos de calidad	*e)* Recogen por escrito ideas y opiniones de los trabajadores.

3. Supón que estás trabajando en un Departamento de RR. HH. Tu jefa te encarga que elabores una encuesta para detectar las necesidades formativas que existen en el Departamento de Contabilidad.

   Elabora un conjunto de preguntas que te interesaría recoger para valorar las necesidades de los trabajadores.

4. Consulta en Internet la Ley 30/2015, de 9 de septiembre, reguladora de la formación para el empleo en el ámbito laboral, e indica los fines del sistema de la formación profesional para el empleo.

Describir las fases de los procesos de formación del personal.

5. A continuación, se enumera un conjunto de fases por las que discurre un plan de formación. Ordénalas según tengan que desarrollarse:
   - Determinar las personas que impartirán la formación.
   - Temporalizar las enseñanzas.
   - Aprobar el plan formativo.
   - Decidir los recursos necesarios.
   - Fijar los objetivos que se pretenden lograr con la formación.
   - Detectar las necesidades formativas.
   - Elegir a los trabajadores que participarán en la formación.

6. ¿Qué fase del proceso del plan de formación se describe en el siguiente supuesto?

   El Departamento de RR. HH. de una empresa petrolera decidió realizar un curso de prevención de riesgos laborales para los trabajadores que trabajan en la Sección de Refinería. La directora de RR. HH. ha encargado a su auxiliar administrativo que recabe información sobre empresas que puedan dar esta formación a sus trabajadores.

7. Señala qué información habría que generar en cada una de las siguientes fases de los procesos de formación:

Definir las necesidades formativas	
Seleccionar a los trabajadores	
Elegir el modelo de formación	
Calcular los costes de la formación	
Recoger información sobre el resultado de la formación	

Identificar la información que se genera en los procesos de formación del personal y elaborar su documentación.

8. El Departamento de RR. HH. de un hospital está decidiendo la formación para el personal médico que trabaja en el Área de Medicina Intensiva. Los responsables de la formación no tienen claro si realizar la formación presencial en la empresa o realizarla presencial pero en un centro ajeno a la empresa.

   Realiza un estudio comparativo de las ventajas e inconvenientes de ambos sistemas para que la Dirección pueda decidir.

9. Realiza una detección de necesidades de un compañero de clase, suponiendo que trabaja en una empresa en la que tú tienes que tomar la decisión de incrementar sus competencias o actitudes como trabajador de tu departamento. Utiliza un modelo para documentar la detección de las necesidades formativas.

10. Siguiendo con el ejercicio anterior, elabora un presupuesto para la formación que tu compañero precisa.

Detectar las necesidades de los recursos materiales y humanos en el proceso de formación.

11. Un trabajador del Departamento de Administración de una empresa deseaba aumentar su formación y se matriculó en un ciclo formativo de Grado Superior de Administración y Finanzas a distancia.

    Explica qué necesidades horarias tendrá en el desarrollo de su formación para asistir a los exámenes.

12. Una empresa ha decidido formar a sus trabajadores mediante un curso de formación que realizará en modalidad *online* en horario de trabajo.

Explica qué recursos materiales precisará la empresa para el correcto desarrollo del curso.

Aplicar los procedimientos administrativos de seguimiento y evaluación de la formación.

13. Señala qué método te parece más adecuado para realizar la evaluación del plan global de formación.

14. Señala qué método te parece más adecuado para realizar la evaluación de una acción concreta de formación que se desarrolle en una empresa.

15. Imagina que eres el encargado del seguimiento de un curso que se ha desarrollado en la empresa para el Departamento de Selección sobre la selección por competencias.

    Elabora un documento de evaluación para valorar la actividad del formador que ha intervenido en el curso. Redacta al menos siete variables que crees que se deberían evaluar.

Establecer las vías de comunicación oral y escrita con las personas que intervienen en los procesos de formación.

16. Redacta un documento informativo, para colgar en un tablón de anuncios en la empresa, sobre la realización de un curso de formación voluntario sobre uso de Excel. Tendrás que imaginar las fechas y horarios de su realización, así como el sistema de formación elegido y el lugar.

17. Supón que formas parte del Departamento de RR. HH. que se encarga de la gestión de la formación de los trabajadores en la empresa. Dentro de dos días, tendrás una reunión con el director de la empresa para informarle sobre el curso de inglés comercial que se ha preparado para el equipo de comerciales. ¿Qué información deberías transmitir al director en la reunión?

18. Busca en Internet la orden TAS 2307/2007, de 27 de julio (BOE, martes 31 de julio de 2007), que desarrolla el Real Decreto 397/2007, en la que se regulan los permisos individuales de formación de los trabajadores. Cumplimenta el modelo de solicitud de dicho permiso individual para entregar al Departamento de RR. HH. de una empresa.

Establecer las características de los métodos e instrumentos de los procesos de formación.

19. Señala qué método de desarrollo profesional elegirías para cada una de estas situaciones:

    a) Una empresa contrata a un nuevo trabajador para sustituir a un trabajador que se jubila parcialmente. El nuevo trabajador tiene que aprender las tareas que realiza el que se jubila parcialmente para que, cuando llegue la jubilación total, conozca el trabajo completo.

    b) Los trabajadores del Departamento de Atención al Cliente de una empresa de seguros están teniendo cada vez mayor número de problemas con los clientes, derivados de las nuevas condiciones de las pólizas. Los trabajadores precisan saber cómo resolver estos problemas para tener recursos cuando surjan estas incidencias.

20. ¿Qué método de formación elegirías para formar a un directivo que tiene que aprender técnicas propias del liderazgo y la motivación de equipos de trabajo? Razona la respuesta.

21. Señala qué método de desarrollo profesional se aplica en el siguiente supuesto:

    Los comerciales de una empresa farmacéutica han recibido un curso de formación que ha consistido en la realización de una experiencia de multiaventura náutica en la costa de Levante. Las actividades han sido desarrolladas siempre en equipo y han tratado de potenciar la comunicación en los equipos en los que han participado.

    ¿Cuál es uno de los objetivos fundamentales de este método de desarrollo profesional?

22. Una empresa está pensando lanzar una línea comercial consistente en venta *online* de sus productos. Uno de los inconvenientes es la escasa formación de sus empleados en nuevas tecnologías.

    ¿Qué método de desarrollo profesional podría emplearse en esta situación?

23. Accede a través de Internet a la convocatoria de un concurso para optar a un puesto de trabajo en la Administración Pública. Señala cómo se valora la formación de los posibles candidatos a ocupar el puesto.

    Indica la importancia que tiene la formación en el conjunto de los méritos del concurso.

24. En el momento actual, existe una infinidad de proveedores de formación que ofrecen cursos de formación en el exterior o *outdoor training.*

    Localiza en Internet alguno de estos proveedores e indica qué tipo de cursos ofrecen. Observa el tipo de actividades que realizan, su duración y el lugar de realización de los cursos ofertados, así como su coste, si está indicado.

25. Un equipo de profesionales de un gimnasio ha tenido, en el último mes, tres reclamaciones de clientes porque uno de los monitores deportivos ha tratado con desprecio a uno de los clientes en una clase de aerobic.

    ¿Qué método de desarrollo profesional utilizarías para resolver este problema? Razona la respuesta.

26. Consulta la página de la Asociación Española de *Coaching* **http://www.asescoaching.org.**

    Indica cómo una persona puede certificarse como *coach* profesional y cuáles son las modalidades más usuales de formación como *coach.*

27. Busca en Internet alguna empresa de formación que organice y gestione cursos de competencias sociales. Compara, al menos, dos de las entidades que organicen esta formación e indica algunas de las competencias sociales sobre las que incida.

9
UNIDAD

Evaluación del desempeño, promoción y control de los Recursos Humanos

En esta unidad

APRENDERÁS A...

- Establecer los métodos de valoración del trabajo y de incentivos.
- Identificar la información que se genera en cada una de las fases de promoción de personal.
- Establecer vías de comunicación orales y escritas con las personas que intervienen en los procesos de promoción.
- Elaborar la documentación necesaria para efectuar los procesos de promoción de personal.
- Registrar y archivar la información y la documentación relevante de los procesos de formación y promoción de personal.
- Analizar la información que proporcionan los sistemas de control de personal para la mejora de la gestión de la empresa.

ESTUDIARÁS...

- Sistemas de gestión de evaluación.
- Sistemas de promoción.
- Registro de formación y promoción de los trabajadores.
- El control del personal.

Y SERÁS CAPAZ DE...

- Gestionar los procedimientos administrativos relativos a la formación, la promoción y el desarrollo de Recursos Humanos, designando los métodos e instrumentos más adecuados.
- Coordinar los flujos de información del Departamento de Recursos Humanos a través de la organización, aplicando habilidades personales y sociales en procesos de gestión de personal.

1. Sistemas de gestión de evaluación

Las empresas utilizan distintos sistemas para medir el rendimiento de sus trabajadores y conocer qué grado de eficacia y eficiencia tienen en la organización. Actualmente, estos sistemas son desarrollados por los Departamentos de Recursos Humanos mediante una organización y un procedimiento específicos.

La tarea de medir el valor que un trabajador aporta a la empresa se realiza a través de la **evaluación del desempeño**, también conocida como **gestión del desempeño**, muy útil para dirigir a las personas en una compañía.

1.1. La evaluación del desempeño

La *evaluación del desempeño* es el proceso continuo que realiza una organización para medir el valor que un trabajador aporta a esta. Esta evaluación forma parte de la estrategia de las empresas para dirigir a las personas integradas en ellas y se define como **qué hay que hacer** y **cómo hay que hacerlo.**

Una de las características más importantes de este método de evaluación consiste en que mide el desempeño de un trabajador en un *periodo de tiempo concreto;* es decir, el sistema no trata de ver la totalidad de las aportaciones del trabajador a lo largo de su vida laboral en la empresa, sino su concreto desempeño en una etapa determinada (un año o menos).

La evaluación del desempeño se centra en el **análisis de las siguientes variables:**

1. Competencias técnicas o personales que el trabajador debe usar en su puesto de trabajo.

2. Objetivos que hayan sido planificados para su consecución.

La empresa no mide todos los aspectos que pueden ser objeto de evaluación en el quehacer diario de un trabajador, sino que elige aquellas competencias que resultan de especial importancia en ese momento concreto por el éxito que pueden aportar a la organización.

La evaluación del desempeño de cada trabajador suele ser realizada por el **superior inmediato,** quien utiliza como herramienta un cuestionario redactado por el Departamento de Recursos Humanos. Aunque el método de evaluación por el superior es el más común, a veces el trabajador es sometido a la evaluación por parte de compañeros u otros superiores.

Proceso continuo ← **Evaluación del desempeño** → Proceso sistemático

↓

Características

- Permite detectar si la persona se ajusta a las exigencias del puesto.
- Ayuda a determinar una parte del salario del trabajador en función de la consecución de objetivos, estableciendo un complemento salarial que la empresa paga con carácter de variable en algunos puestos.
- Fortalece los comportamientos positivos detectados en la evaluación de los trabajadores cuando los resultados son comunicados, mejorando los lazos de los empleados con la empresa.
- Detecta áreas de mejora en las que el trabajador debe concentrar sus esfuerzos para superar los aspectos negativos apreciados en el desempeño de su trabajo.
- Mejora la comunicación entre jefes y empleados, al tener que hacer un seguimiento de los objetivos y volver a replantearlos continuamente.
- Permite descubrir las necesidades de formación que tienen los trabajadores.

Fig. 9.1. Características del proceso de evaluación del desempeño.

ABC VOCABULARIO

Eficacia. Actuaciones que han de obtener los mejores resultados en el menor tiempo posible.

Eficiencia. Mejores resultados a conseguir en el menor tiempo posible (eficazmente) y con el menor coste económico.

¿SABÍAS QUE...?

Evaluación del desempeño

Las empresas de Estados Unidos fueron las pioneras en establecer sistemas de evaluación del desempeño de sus trabajadores en la década de los años veinte del siglo pasado.

Las empresas europeas han tardado más en aplicar este sistema, desarrollado entre los años ochenta y noventa del siglo XX.

La evaluación del desempeño se realiza mediante:

- Escalas gráficas
- Lista de comprobación
- Valoración por objetivos
- Valoración 360 grados

Fig. 9.2. Herramientas para la evaluación del desempeño.

1.2. Métodos para realizar la evaluación del desempeño

Las empresas han desarrollado *herramientas* para realizar *la evaluación de sus trabajadores* en función de las necesidades que surgen a lo largo de su vida organizacional. Este sistema suele estar implantado para toda la empresa.

El Departamento de Recursos Humanos apoyará y asesorará al superior jerárquico del trabajador a la hora de aplicar las herramientas para evaluar el desempeño.

Las herramientas más frecuentes de evaluación del desempeño que un administrativo puede utilizar en un Departamento de Recursos Humanos aparecen en la Figura 9.2, utilizando de forma general *cuestionarios* que pueden adaptarse a lo que se quiere medir: competencias técnicas, personales u objetivos marcados.

A. Herramientas para evaluar las competencias

- **Sistema de escalas gráficas**

Esta herramienta es una de las más habituales en la evaluación del desempeño. Se basa en *medir,* en un cuestionario, **factores relativos al trabajo** que realiza el evaluado con el fin de detectar **en qué medida los cumple** (véase la Figura 9.6, Caso práctico 1).

- **Sistema de lista de comprobación**

Este sistema está muy extendido entre los métodos de evaluación del desempeño y también se conoce con el nombre anglosajón de *checklist.*

Aunque existen distintas variantes del método, un sistema de lista de comprobación muy común consiste en elaborar una lista con **diferentes indicadores** o **conductas** que se quieren medir de un trabajador para que el evaluador indique, en el mismo documento donde se recoge la lista, si el trabajador los cumple o no, tal como aparece en la Figura 9.3.

Nombre y apellidos del trabajador: **Puesto que ocupa:**	**Fecha de la evaluación:** **Evaluador:**	
Indicadores	**Sí**	**No**
1. El trabajador aporta nuevas ideas		
2. El trabajador es creativo		
3. El trabajador resuelve conflictos con rapidez		
4. El trabajador mantiene una actitud proactiva en el trabajo		

Fig. 9.3. Modelo de lista de comprobación de la evaluación del desempeño.

B. Herramientas para evaluar los objetivos

- **Valoración por objetivos**

Este método se utiliza para medir el grado de consecución, por parte de los trabajadores, de los objetivos fijados para él por su empresa. El evaluador utiliza una encuesta que se puede cumplimentar en una entrevista de trabajo con el propio trabajador (Fig. 9.4).

Nombre y apellidos del trabajador: **Evaluador:** **Fecha de la determinación de los objetivos:**	**Puesto que ocupa:** **Fecha de la evaluación:**	
Objetivos	**% conseguido**	**% de diferencia con el objetivo**
1. Incrementar la productividad un 20 %		
2. Disminuir el gasto un 30 % respecto a la evaluación anterior		

Fig. 9.4. Modelo de documento para valoración por objetivos.

- **Valoración 360 grados**

Este sistema de evaluación se basa en las mismas premisas que la evaluación del desempeño, pero con la variante de que dicha evaluación es realizada por todas las personas que rodean al trabajador. En ese elenco de personas, se incluyen los jefes inmediatos y los superiores, los compañeros de trabajo, los clientes a los que presta servicios, sus propios subordinados e incluso los proveedores (véase la Figura 9.5).

La evaluación 360 grados permite detectar qué puntos fuertes tienen los trabajadores y en qué áreas de mejora hay que profundizar para que el desempeño del trabajador en la organización resulte más satisfactorio.

Fig. 9.5. Evaluación 360 grados.

CASO PRÁCTICO 1

Sistema de evaluación de escalas gráficas

En la empresa en la que trabajas como administrativo del Departamento de Recursos Humanos, desean realizar la evaluación del desempeño de todos los trabajadores usando un sistema de escalas gráficas.

En tu departamento, te han elegido para que realices el borrador de una tabla que sirva como instrumento de evaluación de tres competencias personales: capacidad de trabajo en equipo, capacidad de comunicación y capacidad para la toma de decisiones.

¿Cómo elaborarías la tabla?

Solución:

Podrías utilizar el modelo que aparece a continuación:

Nombre y apellidos del trabajador: **Puesto que ocupa:**		**Fecha de la evaluación:** **Evaluador:**		
Factor *(indicar la evidencia si se posee la competencia)*	**1 Siempre**	**2 Frecuentemente**	**3 Alguna vez**	**4 Nunca**
Capacidad de trabajo en equipo				
Capacidad de comunicación				
Capacidad para la toma de decisiones				

Fig. 9.6. Sistema de evaluación de escalas gráficas.

ACTIVIDADES

1. Elige la herramienta más adecuada para realizar la evaluación del desempeño del puesto de administrativo del Departamento de Recursos Humanos. Después, confecciona el documento necesario para esta evaluación, que deberá incluir, al menos, cinco factores o indicadores. Puedes apoyarte en el decreto que regula el título de Técnico Superior en Administración y Finanzas.

2. Suponiendo que se va a llevar a cabo una evaluación del desempeño 360 grados sobre ti mismo como alumno del centro, indica:
   - ¿Quiénes deberían participar en la evaluación?
   - ¿Qué aspectos consideras que se deberían medir con relación a tu desempeño como alumno?

   Señala dos ventajas y dos inconvenientes de este tipo de evaluación.

3. Imagina y detalla un plan de evaluación por objetivos de un empleado del Departamento Comercial de una empresa dedicada a la venta de material escolar. Confecciona el documento necesario para la evaluación, que deberá incluir, al menos, tres objetivos, con las fechas de consecución estimadas y los porcentajes de consecución esperados para cada uno de ellos.

1.3. La valoración de puestos de trabajo

El desempeño del trabajo es uno de los indicadores que se utilizan para fijar el nivel salarial de los trabajadores, pero, desde mediados del siglo xx, se desarrolla también una valoración de puestos de trabajo para **fijar el valor de cada tarea.**

Fig. 9.7. El Departamento de Recursos Humanos es el encargado de llevar a cabo la valoración de puestos de trabajo, aunque, cada vez con mayor frecuencia, se recurre a consultoras especializadas.

> La **valoración de puestos de trabajo** es un proceso sistemático que, según la comparación de los puestos que existen en la empresa, permite fijar su *valor* con relación a las *tareas* que se desarrollan en cada uno y las *competencias* que se exigen para ocuparlos, obteniendo una *estructura salarial más justa y equilibrada.*

Para valorar las tareas que se hacen en cada puesto y las competencias que se precisan para ello, es necesario que la empresa tenga realizado **el análisis y la descripción de puestos de trabajo** (ADPT), que se realiza con **carácter previo** a la valoración de puestos de trabajo y a la evaluación del desempeño.

Análisis de puestos: describe puestos y perfiles profesionales
→ Permite saber qué se hace en el puesto y qué tipo de trabajador se necesita.

Valoración de puestos: determina el valor de los puestos
→ Permite establecer una estructura salarial ajustada al valor de las tareas y de las competencias exigidas.

Fig. 9.8. Comparación de los fines del análisis y la valoración de puestos de trabajo.

A. Objetivos de la valoración de puestos de trabajo

Con esta valoración, se persiguen *objetivos* tanto en el *ámbito salarial* como en el *ámbito social,* tal como se muestra en la Figura 9.9.

En el **ámbito salarial** →

- Fijar los salarios de los trabajadores en relación con el valor de las tareas que realizan en sus puestos de trabajo.
- Comparar los salarios de los diferentes puestos dentro de la empresa y con los niveles retributivos de otras organizaciones empresariales.
- Negociar los salarios, tanto con empresarios como con comités de empresa, de los distintos puestos en los convenios colectivos de empresa y de ámbito superior.

En el **ámbito social** →

- Disminuir las quejas de los trabajadores respecto a sus salarios en comparación con sus compañeros, al estar claramente definido el valor de cada tarea.
- Seleccionar mejor a los candidatos a los puestos de trabajo.
- Sentar las bases para las políticas de incentivos de la empresa.

Fig. 9.9. Objetivos de la valoración de puestos de trabajo.

ACTIVIDADES

4. Dividid la clase en pequeños grupos de cinco o seis personas y elegid las dos ventajas más importantes, a vuestro juicio, de la valoración de puestos de trabajo. Una vez seleccionadas las ventajas, ponedlas en común entre todos los compañeros.

Elegid las dos ventajas de esta herramienta de gestión de personal que se hayan repetido más en todos los grupos y explicad por qué creéis que es así.

1.4. Métodos para la valoración de puestos de trabajo

Los expertos clasifican los métodos de valoración de puestos de trabajo en dos grandes grupos: métodos cualitativos y métodos cuantitativos (Fig. 9.10).

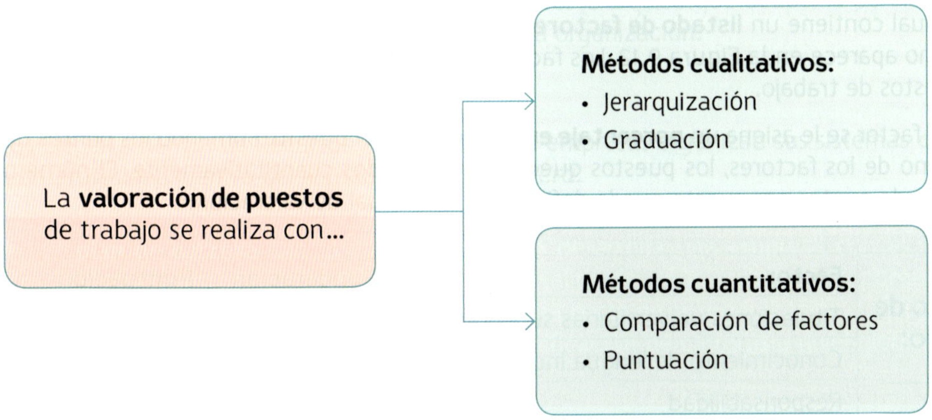

Fig. 9.10. Métodos cualitativos y cuantitativos de valoración de puestos de trabajo.

IMPORTANTE

Manual de valoración

Este manual es un documento escrito que refleja los factores que se miden en todos o casi todos los puestos de trabajo, así como la aplicación de la ponderación de cada uno y la puntuación que ha de darse en función de esa ponderación asignada a cada factor.

A. Métodos cualitativos

Estos métodos centran su análisis en la ordenación de los puestos en función del grado de dificultad de las tareas que en ellos se realizan.

- **Método de la jerarquización**

  Este sistema trabaja con dos variables de gran relevancia: la **dificultad** de las tareas y la **importancia** de estas. El sistema pretende determinar el grado de dificultad e importancia que cada puesto tiene en la organización con el siguiente proceso:

  - Se comparan los puestos en función de las variables indicadas.
  - Se jerarquizan todos los puestos que existen en la organización, quedando algunos puestos por encima de otros, aquellos que realizan las tareas más difíciles e importantes.

- **Método de la graduación**

  La graduación consiste en decidir **en qué grado se incluye cada puesto de trabajo,** teniendo en cuenta que ha de construirse una escala de grados o niveles generales.

  La *escala de grados,* que se construye de forma previa a la valoración de los puestos, organiza y clasifica los niveles de tareas en la empresa, de las más simples a las más complejas; una vez que la empresa tiene la escala de grados, decide qué actividades y tareas hay que hacer en cada nivel.

  Realizada esta tarea previa, se decide en qué grado se puede incluir cada puesto de trabajo en la escala. La decisión se toma comparando cada puesto con los grados de la propia escala.

B. Métodos cuantitativos

Estos métodos miden cada una de las tareas que se hacen en un puesto comparándolas con las de los demás para fijar su valor.

- **Método de la comparación de factores**

  La organización define cuáles son los puestos más importantes de la organización y señala los factores que se valoran en ellos. Una vez detectados los puestos clave y valorados los factores presentes en ellos, se les asigna un **valor salarial** en la organización, de forma que quedan jerarquizados.

  El resto de puestos de trabajo de la empresa **se compara con los puestos de trabajo clave** y **se valora salarialmente** en función de la presencia o no de los factores que se han valorado en los puestos estratégicos. El esquema completo se muestra en la Figura 9.11.

  La comparación de todos los puestos es un sistema complejo que puede realizarse de múltiples formas, pero permite jerarquizar a nivel salarial todos los puestos de la empresa.

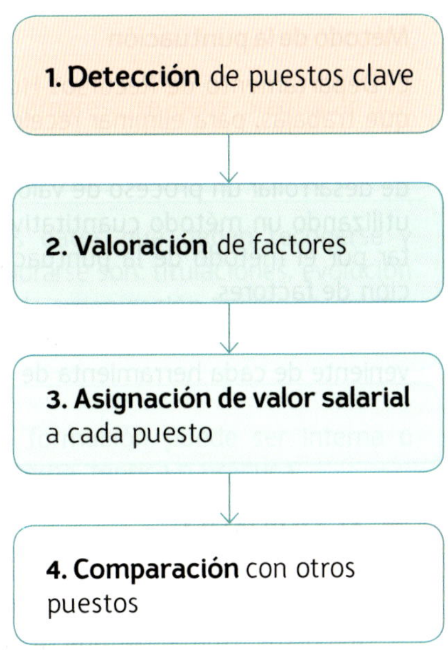

Fig. 9.11. Proceso del método de comparación por factores.

ABC VOCABULARIO

Absentismo justificado. Periodos de tiempo en que un empleado se ausenta de su puesto, dentro del horario de trabajo, por causas justificadas reconocidas legalmente (incapacidad temporal por enfermedad o accidente, permisos legales retribuidos, permisos no retribuidos, actividad sindical, etc.).

Absentismo no justificado. Faltas al trabajo por causas injustificadas (retrasos, salir antes de finalizar la jornada, no acudir al trabajo por enfermedades fingidas, faltar al trabajo para cuidar de los hijos o personas mayores, etc.).

4.3. Tipos de controles

El control de los Recursos Humanos tiene como objetivo el cumplimiento de las normas, en lo referente al *control de asistencia,* al *uso de Internet* y al *uso del correo electrónico.*

A. Control de asistencia

El control de asistencia tiene como finalidad conocer y evitar el **absentismo laboral,** o ausencia de una persona de su puesto de trabajo, en horas que correspondan a un día laborable dentro de la jornada legal de trabajo.

Desde el punto de vista de la gestión administrativa de los Recursos Humanos, el absentismo repercute en la confección de los recibos de salarios, la realización de los documentos de cotización a la Seguridad Social, las posibles sanciones por incumplimiento, etc.

- **Control horario**

Mediante los *controles de asistencia y presencia,* las empresas pueden conocer los días trabajados y no trabajados, las horas trabajadas, los retrasos, el cumplimiento de los horarios laborales, las horas extraordinarias y cualquier incidencia que se pueda producir.

Para conocer la asistencia y la permanencia de los trabajadores en la empresa, se establecen controles que garanticen el cumplimiento del horario y el conocimiento de las incidencias que se producen durante la jornada laboral. Estos controles se establecen mediante diferentes sistemas que se muestran en la Tabla 9.4.

Método de control	Características
Controles biométricos	Consisten en el reconocimiento de la huella digital o la voz de los empleados. Este tipo de controles reflejan fielmente la presencia de los trabajadores en el lugar de trabajo y evitan la picaresca de que unos empleados fichen o firmen por otros.
***App* o web**	Se ficha y se controlan las horas trabajadas utilizando el *smartphone* (mediante una *app*) o con la web (mediante el ordenador).
Tarjetas personalizadas	Es un sistema muy extendido, pero en ocasiones poco efectivo, porque siempre hay algún empleado que ficha por otro.
Partes de firmas	Algunas empresas controlan la asistencia por medio de un parte de firmas, dando un margen de diez minutos antes de retirar el parte.

Tabla 9.4. Clases de controles de presencia.

ACTIVIDADES

11. El absentismo laboral hace que se reduzca la productividad de una empresa, provoca problemas organizativos y genera altos costes, ya que hay que cubrir el puesto del absentista, se retrasa la producción y se infrautilizan los equipos, entre otros inconvenientes.

Las empresas deben conocer las verdaderas causas del absentismo laboral de sus empleados para darles el tratamiento correcto mediante medidas eficaces que lo prevengan y corrijan.

a) Busca información para conocer cuáles son en España las principales causas del absentismo laboral.

b) Busca información para identificar cómo se puede prevenir y corregir el absentismo laboral.

12. Existe un absentismo laboral del que pocas veces se habla, que es el absentismo presencial. Busca información para conocer qué características tiene este tipo de absentismo y ponlas en común con tus compañeros en clase.

B. Control de la utilización de Internet

La inadecuada utilización de Internet puede perjudicar a la empresa cuando se utiliza para fines particulares y no para el trabajo, derivando en importantes **problemas:**

- Reducción de la productividad por el tiempo perdido por el trabajador.
- Entrada de virus y *software* maliciosos.
- Posible fuga de información corporativa confidencial.

Aunque el empleado, en razón de su trabajo, necesite utilizar esta herramienta, los **empresarios podrán realizar** las siguientes **acciones** para evitar cualquier perjuicio:

- *Bloquear el acceso a ciertas direcciones de Internet* por entender que no son necesarias para el desarrollo de la actividad de los empleados.
- *Rastrear la navegación por Internet,* revisando los registros de acceso y navegación que graba el sistema.
- *Identificar a las personas que navegan por Internet,* así como las páginas que visitan.

C. Control del correo electrónico

El empresario, para controlar y vigilar si el empleado utiliza el correo electrónico de la empresa de forma indebida (no el correo privado del trabajador), debe actuar con absoluta transparencia e informar a los trabajadores, con carácter previo, acerca de las medidas de control y vigilancia adoptadas en cada caso.

En caso de procederse a una **inspección del correo electrónico de un trabajador,** es necesario, **a efectos probatorios:**

- Que se realice en las oficinas de la empresa y en horario laboral.
- Que se realice en presencia del trabajador, de un representante de los trabajadores o, en su defecto, de cualquier otro trabajador de la empresa.

CASO PRÁCTICO 9

Control mediante cámaras de vídeo-vigilancia

Un empresario está valorando la posibilidad de instalar cámaras de vigilancia en la nave de montaje de sus productos y en los almacenes. El Comité de Empresa ha manifestado al empresario su oposición, ya que cree que la instalación de equipos de vídeo-vigilancia puede vulnerar la intimidad y la dignidad de los trabajadores.

Investiga si es legal la instalación de cámaras de vídeo-vigilancia y si estas pueden vulnerar algún derecho de los trabajadores.

Solución:

El artículo 20.3 del Estatuto de los Trabajadores faculta al empresario para adoptar las medidas que estime más oportunas con el fin de controlar el cumplimiento, por parte del trabajador, de sus obligaciones y deberes laborales, siempre en un marco de respeto de sus derechos fundamentales.

La instalación de cámaras de vídeo-vigilancia puede vulnerar la intimidad de los trabajadores; por ello, se han de tener en cuenta *la idoneidad, la necesidad y la proporcionalidad.*

Diferentes tribunales han dictado sentencias en el sentido de que instalar cámaras de vídeo-vigilancia en el lugar de trabajo, para controlar los posibles incumplimientos laborales y como medida de seguridad frente a posibles robos, es una medida adecuada siempre que se respete la intimidad de las personas. No podrán colocarse en aseos, comedores ni en lugares de descanso.

Los tribunales entienden que la instalación de las cámaras no es un medio agresivo que ataque directamente la intimidad de los trabajadores, sino que guarda relación directa con la vigilancia del cumplimiento de sus obligaciones laborales y del mantenimiento de las instalaciones.

IMPORTANTE

Procedimiento para el control de Internet y del correo electrónico

El control del uso de Internet debe contar con *normas escritas* para informar de que el sistema se utilizará solo para fines laborales. Las normas se notificarán a los representantes de los trabajadores y estos deben conocerlas en el momento de iniciar la relación laboral.

Resulta conveniente que los trabajadores firmen una hoja de conformidad.

10
UNIDAD

Ética y empresa

En esta unidad

APRENDERÁS A...

- Identificar las variables éticas y culturales de las organizaciones.
- Evaluar las implicaciones entre competitividad empresarial y comportamiento ético.
- Definir estilos éticos de adaptación a los cambios empresariales, a la globalización y a la cultura social presente.
- Determinar elementos de mejora en las comunicaciones de las organizaciones externas e internas que promuevan la transparencia, la cooperación y la confianza.

ESTUDIARÁS...

- La ética de la empresa.
- La gestión de la ética en la empresa.
- Recursos Humanos y la ética en la empresa.
- La globalización y la ética.
- La empresa como comunidad de personas.
- Los valores en la empresa.
- La Dirección por Valores.
- La ética y su comunicación.

Y SERÁS CAPAZ DE...

- Caracterizar la empresa como una comunidad de personas, distinguiendo las implicaciones éticas de su comportamiento con respecto a los implicados en esta.

1. La ética de la empresa

La crisis económica de estos últimos años ha sido percibida por la sociedad como una *crisis ética y de valores;* por ello, la ética no puede ser algo ajeno a la actividad empresarial, sino que la **empresa del siglo XXI debe ser** una empresa **basada en valores éticos.**

La presencia continua en los medios de comunicación de noticias sobre malas prácticas de políticos y empresarios ha generado una *pérdida de confianza* sobre el funcionamiento del mundo de la empresa. Estas conductas poco éticas han perjudicado a las empresas tanto a *nivel de ingresos* como en su *reputación,* tal como se muestra en la Figura 10.1.

Conductas empresariales poco éticas → Pérdida de confianza y reputación en la opinión pública → Pérdida de rentabilidad económica

Fig. 10.1. Repercusión de la falta de ética en la empresa.

Las empresas reconocen la importancia de incorporar prácticas éticas en su gestión como elemento para tomar decisiones y mejorar su reputación, ya que la sociedad demanda de ellas que sean *transparentes, honestas* y *responsables.*

1.1. Concepto de ética de la empresa

La **ética de los negocios** es una reflexión sobre las prácticas de negocios en las que se implican las normas y valores de los individuos, de las empresas y de la sociedad, según la *European Business Ethic NetWork* (EBEN).

La ética de la empresa debe ser la base de toda acción empresarial: no se trata solo de una propuesta moral, sino también de un **modo de gestionar las empresas;** es decir, se necesita una *ética aplicada* que fije las directrices a seguir en la empresa.

La ética de la empresa orienta sobre cómo aplicar los principios éticos en la toma de decisiones y en acciones concretas de las empresas.

Conviene diferenciar la ética en la empresa de la Responsabilidad Social Corporativa, ya que, aunque son dos términos que se usan a menudo de forma equivalente, son dos conceptos distintos muy relacionados:

- **La ética de la empresa** son las normas y principios bajo los cuales se rigen las actividades que desempeña una empresa y que se utilizan para resolver los diversos problemas morales o éticos que pueden surgir en su entorno. Uno de estos principios éticos es la Responsabilidad Social Empresarial, que se define como la actitud consciente y responsable de las organizaciones hacia el bienestar común.
- **La Responsabilidad Social Corporativa (RSC)** es una forma de hacer negocios que incluye las actuaciones voluntarias de la empresa para abordar los efectos sociales, ambientales y económicos de la acción empresarial, integrando en ella el respeto por los valores éticos que inciden en las personas, las comunidades y el medioambiente.

ACTIVIDADES

1. Uno de los valores éticos es el cumplimiento de la ley. Reflexiona si basta con cumplir la ley para que una empresa tenga un comportamiento ético.
2. Acude a la Unidad 11 y lee los principios de Responsabilidad Social Corporativa en el Apartado 1.2. Busca un ejemplo de comportamiento ético en la empresa y otro de RSC.
3. En los últimos años, ha habido varios casos conocidos de escándalos financieros. Busca información sobre alguno de ellos y explica en qué han consistido las prácticas poco éticas.

ABC VOCABULARIO

Ética. Según la Real Academia de la Lengua, la ética es «la parte de la filosofía que trata del bien y del fundamento de sus valores».

Según la filósofa Adela Cortina, la ética es «un saber que pretende orientar la acción humana de un modo racional en el conjunto de nuestra vida».

! IMPORTANTE

Teoría del bien común

Las empresas son parte fundamental del entramado económico y social, por lo que, además de cumplir con las obligaciones legales que regulan su actividad, deben actuar conforme a los principios éticos de **respeto del bien común** y contribuir con su acción a la mejora y la transformación de la sociedad.

? ¿SABÍAS QUE...?

Caso Watergate

Nixon renunció a la presidencia del Gobierno de EE. UU. en 1974 tras destaparse su implicación en una trama de actividades ilegales relacionadas con abusos de poder, tales como el acoso a activistas y a opositores políticos.

El escándalo político surgió a partir del robo de documentación sustraída del edificio Watergate, sede del Partido Demócrata en Washington D.C.

1.2. Origen de la ética de la empresa

El caso Watergate, ocurrido en la década de los años setenta del siglo xx en Estados Unidos, provocó que la sociedad civil **perdiera la confianza** en las **empresas** y en el **Gobierno**, surgiendo con fuerza el concepto de *Business Ethics* (ética de los negocios).

Desde entonces hasta la actualidad, la ética en la empresa ha ido evolucionando, convirtiéndose ahora en un concepto importante que centra tanto la propia práctica empresarial como las investigaciones y las publicaciones en los medios de comunicación (Fig. 10.2).

Años 70 (siglo xx)	Surge en EE. UU. la *Business Ethics* a raíz del caso Watergate, que provocó una pérdida de confianza en el Gobierno y las empresas.
Años 80 (siglo xx)	La preocupación por la ética en el mundo de los negocios era prácticamente inexistente, ya que la prioridad de las empresas era obtener beneficios y la visión de los empresarios era a corto plazo. Frente a esta postura, empezaron a consolidarse las posiciones éticas desde el ámbito empresarial, surgiendo instituciones y publicaciones específicas vinculadas al ámbito de la ética empresarial y de la RSC. Este concepto llegó a Europa, donde se le asignó el nombre de *ética de la empresa:* la empresa es algo más que un negocio, es un grupo humano que lleva adelante una valiosa tarea para la sociedad.
Años 90 (siglo xx)	Grandes escándalos financieros e inmobiliarios como los de Enron, Parmalat o WorldCom provocaron el resurgimiento de la ética de la empresa, lo que llevó a una búsqueda del equilibrio entre la ética, los resultados financieros y los valores.
Actualidad (siglo xxi)	La ética en la empresa se convierte en una cuestión relevante que centra investigaciones, publicaciones, medios de comunicación y la propia práctica empresarial. Grandes titulares sobre beneficios indebidos mediante fraudes, sobornos, corrupción, privilegios, competencia desleal, productos en mal estado, etc., han dado lugar en muchos países a demandar que se ponga freno a este tipo de conductas.

Fig. 10.2. Evolución de la ética de la empresa.

! IMPORTANTE

Stakeholders

Edward Freeman, experto en ética de la empresa, define *stakeholders* como cualquier grupo o individuo identificable que pueda afectar al logro de los objetivos de una organización: grupos de interés público, grupos de protesta, agencias gubernamentales, asociaciones de comercio, competidores, sindicatos, segmentos de clientes, accionistas y otros.

ACTIVIDADES

4. Reflexiona sobre las dos siguientes posturas y debate en clase cuál es la más ética:

- Para Milton Friedman, «la única responsabilidad social de la empresa es aumentar sus ganancias y generar el máximo rendimiento al accionista».
- Para Edward Freeman, padre de la teoría de los *stakeholders,* «la ética consiste en hacer cosas por los demás y por uno mismo».

5. Responde a las siguientes cuestiones y justifica tus respuestas:

a) ¿Es posible que exista la economía sin ética?

b) ¿Es rentable ser ético?

1.3. Razones de la ética de la empresa

El concepto de ética en la empresa surge por varios motivos:

- **Las actuaciones inmorales y faltas de ética de las empresas**, que están detrás de numerosos casos de corrupción, abuso de poder o falta de responsabilidad, han desencadenado una pérdida de confianza con dos consecuencias muy importantes: **disminución de ventas** y **deslealtad**, tanto de consumidores como de trabajadores.
- **El fenómeno de la globalización** ha supuesto, por una parte, el crecimiento del poder de las empresas y, por otra, la deslocalización de estas. Esto ha hecho que las leyes existentes sean insuficientes y el poder de los gobiernos sobre las empresas disminuya. También las decisiones de las empresas afectan a un mayor número de personas, lo que debería convertirse en un correspondiente **aumento de la responsabilidad.**
- **La imagen y la reputación corporativa** se han convertido en los últimos años en **ventajas competitivas** de las empresas, que se esfuerzan por ser asociadas con valores éticos y ganarse la confianza de los consumidores.

1.4. Ventajas de la ética de la empresa

Una empresa con comportamientos éticos gana en **rentabilidad económica** porque consigue una mayor fidelidad de clientes, mejora su **posicionamiento de imagen** ante los consumidores y los medios de comunicación, se distingue de su **competencia** y se identifica con la **comunidad** en la que opera. Estas ventajas se muestran en la Tabla 10.1.

Incrementa el compromiso, la motivación y mejora el clima laboral	La ética en la empresa no debe centrarse en motivos como la remuneración o el prestigio social, sino también en el respeto por los valores éticos que motivan a las personas y afectan a su rendimiento y actitud, a la vez que atraen a trabajadores de mayor cualificación.
Genera cohesión interna	Proporciona una cultura de empresa fuerte, a partir de la cual empresa y trabajadores comparten los mismos valores éticos.
Mejora la imagen empresarial, la reputación y las ventas	Una buena reputación en los negocios es uno de los principales activos empresariales. Cuando una empresa actúa mal, ya sea incumpliendo sus promesas, no dando la calidad ofrecida por un producto o simplemente dando un mal servicio, se producen quejas, se crea mala reputación y las ventas caen. Al revés también ocurre: una buena reputación acaba generando confianza entre los diferentes grupos que interactúan con la empresa.
Evita casos de corrupción	Gracias a una política clara que presta atención a los posibles conflictos de intereses, los casos de corrupción empresarial se evitan.

Tabla 10.1. Ventajas de la aplicación de valores éticos en la empresa.

EJEMPLO

En 1982, Johnson&Johnson gastó más de 100 millones de dólares retirando Tylenol, su producto más vendido, después de que alguien manipulase las botellas de analgésico. La compañía siguió su credo, un conjunto de valores éticos de la organización, y el resultado fue un aumento en la confianza de los consumidores a pesar de la amenaza de contaminación.

ACTIVIDADES

6. Busca alguna empresa que tenga instaurada la figura de director de cumplimiento o *compliance* y explica en qué consisten principalmente sus funciones.
7. Algunas corrientes dicen que la ética es una cuestión tan solo de estética. Accede al siguiente vínculo desde tu navegador: **http://goo.gl/L6a7nw.** Lee al artículo «Ética y estética» y expresa cuál es tu opinión al respecto.

IMPORTANTE

El cumplimiento normativo o *compliance*

El cumplimiento normativo permite a las empresas detectar y gestionar los riesgos de incumplimiento de las obligaciones regulatorias, mitigar los riesgos de sanciones y evitar pérdidas que deriven de tales incumplimientos.

Los riesgos de incumplimiento son posibles sanciones legales o normativas y pérdida financiera, material o de reputación.

WEB

Institute of Business Ethics

El *Institute of Business Ethics* del Reino Unido resalta, en un reciente estudio, que las empresas que implantan un código de ética son un 50 % más rentables que las que no lo hacen.

http://www.ibe.org.uk/

¿SABÍAS QUE...?

DpV

El término Dirección por Valores (DpV) aplicado a la dirección de empresas fue acuñado por los profesores Salvador García y Simon Dolan en España, al mismo tiempo que Ken Blanchard y Michael O'Connor hacían lo mismo en EE. UU.

Para García y Dolan, la DpV es *una forma de desarrollo empresarial basada en valores humanos.*

7. La Dirección por Valores

La **Dirección por Valores (DpV)** es una nueva forma de hacer empresa que considera a las personas como **fines**, no como recursos, apuesta por la **confianza** como principio esencial y propone un **equilibrio** entre valores generadores de salud económica, ética y emocional.

La Dirección por Valores está muy relacionada con la ética y los valores de la empresa y se basa en una serie de elementos clave para alcanzar determinados objetivos, tal como se expone en la Tabla 10.6.

Elementos clave	• La identificación de los **valores esenciales** de la empresa: su integración en la visión y la misión de la organización. • Incluir los valores esenciales en los **objetivos de acción.** • Realizar una **dirección** de personas basada en **valores.**
Objetivos	• Lograr el **equilibrio** entre la salud económica, la salud emocional y la salud ética de la empresa, generando así una mayor felicidad interna, una mayor ventaja competitiva en el mercado y una mayor contribución a un mundo mejor (Figura 10.11). • Construir una **idea ilusionante** y **ética** de hacia dónde vamos, para qué y con qué compromiso de reglas del juego. • **Humanizar la empresa,** en el sentido de considerar a las personas no como meros recursos. • Potenciar **la legitimación, la cohesión** y **la credibilidad** de la propiedad y del equipo directivo de la empresa ante sí mismos, ante sus colaboradores y ante el conjunto de la sociedad.

Tabla 10.6. Elementos y objetivos de la Dirección por Valores.

Salud económica

Valores económicos: adaptación, anticipación, simplificación, tecnología, resultados, rapidez, etc.

Confianza

Salud ética

Valores éticos: respeto, integridad, responsabilidad, honestidad, amor por el ser humano (filantropía), generosidad, amistad, dignidad, etc.

Salud emocional

Valores emocionales: alegría, equilibrio, imaginación, serenidad, armonía, estética, reconocimiento emocional, etc.

Fig. 10.11. Equilibrio de valores en la empresa.

7.1. Fases de la DpV

La Dirección por Valores se desarrolla en la empresa en *diversas fases:*

1. Formulación breve de la visión de la empresa, así como de su misión o compromiso de aportaciones a sus diferentes grupos de interés.
2. Legitimación del proyecto por parte de la propiedad de la empresa y de su equipo directivo, que lo han de entender como algo propio y de alta importancia estratégica.
3. Determinar de forma esencial los valores instrumentales necesarios para alcanzar la visión y la misión de la empresa.
4. Creación de un equipo encargado de gestionar la comunicación de los valores y su traducción en la política de personas.
5. Auditoría de coherencia de valores.

7.2. La Dirección por Valores y los RR. HH.

La Dirección por Valores debe sustentarse en la política de RR. HH.: los valores de la empresa solo se consolidarán si se ponen en práctica a través de sus empleados.

Algunas aplicaciones de la Dirección por Valores en la gestión de Recursos Humanos son las que aparecen en la Tabla 10.7.

Reclutamiento y selección	Los valores constituyen una dimensión esencial de las competencias profesionales, por lo que podemos hablar de *selección por valores*. Por ejemplo: en una entrevista de trabajo, se pueden plantear cuestiones sobre los principios a la hora de trabajar, cómo hay que comportarse con los clientes, etc.
Formación y desarrollo profesional	Una forma innovadora de aumentar la eficacia de la formación es formularla alrededor de los valores clave de la empresa. La formación es un instrumento necesario para la compañía y para el trabajador, ya que este debe seguir creciendo en capacidades, conocimientos y motivaciones, tanto en su actual empresa como en las siguientes.
Evaluación del desempeño	En la medida que los valores son criterios de orientación de la conducta, estos han de ser evaluados y recompensados los esfuerzos que se realizan para traducirlos en acciones concretas; por tanto, los valores hay que incorporarlos en los sistemas de evaluación del desempeño y dirección por objetivos.

Tabla 10.7. Aplicaciones de la Dirección por Valores en la gestión de Recursos Humanos.

ABC VOCABULARIO

Recursos intangibles. Son aquellos recursos inmateriales de la empresa como la marca, la reputación, la ética, la RSC y la cultura corporativa, que dan valor a la empresa y que no se pueden medir, pero que los grupos de interés reconocen como tal.

CASO PRÁCTICO 5

Organizaciones con Dirección por Valores

El director del departamento en el que trabajas ha oído hablar de la Dirección por Valores como una de las alternativas de definición y gestión que su empresa necesita. En el departamento se comenta que la Dirección por Valores parece una utopía, un concepto más teórico que práctico. ¿Conoces alguna organización que se esté gestionando por valores?

Solución:

El Hospital Universitario de la Ribera de Alzira, en la provincia de Valencia, implantó la Dirección por Valores. Este proyecto ha permitido redefinir la misión y la visión de la organización, así como establecer los valores compartidos. Estos valores compartidos son **sostenibilidad, profesionalidad, innovación y transparencia.**

Con la implantación de la Dirección por Valores, este hospital se convierte en el primer centro sanitario público que incorpora esta herramienta de liderazgo estratégico, dando un papel relevante a todos sus profesionales para que, a través de valores compartidos, garanticen la excelencia, la eficiencia y la sostenibilidad de la organización.

El proyecto de Dirección por Valores nace como consecuencia de las recomendaciones que formularon los grupos de trabajo derivados de la última encuesta de clima laboral. El objetivo de la implantación de esta herramienta de liderazgo estratégico es ayudar a ganar en eficiencia y competitividad. Además, otorga a los profesionales un papel más relevante en su quehacer diario, motivándoles en la toma de decisiones.

COMPRUEBA TU APRENDIZAJE

Identificar las variables éticas y culturales de las organizaciones.

1. El Foro mundial de Economía WEF ha elaborado una encuesta sobre valores. En esta encuesta, queda de manifiesto que, a nivel global, existe un déficit de confianza sobre los valores y la ética con la que funciona el mundo de los negocios. Más de dos terceras partes de los encuestados cree que la actual crisis económica es también una crisis ética y de valores.

   ¿Estás de acuerdo con esta opinión? Realizad un debate en clase.

2. En España, existen instituciones que se dedican a promover la aplicación de la ética en la empresa como Étnor, Eben (España) o Forética. Entra en sus páginas web y describe cuáles son los objetivos que persiguen.

3. Explica si es lo mismo la ética de la empresa que la RSC e indica en qué se diferencian.

4. En España, se han producido casos de conductas poco éticas en el ámbito empresarial. Señala alguno que te haya llamado especialmente la atención, indicando sobre quién repercutía especialmente la conducta de la empresa.

5. Reflexiona y enumera en qué tareas de un administrativo pueden producirse comportamientos poco éticos, poniendo un ejemplo.

6. Busca algún ejemplo de conducta de empresa que tú consideres ética, indicando a qué dimensión pertenece y a qué grupo afecta.

7. Señala si consideras que hay algún sector de actividad económica en que las prácticas poco éticas son más frecuentes.

8. A continuación, aparecen algunas consecuencias que puede tener la falta de ética de la empresa:
   - Procesos judiciales.
   - Prohibición de participar en contrataciones públicas.
   - Retirada de productos al no haber seguido los estándares y procedimientos de calidad.
   - Tener que limpiar derrames de desechos tóxicos.
   - Reclamaciones de acoso por los empleados.
   - Inclusión en listas negras internacionales, nacionales o locales.

   Piensa en positivo y busca algún ejemplo en que la conducta ética de una empresa le haya producido ventajas.

9. Indica si te parecen éticas las siguientes conductas:
   - No pagar a la Seguridad Social para hacer frente a los pagos que se tienen con los proveedores.
   - Aceptar un regalo de un cliente.
   - Pagar una comisión para poder conseguir un contrato.
   - Pagar impuestos en paraísos fiscales.

10. *Comprar, tirar, comprar* es un documental de TVE sobre obsolescencia programada, la reducción deliberada de la vida de un producto para incrementar su consumo. Visualiza el vídeo y comenta las prácticas de algunas empresas desde el punto de vista ético.

    http://www.rtve.es/television/documentales/comprar-tirar-comprar/

11. Entra en las páginas corporativas de Indra y Gas Natural y enumera los valores de empresa de cada una de ellas, realizando una breve comparativa.

12. Define qué son los valores de una empresa, indica qué tipos pueden existir y pon un ejemplo de cada uno de ellos.

13. Explica en qué consiste, en rasgos generales, la cultura de empresa.

14. Explica en qué consiste la Dirección por Valores y cuáles son sus objetivos.

15. Investiga en qué consiste la dirección por instrucciones y la dirección por objetivos. Explica con qué tipo de dirección estás más de acuerdo. Realizad un debate en clase con las dos posiciones.

16. Consulta el libro rojo de la empresa Lilly y clasifica sus valores operativos en función de las siguientes categorías:
    - Valores con respecto a la relación con el entorno.
    - Valores con respecto a los procesos humanos internos.
    - Valores con respecto al manejo de los recursos económicos de la empresa.

17. Entra en la página corporativa de Danone y analiza cuál es la imagen que quiere proyectar a la sociedad y qué acciones lleva a cabo para conseguirlo.

18. Define el concepto de misión y visión de una empresa.

19. Busca información en las páginas corporativas de Iberdrola, Indra y Mapfre. Responde a las siguientes preguntas:
    - ¿Cuál es su visión?
    - ¿Cuál es su misión y cuáles son los valores económicos o sociales de la organización?
    - ¿Cuáles son los valores operativos para conseguir la misión?

Evaluar las implicaciones entre competitividad empresarial y comportamiento ético.

20. Volkswagen reconoció evadir las normas de control de la contaminación ambiental que generan los vehículos con motores de combustión diésel. El fraude consistía en la instalación de un dispositivo *software* dentro de estos motores

para disimular los niveles contaminantes de las emisiones de los gases de escape cuando el vehículo estaba siendo sometido, por las autoridades ambientales, a la medición de dichas emisiones. En realidad, cuando el vehículo está en circulación, genera unos niveles mucho mayores que los gases medidos anteriormente.

- Señala qué tipo de conducta poco ética ha cometido esta empresa.
- En los primeros días tras conocerse el fraude realizado, la empresa sufrió una importante pérdida de valor de sus acciones. Explica las consecuencias que ha tenido el fraude para esta empresa.

21. Lee el artículo *Los inversores vigilan la ética* y reflexiona sobre cómo la ética puede afectar a las inversiones en las empresas.

22. Busca ejemplos en los que el comportamiento ético de las empresas repercuta positivamente en ellas.

23. Busca varios ejemplos de cómo la falta de ética de la empresa repercute desde el punto de vista interno y de cómo lo hace desde el punto de vista externo.

Definir estilos éticos de adaptación a los cambios empresariales, a la globalización y a la cultura social presente.

24. El documental *No a la venta* analiza algunas consecuencias de la globalización, a la vez que pone de manifiesto algunas conductas empresariales poco éticas en los países en desarrollo. Visualiza el documental, describe en qué consisten estas prácticas y analiza las propuestas que se hacen para evitarlas.

http://www.noalaventa.com/contenidos/el-documental/no-a-la-venta

25. Pon ejemplos de empresas que, desde tu punto de vista, están realizado conductas poco éticas dentro del marco de la globalización.

26. Visita la web **http://www.ropalimpia.org/** y explica qué objetivos persigue, qué campañas está realizando y en qué consisten.

27. Ve el vídeo *Nokia, una empresa decente* y señala qué prácticas éticas lleva esta empresa relacionadas con la globalización.

28. Uno de los casos que ocasionó en los años 90 un resurgir del interés por la ética empresarial en Europa fue el caso Parmalat.

Busca información sobre sus prácticas empresariales poco éticas y las consecuencias que tuvieron para la compañía.

29. El Instituto Ethisfhere **(http://ethisphere.com)** publica anualmente el ranking de las empresas más éticas del mundo. Entra en su web, comprueba cuáles son y si existe alguna empresa española.

30. En los años setenta del siglo pasado, las primeras iniciativas que se consideran como el origen de la banca ética son los bancos que intentaban conseguir simultáneamente dos objetivos compatibles y necesariamente complementarios: por un lado, la financiación de actividades económicas que tuvieran un impacto social positivo y, por otro, la generación de beneficios. En España, también existen ejemplos de banca ética o social, como Triodos Bank, FIARE, la Banca Ética de Badajoz, etc.

Analiza cuáles son los principios de actuación de estos bancos sociales y qué les diferencia de la banca tradicional.

31. Explica cuáles son los pilares de la gestión ética de la empresa.

32. Explica qué instrumentos de aplicación de la ética pueden utilizar las empresas y en qué consisten.

33. Entra en las páginas de Repsol y FCC. Compáralas y señala en qué se diferencian y qué instrumentos de ética aplica cada una de ellas.

34. Busca el código ético de varias empresas y analiza qué materias tratan y que *stakeholders* contemplan.

35. Comprueba si alguna de las empresas del IBEX 35 tiene código de buen gobierno y qué aspectos recoge.

36. Entra en la página web de la Comisión Nacional del Mercado de valores y comprueba en el *Informe anual de Gobierno Corporativo* de las compañías del IBEX 35 el grado de cumplimiento del código de buen gobierno por estas empresas, señalando qué recomendaciones son las de mayor cumplimiento y cuáles las de menor.

Realizad un debate en el aula exponiendo el grado de cumplimiento por parte de estas empresas.

Determinar elementos de mejora de las comunicaciones de las organizaciones externas e internas que promuevan la transparencia, la cooperación y la confianza.

37. Explica qué es la reputación corporativa y cómo se crea.

38. Busca en la página web de Renfe las líneas de actuación en materia ética que tienen los Departamentos de Compras, Prensa y Publicidad. Señala también cómo comunica a sus clientes y público en general su reputación corporativa.

39. Señala cuáles son las herramientas para comunicar los comportamientos éticos de una empresa.

40. Busca información en la página corporativa de Telefónica y analiza algunas de las acciones que realiza y cómo sirven dichas acciones para construir la reputación que quiere conseguir.

11
UNIDAD

La Responsabilidad Social Corporativa

En esta unidad

APRENDERÁS A...

- Definir el concepto de Responsabilidad Social Corporativa o Empresarial (RSC).
- Analizar las recomendaciones y la normativa europea, de organizaciones intergubernamentales, así como la nacional con respecto a RSC y al desarrollo de los Recursos Humanos.
- Seleccionar indicadores para el diagnóstico de las relaciones de las empresas y los interesados *(stakeholders)*.
- Analizar las políticas de RR. HH. en cuanto a motivación, mejora continua, promoción y recompensa, entre otros factores.

ESTUDIARÁS...

- Concepto y principios de la RSC.
- Recomendaciones y normativa internacional y nacional.
- Los grupos de interés o *stakeholders.*
- Dimensión interna y externa de la RSE.
- Políticas de Recursos Humanos y RSE.
- Sistemas de gestión de la RSC.

Y SERÁS CAPAZ DE...

- Contrastar la aplicación de los principios de RSC en las políticas de desarrollo de los Recursos Humanos de las empresas, valorando su adecuación a las buenas prácticas validadas internacionalmente.
- Caracterizar la empresa como una comunidad de personas, distinguiendo las implicaciones éticas de su comportamiento con respecto a los implicados en ella.

1. Origen y principios de la Responsabilidad Social Corporativa

1.1. Origen de la Responsabilidad Social Corporativa

La **Responsabilidad Social Corporativa** o **Responsabilidad Social Empresarial** (RSC/RSE) es un concepto que ha ido evolucionando desde que, en 1953, se publicara en EE.UU. el libro *Responsabilidades sociales del empresario,* de Howard Rothmann Bowen.

El libro de Bowen se inspiró en la obra *Elección social y valores individuales* (1951) de Kenneth Arrow, en la que declaraba su **teoría de la imposibilidad,** también llamada **paradoja de Arrow.** La teoría determinaba que resulta imposible generar bienestar social a partir de la generación de bienestar individual sin infringir ciertas condiciones mínimas de racionalidad y equidad.

Este libro dio un importante impulso al pensamiento sobre la RSC al plantear la importancia de la responsabilidad social de las empresas. Asimismo, los casos de fraude y corrupción, la explotación infantil o los graves accidentes ambientales, entre otros, fueron factores que impulsaron la idea de Responsabilidad Social Corporativa o Empresarial.

En sus inicios la RSC surge como una **filosofía empresarial** que parte de la idea de **beneficiar a la sociedad como compensación** por los posibles daños que la implantación de la empresa haya podido ocasionarle.

En España, ya en el siglo XIX, surgieron ciertos movimientos cooperativos en distintos sectores empresariales, pero no será hasta la primera mitad del siglo XX —momento en que las empresas empiezan a crecer y a adquirir más poder—, cuando se comience a hablar de la Responsabilidad Social Corporativa (RSC) como un **cambio conceptual filantrópico,** surgiendo con ello una nueva idea de empresa.

IMPORTANTE

Las publicaciones de Kenneth Arrow, Premio Nobel de Economía en 1972, generaron una novedosa corriente económica a partir de los años 50 del siglo pasado, **las teorías de la elección social,** que tratan sobre la toma de decisiones colectivas a partir de las preferencias de los individuos que conforman una sociedad.

1.2. Principios de la Responsabilidad Social Corporativa

En las economías de mercado, las empresas adaptan los bienes para satisfacer las necesidades humanas de sus clientes con el objetivo de obtener el máximo beneficio posible. No obstante, la nueva tendencia en la empresa ya no tiene como único objetivo maximizar los beneficios, sino también manifestarse a través de la implantación de la Responsabilidad Social Corporativa (RSC) en su gestión empresarial.

Esta tendencia se ha desarrollado como parte de un sentimiento nacido el seno de la sociedad: las sociedades, especialmente las desarrolladas, consideran que la empresa **debe devolver a la propia sociedad parte de los beneficios que logran con sus actividades.**

Así, la empresa manifiesta que, además de tener obligaciones y responsabilidades para con los accionistas, también responde ante los impactos sociales y ambientales de su actividad, particularmente en el espacio laboral. La apuesta por volcar parte de la actividad de las empresas en tareas de responsabilidad social tiene como una de sus principales motivaciones conseguir una **ventaja competitiva,** al **potenciar y reforzar la imagen corporativa.**

*Fig. 11.1. La sociedad en su conjunto exige cada vez mayor preocupación por el **medioambiente** y el **bienestar** de todas las personas que la integran.*

En la actualidad, la RSC es esencial en el desarrollo de la actividad de las empresas que se inclinen por una política de desarrollo sostenible, es decir, una política que satisfaga las necesidades presentes, pero respondiendo a las peticiones de la sociedad. Así, podemos decir que **los principios de la RSC** son:

- Devolver a la sociedad parte de lo que ella misma aporta a la actividad empresarial.
- Minimizar los impactos negativos en la sociedad.
- Respetar las recomendaciones y directrices internacionales y nacionales en materia de RSC.
- Trabajar a favor del desarrollo de los derechos humanos.

3. Recomendaciones y normativa

? ¿SABÍAS QUE...?

Principios éticos y sociales

La Constitución Española de 1978 incorpora el «Estado social y democrático», asumiendo los principios éticos y sociales en su artículo 35, que reconoce la libertad de empresa, y en el artículo 45, que establece que los poderes públicos velarán por la utilización racional de los recursos naturales.

Los Estados y las organizaciones nacionales e internacionales, sensibles a los problemas que presenta el desarrollo empresarial, han desarrollado iniciativas para conseguir que las empresas trabajen desde una perspectiva responsable y comprometida con el mundo en el que viven.

Una de las características más importantes de estos instrumentos es que **no tienen valor obligatorio**, si bien las empresas están incorporando algunas de ellas porque, en parte, de su desarrollo sostenible depende la imagen que proyectan en la sociedad y en los consumidores.

A continuación, vamos a estudiar las **iniciativas más importantes** en el campo de la Responsabilidad Social Corporativa, dividiéndolas en iniciativas internacionales e iniciativas nacionales. En la Tabla 11.2 nombramos los principales organismos que las han impulsado.

Internacionales	• Organización de las Naciones Unidas (ONU). • Organización Internacional del Trabajo (OIT). • Organización para la Cooperación y el Desarrollo Económico (OCDE). • Organización Internacional de Normalización (ISO). • Unión Europea (UE): - Foro Multilateral Europeo sobre la Responsabilidad Social Empresarial. - Alianza Europea para la Responsabilidad Social de la Empresa.
Nacionales	• Ministerio de Empleo y Seguridad Social. • Instituto de Higiene y Seguridad Social en el Trabajo. • Ministerio de Energía y Medioambiente. • Foro de Expertos de la RSE (Ministerio de Trabajo y Asuntos sociales, 2005). • Consejo Estatal de Responsabilidad Social de las Empresas.

Tabla 11.2. Principales organismos nacionales e internacionales que han actuado en materia de RSC.

3.1. Iniciativas internacionales en materia de RSC

Las iniciativas más significativas en el ámbito internacional han sido desarrolladas por la Organización de las Naciones Unidas (ONU) y por la Organización Internacional del Trabajo (OIT).

A raíz del impulso que estas y otras instituciones, como la Unión Europea (UE) o la Organización Internacional de Normalización (ISO), le han dado a la RSC, se ha ido avanzado en este campo. Veamos las iniciativas más interesantes de estas organizaciones (Tabla 11.3).

ONU		• Pacto Mundial de la Organización de Naciones Unidas (1999). • Global Compact LEAD.
OCDE	OCDE	Líneas Directrices de la OCDE para Empresas Multinacionales (1976).
OIT	OIT	Declaración Tripartita de Principios sobre las Empresas Multinacionales y la Política Social (1977).
ISO	ISO	ISO 26000, (2010).
UE	Unión Europea	• Libro Verde sobre RSE, (2001, ratificado en Resolución del Consejo Europeo en 2003). • Foro Multilateral Europeo sobre la RSE. • Alianza Europea para la RSE.

Tabla 11.3. Principales iniciativas internacionales en materia de RSC.

A. Organización de las Naciones Unidas

El principal instrumento de esta organización en materia de RSC es el **Pacto Mundial de Naciones Unidas,** que nació en el Foro Económico Mundial de Davos en 1999.

Este pacto mundial recoge **diez principios** que deben tener en cuenta las empresas que se sumen y que son los siguientes:

Derechos humanos	
Principio 1	Las empresas deben apoyar y respetar la protección de los derechos humanos fundamentales internacionalmente reconocidos dentro de su ámbito de influencia.
Principio 2	Deben asegurarse de no ser cómplices en la vulneración de los derechos humanos.
Relaciones laborales	
Principio 3	Las empresas deben apoyar la libertad de afiliación y el reconocimiento efectivo del derecho a la negociación colectiva.
Principio 4	La eliminación de toda forma de trabajo forzoso o realizado bajo coacción.
Principio 5	La erradicación del trabajo infantil.
Principio 6	La abolición de las prácticas de discriminación en el empleo y la ocupación.
Medioambiente	
Principio 7	Las empresas deben mantener un enfoque preventivo orientado al desafío de la protección medioambiental.
Principio 8	Adoptar iniciativas que promuevan una mayor responsabilidad ambiental.
Principio 9	Favorecer el desarrollo y la difusión de tecnologías respetuosas con el medioambiente.
Lucha contra la corrupción	
Principio 10	Las empresas deben luchar contra la corrupción en todas sus formas, incluidas la extorsión y el soborno.

Tabla 11.4. Principios del Pacto Mundial de Naciones Unidas. Fuente: ONU.

Naciones Unidas lanzó, en enero de 2011, una nueva plataforma para el liderazgo en sostenibilidad corporativa llamada **Global Compact LEAD.**

Su objetivo principal es apoyar a líderes de las Naciones Unidas participantes en el Pacto Mundial en sus esfuerzos por lograr mayores niveles de rendimiento de la sostenibilidad corporativa.

B. Organización Internacional del Trabajo

En materia de RSC, la OIT recogió las directrices en una serie de principios que fueron compilados y aprobados en la **Declaración Tripartita de Principios sobre las Empresas Multinacionales y la Política Social** de 1977, que ha sido completada en los años 2000 y 2006.

La OIT insta a los Estados a que regulen las condiciones mínimas que han recogido en sus convenios ratificando estos, para que las empresas respeten y apliquen medidas de política social respecto de sus trabajadores. Este documento establece directrices en materia de empleo, formación, condiciones de trabajo y de vida, y relaciones de trabajo.

@ WEB

Adhesión al Pacto Mundial

El Pacto Mundial es la mayor alianza mundial; cuenta con 12.500 empresas de 145 países diferentes que se unen para promover los diez principios. En España cuenta con más de 2.600 entidades.

Las empresas que deseen suscribir el Pacto Mundial deben enviar un escrito de adhesión al Secretario General de la ONU firmado por el primer ejecutivo de la compañía.

El texto de este escrito de adhesión se encuentra disponible en la página web del Pacto Mundial en España **(www.pactomundial.org).**

Fig. 11.2. En la Carta Fundacional de la ONU de 1945 ya se desarrollaban derechos económicos, culturales y sociales que se fueron ratificando en sucesivos pactos internacionales a partir de 1966.

Fig. 11.3. La OIT trabaja por mejorar las condiciones de vida y trabajo de las personas desde su creación, en 1919.

C. Organización para la Cooperación y el Desarrollo Económico

La OCDE, en 1976, publicó un documento llamado **Líneas Directrices de la OCDE para Empresas Multinacionales,** que impulsa la idea de la responsabilidad corporativa.

Fig. 11.4. La OCDE, creada en 1960, fomenta el desarrollo del espíritu social para lograr un mundo más responsable.

D. Organización Internacional de Normalización. Normas ISO

La organización nace en 1947 con el objetivo de estandarizar las normas de productos y seguridad para las empresas u organizaciones (públicas o privadas) a nivel internacional. La norma **ISO 26000** se publicó en noviembre de 2010. Esta norma sirve de guía a las empresas para trabajar de manera armonizada la Responsabilidad Social Corporativa, pero no sirve para certificarse en este campo, ya que se trata de orientaciones, no de normas que hayan de aceptarse obligatoriamente.

Fig. 11.5. Esta Norma Internacional proporciona orientación sobre RSC a las organizaciones.

E. Unión Europea

La Unión Europea (UE) ha desarrollado sus investigaciones sobre la responsabilidad social empresarial desde finales del siglo xx, pero su primer gran documento fue promovido en el año 2001 por la Comisión Europea y se denominó **Libro Verde de la Responsabilidad Social Empresarial.**

En este documento se define lo que entiende la Unión Europea por RSE y se menciona el **carácter potestativo** del documento.

El Libro Verde de RSE cita, entre sus indicaciones, que la RSE ha de potenciarse no solo entre la grandes corporaciones, sino que es un **instrumento útil de gestión de la pequeñas y medianas empresas;** asimismo reconoce la importancia de canalizar esta responsabilidad **tanto dentro de la organización como con los sujetos externos** (clientes, proveedores, etc.) con los que se relacionan las empresas.

Además de este documento, la Unión Europea ha creado dos iniciativas que contribuyen al desarrollo de esta materia: el **Foro Multilateral Europeo sobre la Responsabilidad Social Empresarial** y la **Alianza Europea para la Responsabilidad Social de la Empresa.**

Fig. 11.6. En 2011, la CE publicó una Comunicación sobre estrategia en RSC con un plan de actuación de cuatro años, hasta 2014.

Foro Multilateral Europeo sobre la RSE → Fue impulsado por la Unión Europea con el fin de profundizar en el conocimiento de la RSE y fijar unos principios comunes que sirvieran como guía de actuación en este campo.

Alianza Europea para la RSE → Pretende servir de instrumento para compartir información en el campo de la RSE entre empresas de todo tipo y tamaño y los Estados de la Unión Europea. Desarrolla labores de investigación, sensibilización y divulgación en este terreno.

Fig. 11.7. Organismos especializados en materia de RSE promovidos por la UE.

ACTIVIDADES

3. Accede desde tu navegador al resumen de la Declaración Tripartita de Principios sobre las Empresas Multinacionales y la Política Social de la OIT. Tras leer el documento, señala sobre qué aspectos concretos se centra la OIT en el campo de las condiciones de trabajo y vida y qué convenios relacionados con las condiciones de trabajo se citan en la Declaración.

4. Indica a qué organización pertenecen los siguientes instrumentos en materia de RSC:

- Pacto Mundial.
- Declaración Tripartita de Principios sobre las Empresas Multinacionales y la Política Social.
- Directrices Generales para Empresas Multinacionales.
- Libro Verde.

5. Revisa los diez principios promulgados por el Pacto Mundial:

a) ¿Cuál de ellos está dedicado a la corrupción, la extorsión y el soborno?

b) ¿Y cuál a la erradicación del trabajo infantil?

3.2. Iniciativas españolas en materia de RSC

En España, la responsabilidad social de las empresas se ha ido desarrollando como fruto del impulso dado a esta materia por las instituciones internacionales, de las que nuestro país forma parte. Tanto la Administración Central como las administraciones autonómicas llevan a cabo acciones enfocadas a sensibilizar y a difundir los principios de RSC.

En la **Administración Central**, los hitos más significativos han estado centrados en el trabajo desarrollado por el Ministerio de Empleo. Las acciones más relevantes son las siguientes:

- Se creó el **Foro de Expertos** del Ministerio de Empleo y Seguridad Social en Responsabilidad Social de la Empresa (2005).
- La Comisión de Trabajo y Asuntos Sociales del Congreso de los Diputados elaboró el **Libro Blanco** de RSC y fue aprobado por el Parlamento en 2006.
- El **Instituto Nacional de Seguridad e Higiene en el Trabajo** elaboró de tres **Notas Técnicas Preventivas** (NTP 643, NTP 644 y NTP 647) sobre la responsabilidad social de las empresas. Estas notas técnicas presentan un método para controlar los abusos relevantes de responsabilidad social en empresas, especialmente cuando trabajan en países aún poco desarrollados.
- El Ministerio de Energía y Medioambiente aprobó la **Ley 26/2007, de 23 de octubre, de Responsabilidad Medioambiental,** que regula la responsabilidad de los sujetos de prevenir, evitar y reparar los daños medioambientales.
- El **Real Decreto 221/2008, de 15 de febrero,** creó el Consejo Estatal de Responsabilidad Social de las Empresas (CERSE). El **CERSE** es el órgano asesor y consultivo adscrito al Ministerio competente en materia de políticas públicas de impulso y fomento de la responsabilidad social de las empresas del Gobierno de España.
- Se aprobó la **Ley 2/2011, de 4 de marzo,** de Economía Sostenible, que define, en el Título preliminar, el objeto de la ley y el concepto de *economía sostenible* y recoge una serie de principios de los poderes públicos.
- Se aprobó la **Ley 19/2013, de 9 de diciembre,** de Transparencia y Acceso a la Información Pública y Buen Gobierno.
- El 24 de octubre de 2014 el Consejo de Ministros aprobó y publicó la **Estrategia Española 2014-2020 de Responsabilidad Social de las Empresas (EERSE).** La EERSE tiene como objetivo ser un instrumento de orientación y apoyo de buenas prácticas en el campo de RSC, para que las empresas y organizaciones privadas y las Administraciones Públicas incorporen las iniciativas de RSC en su cultura y valores.

En la **Administración Autonómica** existen diferentes iniciativas en el campo de la Responsabilidad Social de la Empresa. Algunas comunidades autónomas han establecido grupos de estudio e investigación en este campo, el desarrollo de congresos o el establecimiento de premios a empresas socialmente responsables.

Fig. 11.8. El Libro Blanco, *aprobado por el Parlamento en 2006, recoge una serie de* Constataciones y Directrices Generales, *como conclusión al análisis de varios expertos, y contiene* 58 Recomendaciones *dirigidas a las administraciones públicas, empresas y consumidores.*

CASO PRÁCTICO 3

Distintivo de Excelencia

Excelencia en Igualdad
Castilla-La Mancha

En 2015, Delaviuda Alimentación S. A. U., filial de Delaviuda Confectionery Group, obtuvo el distintivo de **Excelencia en Igualdad, Conciliación y Responsabilidad Social Empresarial,** premio que concede el Instituto de la Mujer del Gobierno de Castilla-La Mancha cada año. ¿Conoces los objetivos de este distintivo?

Solución:

La distinción tiene como objetivo favorecer y fomentar la igualdad real de oportunidades entre mujeres y hombres en el ámbito laboral de la región. Por esta razón, se han reconocido a los planes de igualdad de Delaviuda Alimentación y su labor por favorecer la conciliación de la vida familiar y profesional.

IMPORTANTE

Líneas de actuación de la EERSE

Las líneas de actuación que marca la EERSE como prioritarias son:

- Integración de las RSC en la educación, formación e investigación.
- Buen gobierno y transparencia como instrumentos para el aumento de la confianza.
- Gestión responsable de los recursos humanos.
- Inversión socialmente responsable en I+D+i.
- Relación con los proveedores.
- Consumo responsable.
- Respeto al medioambiente.
- Cooperación al desarrollo.
- Coordinación y participación.

Fig. 11.10. Esquema de actuación de los skateholders.

4.1. La elección de los grupos de interés

Como ya hemos manifestado, existen diversos grupos de interés para una empresa. Unos están relacionados con la **gestión directa** de la empresa (accionistas, socios, trabajadores y proveedores) y otros están relacionados con la **gestión externa** (agentes sociales, consumidores, otras empresas de la competencia, administración pública, organizaciones no gubernamentales, etc.).

Es normal que una empresa no pueda atender al mismo tiempo y con el mismo grado de compromiso a todos los grupos de interés. Debido a ello, la Dirección de la empresa será quien tenga que decidir a qué grupos de interés les va a prestar mayor atención en un momento concreto y cómo van a establecerse los mecanismos de diálogo con ellos.

La elección de los grupos de interés depende de multitud de factores que pueden condicionar la decisión. Entre ellos, están los recogidos en la Tabla 11.6:

La **influencia** que el grupo pueda ejercer sobre la actividad y los beneficios de la empresa.	**Ejemplo:** la influencia que puedan ejercer los medios de comunicación en la compra o no de un producto de una empresa.
El **grado de dependencia** del grupo con la organización en el momento en que se tome la decisión.	**Ejemplo:** la dependencia que se presenta en el momento en el que haya que pactar un convenio colectivo de empresa con los representantes de los sindicatos.
Las **normas** que hayan sido aprobadas en un determinado momento.	**Ejemplo:** las medidas de conciliación de la vida laboral y familiar que puedan ser aprobadas en leyes y que hayan de implantarse en las empresas para que las disfruten los trabajadores.

Tabla 11.6. Factores que pueden condicionar la elección de los grupos de interés.

ABC VOCABULARIO

Reputación corporativa. Instrumento que trata de analizar la percepción sobre la empresa de diversos grupos de interés y actuar para mejorar su imagen.

CASO PRÁCTICO 6

Relación con los grupos de interés

Un trabajador autónomo ha iniciado su actividad hace dos meses. Se dedica a la fabricación de bolsos en una población de 73.000 habitantes. El objetivo principal del equipo de dirección para el primer año es dar a conocer el producto que fabrican y lograr el mayor número de clientes posible. ¿Con qué grupos de interés les interesará establecer contacto principalmente?

Solución:

Al empresario le interesará comenzar a relacionarse con el público de la zona en la que esté situado para hacerle llegar sus productos y establecer posibles clientes, así como con algunos medios de comunicación a través de los cuales promocionar sus productos.

ACTIVIDADES

9. Trabajas como administrativo en el Departamento de Ventas de una empresa dedicada a la fabricación y comercialización de mobiliario para restaurantes y cafeterías. Tus jefes han decidido centrar sus esfuerzos de mejora en las relaciones con sus clientes y convocan una reunión general para generar ideas en este sentido. ¿Qué acciones crees que podrían ser relevantes para mejorar la reputación de la empresa en relación con el grupo de interés «clientes»?

10. Una empresa ha decidido abrir una nueva vía de mejora con sus empleados estableciendo nuevos mecanismos para conciliar la vida personal y laboral de los trabajadores. Indica qué ventajas tendrán para el grupo de interés «trabajadores».

11. Investiga cuáles son los grupos de interés vinculados con Iberdrola.

A. Objetivos de la RSC respecto a cada grupo de interés

Los objetivos de la responsabilidad social corporativa para con los grupos de interés se exponen en la Tabla 11.7, tal y como los recoge el **Libro Verde de la Responsabilidad Social Empresarial** de la Unión Europea.

Accionistas	• Política de dividendos justa • Transparencia en la información • Inversiones responsables
Empleados	• Formación y desarrollo profesional • Conciliación de la vida personal y familiar • Comunicación • Salarios justos • Salud y seguridad en el trabajo
Clientes	• Aseguramiento de la calidad y la fiabilidad • Garantía de cumplimiento de derechos humanos, laborales y medioambientales
Proveedores	• Libre concurrencia y justicia en la elección • Garantías de cumplimiento de derechos humanos, laborales y medioambientales
Medioambiente	• Eficiencia energética • Reducción de la degradación medioambiental • Generaciones futuras
Competidores	• Lealtad • Alianzas
Administraciones Públicas	• Cumplimiento de normativa económica, social y medioambiental
Sociedad	• Acción social • Creación de empleo • Promoción de valores éticos
Medios de comunicación	• Mejora de imagen • Confianza

Tabla 11.7. Objetivos de la Responsabilidad Social Corporativa.

ACTIVIDADES

12. Indica, desde tu punto de vista y teniendo en cuenta los grupos de interés recogidos en la Tabla 11.7, a cuál de ellos deberían dedicar más recursos las empresas. Puntúa cada uno del 1 al 10 en función de la importancia, siendo 1 lo menos importante y 10 lo más importante.

13. Pregunta a las personas trabajadoras de tu entorno si las empresas para las que trabajan les permiten conciliar la vida laboral y familiar.

14. Enumera, desde tu punto de vista en materia medioambiental, cómo podría desarrollar sus actividades una empresa en un contexto de economía inteligente, sostenible e integradora.

ABC VOCABULARIO

Acción social. Supone para la empresa la dedicación de sus recursos humanos, técnicos o financieros a proyectos de desarrollo de la sociedad, gestionados con sentido empresarial, en áreas como educación, asistencia social, salud, formación profesional y empleo.

Consumo responsable. A la hora de elegir sus productos, el comprador no solo considera su precio y calidad, sino también el proceso de elaboración y comercialización, así como la conducta de los empresarios.

Dimensión externa		
	Descripción	**Propuestas para la acción empresarial**
Comunidades locales	• Integración de las empresas en su entorno local, europeo y mundial en los que operan: creación de puestos de trabajo, salarios, prestaciones, ingresos fiscales, sólida reputación, etc. • El conocimiento de los agentes locales, las tradiciones y los recursos del entorno local es un activo que las empresas deben capitalizar.	• Fomentar la salud, la estabilidad y prosperidad en las comunidades en las que operan. • Sensibilizar a la comunidad en cuestiones medioambientales y problemas sociales. • Ofrecer prácticas en la empresa a instituciones educativas de la comunidad, indicarles las necesidades de capacitación profesional y en definitiva interactuar con los centros educativos de la zona y la administración competente. • Colaborar con organizaciones de defensa del medio ambiente. • Contratar personal o proveedores procedentes de colectivos con riesgo de exclusión. • Ofrecer o convenir servicios de guardería para los trabajadores.
Derechos Humanos	Respeto de los Derechos Humanos sobre todo en lo que respecta a las actividades internacionales (filiales y cadenas de suministro, proveedores y subcontratistas), en este contexto de liberalización de los mercados a nivel planetario.	• Respetar la *Declaración Tripartita* de la OIT para empresas multinacionales, las *Directrices de la OCDE* para empresas multinacionales, los principios del Global Compact, etc. • Formar a directivos, gestores, trabajadores y comunidades para su cumplimiento. • Establecer y controlar el cumplimiento del Código de Conducta.

Tabla 11.9. Dimensión externa de la empresa en relación con los RR. HH., según el Libro Verde de Responsabilidad Social Empresarial.

CASO PRÁCTICO 7

Responsabilidad sobre las condiciones laborales

Una empresa tiene dos centros de producción propia y diez centros contratados dependientes de ella.

¿Tiene la empresa responsabilidad de velar para que en sus centros contratados las condiciones laborales sean las adecuadas?

Solución:

Sí. La empresa tiene la responsabilidad de velar por que en sus centros contratados las condiciones laborales sean las adecuadas y cumplan con la normativa nacional e internacional.

ACTIVIDADES

16. Busca en tu navegador de Internet el significado de los siguientes conceptos: inversión socialmente responsable (ISR) e inversión sostenible.

17. Indica si las siguientes propuestas pertenecen a la dimensión interna o externa de la RSC y a qué ámbitos de desarrollo:

a) Mejorar los canales de información en la empresa.

b) Fomentar la inserción de colectivos en riesgo de exclusión.

c) Implantar y mejorar continuamente un sistema de prevención, seguridad y salud en la empresa.

d) Compromisos con el desarrollo local y las estrategias activas de ocupación, fomentando la ocupación local o la inclusión social.

e) Colaborar con organizaciones de defensa del medioambiente.

f) Establecer y controlar el cumplimiento del Código de Conducta.

5.1. Nuevas tendencias de la RSE

La Responsabilidad Social Empresarial está en continua evolución y desarrollo. A medida que se profundiza en su conocimiento, paulatinamente se van incorporando nuevas temáticas en su configuración y, en paralelo, surgen nuevas áreas de desarrollo sostenible en las que la aportación del mundo empresarial es determinante para su consecución. Estas nuevas temáticas o áreas se consideran **tendencias en RSE**, y cada una de ellas está en distinto nivel de desarrollo, desde simplemente identificadas como de interés hasta integradas en diferente grado dentro de las empresas. Véase la Tabla 11.10.

Nuevas áreas	Propuestas de la RSE	Ejemplos
Educación	Las empresas deben participar en los procesos educativos de su entorno, facilitando medios técnicos y humanos y a nivel de docencia universitaria, formación profesional, y de educación básica en diferentes procesos y actividades educativas.	Banco Santander es la empresa que dedica mayor parte de su inversión en RSE. Ha destinado más del 75 % de sus inversiones en las universidades e impulsa acuerdos a largo plazo para respaldar la internacionalización y modernización de las universidades, y la movilidad de estudiantes y profesores.
Empleo juvenil y fomento del emprendimiento	Las empresas deben crear empleo entre los jóvenes menores de 30 años, que tienen una tasa de desempleo próxima al 50 %.	Mutua Madrileña, a través de su fundación, desarrolla el proyecto *Jóvenes Profesionales* junto a la Asociación de Talleres de Madrid y la Fundación Exit. Su objetivo es combatir el fracaso escolar y dar oportunidades de inserción en el mercado laboral a jóvenes con dificultades económicas y sociales, combinando estudios de formación profesional y la práctica en empresas.
Jóvenes con discapacidad	La RSE se debe prestar a la formación y mejora de la empleabilidad de los jóvenes con discapacidad, que tienen una tasa de desempleo superior al resto de los jóvenes, y, por otra parte, se debe prestar a que las grandes y medianas empresas incrementen el empleo de estos jóvenes.	El grupo VIPS, en su programa *Capacidades Diferentes*, persigue una mayor empleabilidad de las personas con discapacidad intelectual a través de la formación en hostelería, la oferta de contratos de trabajo indefinidos y la formación/sensibilización del entorno laboral de los participantes del programa.
Discapacidad y dependencia	Las empresas deben desarrollar propuestas de RSE relacionadas con la discapacidad y la dependencia.	Bankinter, con el proyecto *Un banco para todos*, se propone desarrollar un banco integrador poniendo la discapacidad en el centro de su estrategia de RSE. Entre las medidas que se han llevado a cabo, destacan la implantación de un sistema de gestión de la accesibilidad física universal, el servicio de videollamada en lenguaje de signos, el extracto mensual de audio, la tarjeta de coordenadas en braille en términos de accesibilidad tecnológica o la formación de los empleados para proporcionar a los grupos de interés con capacidades diferentes la mejor atención y el mejor servicio personalizado.
Competencia desleal y abuso dominante	Las empresas deben evitar prácticas mercantiles que puedan conllevar sanciones, multas y condenas y, por otra parte, deben favorecer la competencia leal y no realizar prácticas de abuso desde su posición dominante en el mercado.	El grupo Ebro Foods, S. A., se compromete a competir lealmente en los mercados en los que está presente, fomentando la libre competencia, cumpliendo la normativa vigente y evitando cualquier conducta que constituya un abuso o restricción de aquella. El grupo prohíbe cualquier actuación que suponga el ejercicio de prácticas de competencia desleal y se compromete a velar por el cumplimiento de las leyes de defensa de la competencia aplicables en los países donde realiza sus actividades.
Fiscalidad responsable	Fomentando un cambio de mentalidad en las empresas que lleve a cada uno a reflexionar si la cantidad de impuestos que paga corresponde a su nivel de actividad económica.	Telefónica, S. A., se compromete a pagar los impuestos legalmente exigibles de forma adecuada en todos los países en los que opera, contribuyendo a su progreso económico y social.

Tabla 11.10. Nuevas tendencias en RSC.

IMPORTANTE

Los derechos de conciliación

La regulación de los **derechos específicos de conciliación** está establecida en el Estatuto de los Trabajadores para toda persona trabajadora en el ámbito privado y para el personal al servicio de las administraciones públicas en el Estatuto del Empleado Público.

6. Políticas de Recursos Humanos y RSE

Aunque existen unas normas que guían los modelos de RSE en el Área de Recursos Humanos, cada empresa describe sus relaciones laborales de manera diferente, aunque siempre deben cumplir la legislación nacional e internacional sobre la materia.

Las empresas del IBEX facilitan información, en sus memorias anuales, sobre los aspectos de la RSE y —al no existir unas medidas estándares que permitan evaluar a la empresa— describen sus relaciones laborales de distintas formas.

Entre las medidas de Responsabilidad Social Corporativa que se relacionan directamente con la política de Recursos Humanos, y que ya han incorporado numerosas empresas, destacan las que vemos a continuación.

6.1. Políticas Públicas. Conciliación de vida familiar y laboral

Las políticas de conciliación de la vida familiar y laboral son una de las líneas en las que la RSC se ha desarrollado en mayor medida. Cada vez son más las personas que experimentan un conflicto entre trabajo y familia, conflicto que tiene consecuencias negativas en los trabajadores y en la empresa, como insatisfacción laboral, disminución del rendimiento, absentismo, desmotivación o baja productividad, entre otros.

Existen varias modalidades de políticas empresariales que pueden adoptar las empresas para facilitar la conciliación de la vida laboral, personal y familiar. El objetivo principal es **compatibilizar los horarios en los ámbitos personal, laboral y familiar,** introduciendo medidas que faciliten a los trabajadores la combinación del trabajo con las responsabilidades familiares como, por ejemplo, un sistema de permisos por razones familiares o de atención a la infancia y a personas dependientes o de edad avanzada.

Desde el punto de vista legislativo, la **Ley de Conciliación de la Vida Personal, Familiar y Laboral** y la **Ley de Igualdad** recogen medidas de conciliación de la vida laboral y familiar para promover la igualdad dentro del ámbito de la empresa. En ellas se remite a la negociación colectiva y a los acuerdos de empresa la posibilidad de adaptar la duración y distribución de la jornada de trabajo para hacer efectivo el derecho a dicha conciliación.

El **Texto Refundido del Estatuto de los Trabajadores** permite al trabajador reducir su jornada en determinadas circunstancias. Estos derechos se concretan en los convenios colectivos o en los acuerdos entre la empresa y los trabajadores o sus representantes. En caso de no existir acuerdo, la concreción de estos derechos corresponde al trabajador.

Entre las medidas a adoptar por las empresas, destacan las siguientes:

Medidas de conciliación de la vida laboral y familiar	
Horarios flexibles	Permite a los trabajadores determinar libremente el momento de entrada y salida, introduciendo variaciones en función de sus necesidades. Con ello se reducen los retrasos y el absentismo laboral.
Teletrabajo	Permite a las personas empleadas, a través de las nuevas tecnologías, un mayor aprovechamiento de su tiempo.
Semanas laborales reducidas	Permite al personal trabajar más horas, unos días, a cambio de la reducción de días laborales.
Horas por año	Se eligen los días y horas en los que los trabajadores desarrollan su trabajo, teniendo en cuenta el cómputo de horas anuales.
Reducción de jornada	Por guarda legal, lactancia, causas económicas, organizativas o de producción.
Trabajo a tiempo parcial	Se ejercen funciones a tiempo parcial.
Reuniones por videoconferencia	Con ello se evitan desplazamientos innecesarios.
Jornada continuada	Posibilidad de realizarla ante situaciones específicas.

Tabla 11.11. Medidas que adoptan las empresas para conciliar la vida laboral y familiar.

¿SABÍAS QUE...?

Recursos humanos responsables

Los recursos humanos responsables han de dar respuesta en la actualidad a nuevos conceptos relacionados con la igualdad de oportunidades, la conciliación de la vida personal y profesional, la empleabilidad a través del *outplacement* (recolocación interna o externa), el desarrollo del liderazgo y del talento mediante el *coaching* (desarrollo potencial) y las técnicas de adaptación al cambio, a la gestión del conflicto y la orientación hacia los grupos de interés.

6.2. La retención de los trabajadores con talento

Las empresas son conscientes del valor que aportan algunos de sus trabajadores por su capacidad de innovación y de esfuerzo; por ello, algunas establecen acciones para retener a estos trabajadores, que proporcionan un importante **valor añadido** en el ámbito de la organización. Algunos de los mecanismos que las empresas utilizan para retener a sus trabajadores van desde los incentivos económicos hasta los mecanismos más variados de motivación laboral, como viajes, coches de empresa, flexibilización de jornadas, teletrabajo, participación en el accionariado, etc.

Por encima del dinero, los empleados valoran cada vez más lo que la empresa puede aportarles en cuanto a formación, no solo la referida a cursos, sino al propio día a día en el trabajo. La formación aumenta la empleabilidad de un trabajador.

El director de Recursos Humanos debe saber cómo retener a estos trabajadores. Si, a pesar de todo, algún trabajador con talento decide abandonar la empresa, es conveniente conocer los motivos y mantenerlo en contacto con la compañía a través de algún tipo de colaboración.

Fig. 11.12. Aunque la legislación establece ciertos beneficios para las empresas cuando se contrata a alguna persona perteneciente a colectivos con especiales dificultades de acceso al empleo, la realidad manifiesta que es preciso insertar estas políticas entre los objetivos estratégicos de la empresa para que tengan un pleno desarrollo.

6.3. Políticas de igualdad y no discriminación

La igualdad es un derecho fundamental recogido en el artículo 14 de la Constitución Española, **aplicable a todos los seres humanos.**

Algunas empresas establecen políticas de inserción de colectivos con especiales dificultades de acceso al empleo, como minusválidos, inmigrantes, desempleados de larga duración, mayores de 45 años o mujeres en profesiones en las que no se encuentran representadas.

6.4. Políticas de seguridad y salud laboral

Las empresas están obligadas a implantar un sistema de prevención de riesgos laborales (Ley de Prevención de Riesgos Laborales, 1995) en el seno de la empresa y en todos sus ámbitos de actuación. El desarrollo de estas políticas de obligado cumplimiento supone la materialización de la responsabilidad de las empresas de mantener a sus trabajadores sanos tanto física como psíquica y socialmente.

ACTIVIDADES

18. ¿Implica la flexibilidad horaria trabajar menos horas?

EJEMPLOS

- Banco de Santander promociona modelos de vida saludable basados en la combinación de dieta y actividad física, que inciden directamente en el bienestar y la salud de sus empleados y contribuyen a reducir los índices de absentismo. Esto ha sido posible con el programa *Santander por tu Corazón* para la identificación precoz de enfermedades cardiovasculares entre empleados de 40 a 54 años sin enfermedad cardiovascular previa, liderado por el prestigioso cardiólogo Valentín Fuster.
- Johnson & Johnson, preocupada por el bienestar de sus empleados, les ofrece diferentes programas, como asesoramiento psicológico y jurídico, talleres para la gestión de su energía personal, planes de voluntariado y de concienciación medioambiental y de prevención con seguros médicos privados, fisioterapeutas en las oficinas, etc.

CASO PRÁCTICO 8

Una empresa se ha dado cuenta del beneficio que supone retener a sus trabajadores con talento. Indica qué prácticas podría realizar para conseguir este objetivo.

Solución:

La empresa puede retener a sus trabajadores con talento aplicando prácticas y sistemas de Responsabilidad Social en el ámbito de los Recursos Humanos, ya que estos influyen como ventaja competitiva de la empresa.

Son ejemplos de ello la formación interna, el desarrollo del plan de carrera, las políticas de conciliación de la vida familiar y laboral, los beneficios sociales, etc.

7. Sistemas de gestión de la RSC

Las empresas que llevan a cabo una política de RSC necesitan, a su vez, mecanismos y herramientas que permitan **definir, evaluar y comunicar** las acciones que llevan a cabo en relación a estos temas. Se puede hablar de cuatro tipos de instrumentos que cada empresa puede desarrollar; los explicamos a continuación.

ABC VOCABULARIO

Economía sostenible. Es desarrollar actividades que sean sostenibles ambiental y socialmente y, al mismo tiempo, que sean financieramente posibles y rentables.

7.1. Principios y códigos

Son propuestas encaminadas a ofrecer **catálogos de grandes principios** que deberían regir la actuación de las empresas.

7.2. Normas y estándares

Existe una gran cantidad de estándares externos que cubren uno o más aspectos de la Responsabilidad Social Empresarial, pero solo unos pocos cubren todos los aspectos. Entre ellos, tenemos los que mostramos en la Tabla 11.12.

Norma/Estándar	Autor	Tipología	Descripción
Global Reporting Initiative (GRI)	Ceres, una red estadounidense de inversores, organizaciones ambientales y otros grupos de interés, con el Programa de las Naciones Unidas para el Medio Ambiente **(PNUMA)** como asociado.	• Es una guía. • No es auditable ni certificable.	• Es un estándar internacional para uso voluntario por parte de organizaciones que deseen reportar sobre las dimensiones económicas, medioambientales y sociales de sus actividades, productos y servicios. • La guía GRI es el principal estándar internacional para la elaboración de memorias de sostenibilidad. • La GRI ha elaborado un marco que aporta directrices sobre la elaboración de memorias de RSE, incluyendo los impactos económicos, sociales y ambientales de una empresa.
SGE 21	Forética (España)	Es una norma auditable y certificable por Forética.	SGE 21 es el primer sistema de gestión de la responsabilidad social europeo que permite, de manera voluntaria, auditar procesos y alcanzar una certificación en Gestión Ética y Responsabilidad Social.
ISO 26000	ISO	• Es una guía. • No es certificatoria ni regulatoria.	Su objetivo es ser un primer paso para ayudar a todos los tipos de organizaciones, ya sean del sector público o privado, en la consideración de la aplicación de la norma ISO 26000. La norma ISO 26000 pretende ayudar a las organizaciones a lograr los beneficios requeridos operando en un entorno de manera responsable.
Norma SA 8000	SAI *(Social Accountability International)* de las Naciones Unidas, publicada en 1997.	Es una norma auditable y certificable.	Es un estándar de gestión voluntario elaborado sobre las condiciones de trabajo y un sistema de control independiente para la producción de bienes y servicios de forma ética, así como con unas condiciones laborales adecuadas.
AA1000	Instituto AccountAbility	Es una norma no certificable, pero auditable.	Con vocación de integrar la gestión, auditoría y comunicación en los aspectos relativos a la responsabilidad social de las empresas.

Tabla 11.12. Estándares relacionados con RSE.

7.3. Memoria de sostenibilidad

Es un documento donde se comunica a los grupos de interés qué acciones lleva la empresa a cabo en cuestiones medioambientales, económicas y sociales. Su publicación les otorga reconocimiento, buena imagen y reputación.

Los grupos de interés no solo esperan que las empresas tengan en cuenta sus impactos sociales y medioambientales, sino que también quieren estar informados sobre cómo actúan efectivamente en esas áreas. Hoy en día, el modo más utilizado para la comunicación de la información no financiera es la **publicación de memorias de RSE.**

El modelo más utilizado para elaborar memorias de sostenibilidad es la guía ***Global Reporting Initiative* (GRI) G4.** Se trata de un modelo estandarizado que cuantifica la RSE a través de los denominados **indicadores de desempeño.**

Según la *Global Reporting Initiative,* la memoria de sostenibilidad es una herramienta de comunicación sobre los impactos sociales, económicos y ambientales (rendición de cuentas) y con ello construye confianza con los grupos de interés, responde a los deberes éticos y de transparencia, expone los recursos que se tienen para responder a los grupos de interés y ayuda a la organización a conocerse a sí misma, permitiendo la autoevaluación y ayudando al proceso de diálogo con los grupos de interés.

Fig. 11.13. En la página web de Global Reporting Initiative *encontrarás la* Guía para la Elaboración de Memorias de Sostenibilidad.

Entre las **razones** que llevan a empresas y organizaciones a elaborar este tipo de memorias, destacamos las siguientes:

- Mejorar su comprensión de los riesgos y las oportunidades a los que se enfrentan.
- Mejorar su reputación y la lealtad a la marca.
- Facilitar a los grupos de interés la comprensión acerca del desempeño y los impactos de sostenibilidad.
- Hacer énfasis en la relación entre el desempeño financiero y no financiero.
- Influir en las políticas y la estrategia gerencial a largo plazo, así como en los planes de negocios.
- Comparar y evaluar el desempeño en materia de sostenibilidad con respecto a lo establecido en las leyes, normas, códigos, normas de funcionamiento e iniciativas voluntarias.
- Demostrar cómo la organización ejerce influencia y es influenciada por expectativas relacionadas con el desarrollo sostenible.
- Comparar el desempeño internamente a lo largo del tiempo, así como con otras organizaciones.
- Cumplir con normativas nacionales o con requerimientos de las Bolsas de Valores.

ABC VOCABULARIO

Balance social. Documento que contiene información sobre las prestaciones sociales complementarias, las condiciones de higiene y seguridad en el trabajo, la creación de guarderías, la instalación de dispositivos anticontaminantes, políticas de inserción de determinados colectivos, ayudas para la promoción educativa y cultural, etc.

*Fig. 11.14. El **balance social** consolida una tendencia y aporta beneficios a la empresa, ya que satisface una demanda creciente de la sociedad: conocer las acciones de la empresa en relación a la responsabilidad social.*

7.4. Indicadores

La comunicación no financiera por parte de las empresas se ha desarrollado durante los últimos años y ha llegado a convertirse casi en un requisito obligatorio. Del mismo modo que la gestión en una empresa debe ser medida, también la gestión de la RSE puede y debe ser evaluada.

Para medir la RSE se pueden utilizar **indicadores**, es decir, un conjunto de valores diseñados para medir ciertas variables específicas, para así poder comprobar que una empresa llega a las metas señaladas en su estrategia.

Los indicadores, por un lado, son útiles para la toma de decisiones en la empresa y, por otro, sirven para comunicar los resultados a los grupos de interés.

EJEMPLO

Por ejemplo, el GRI G4, en la categoría *Desempeño Social,* en la evaluación del aspecto *Empleo,* incluye el siguiente indicador:

Aspecto: Empleo

Véanse las referencias 28, 32, 33, 34, 35, 38, 42, 43, 46 y 49.

G4-LA1

NÚMERO Y TASA DE CONTRATACIONES Y ROTACIÓN MEDIA DE EMPLEADOS, DESGLOSADOS POR GRUPO ETARIO, SEXO Y REGIÓN

a. Indique el número y el índice de contrataciones en el periodo objeto de la memoria, desglosados por edad, por sexo y por región.
b. Indique el número y la tasa de rotación de empleados en el periodo objeto de la memoria, desglosados por edad, por sexo y por región.

ACTIVIDADES

19. Busca en tu navegador la GRI G4 en castellano y contesta a las siguientes preguntas:

a) ¿Cuál es el indicador relacionado con el trabajo infantil?

b) ¿En qué categoría y subcategoría se encuentra?

CASO PRÁCTICO 9

Comunicación a través de las memorias de sostenibilidad

Una empresa dedicada a la fabricación de componentes electrónicos desea comunicar a los grupos de interés lo respetuosa que es con el medioambiente.

a) Indica cómo comunicará su actuación en esta área.

b) ¿Sabes si existe alguna guía para elaborar la memoria?

c) ¿Qué le aportará a la empresa comunicar a los grupos de interés qué hace y cómo lo hace en cuestiones medioambientales?

Solución:

a) La forma más común de comunicar las actuaciones en RSC es elaborar y publicar, anualmente, las memorias de RSE.

b) El modelo más utilizado es la guía GRI, que cuantifica la RSE a través de los denominados *indicadores de desempeño.*

c) Su publicación le otorga reconocimiento, buena imagen y reputación.

7.5. Índices

Los índices éticos son bases de datos proporcionados por agencias independientes de investigación o calificación ética que ofrecen información al mercado sobre el comportamiento **ético, social y medioambiental.**

Estas agencias contrastan la información proporcionada por la empresa, recurriendo a terceros agentes independientes (ONG, asociaciones de derechos humanos, de defensa del medioambiente, de defensa del consumidor, sindicatos, etc.).

Los principales índices de **sostenibilidad** del mundo son el **Dow Jones Sustainability Index (DJSI)** y el **FTSE Russel Index.**

82%

Repsol ha recibido el galardón al mejor proyecto de responsabilidad corporativa del año que entrega la prestigiosa revista *Petroleum Economist.* El premio reconoce el trabajo y el compromiso de Repsol en materia de responsabilidad corporativa y, en particular, su proyecto de estaciones de servicio sostenibles y accesibles.

El jurado de los **Petroleum Economist Awards,** formado por relevantes expertos de la industria, entre los que se encuentra el Secretario General de la OPEC, ha valorado el compromiso de Repsol por ofrecer un servicio excelente, preocupándose por la sostenibilidad y creando oportunidades para las personas con capacidades diferentes.

Repsol cuenta con más de 700 estaciones de servicio accesibles y sostenibles en España, Portugal y Perú, y fue la primera compañía del mundo en obtener, para una de estas instalaciones, el certificado BREEAM (por sus siglas en inglés), el método líder internacional en certificación de sostenibilidad de edificios. Repsol también es un referente en la integración laboral de personas con discapacidad, con más de 700 profesionales de este colectivo trabajando en la compañía.

(...)

La compañía ha recibido numerosos reconocimientos relacionados con su labor en la integración de personas con discapacidad y en la sostenibilidad, el más reciente por parte del prestigioso índice **Dow Jones Sustainability Index,** en el que Repsol mantiene un año más una posición de liderazgo en el sector, casi duplicando la nota media de la industria en sostenibilidad. Además, la compañía está presente de forma continua en otros índices de referencia en este ámbito, como FTSE4Good, Ethibel, Euronext y CDLI, entre otros.

Fuente: www.repsol.com, 18 de septiembre de 2015

ACTIVIDADES

20. Busca en tu navegador de Internet:

a) El número de empresas españolas que han sido reconocidas este año por los índices de sostenibilidad de Dow Jones.

b) Mundialmente, ¿por cuántas empresas está compuesto el citado índice?

¿SABÍAS QUE...?

España y medioambiente

España presenta una clara apuesta por la integración de políticas y estrategias ambientales en los diferentes ámbitos de la actividad económica. Ocupa el cuarto lugar en el *ranking* de países con número de certificaciones en la norma ISO 14001 (sistema de gestión ambiental). Destaca el impulso por el desarrollo de las energías renovables.

España también es líder mundial desde 1978 en calificaciones de Bandera Azul, estándar mundial de eco-calidad turístico.

IMPORTANTE

Acuerdo de París

El 12 de diciembre de 2015 fue aprobado el Acuerdo de París por más de 195 países e incluye, por primera vez, a dos de los mayores contaminantes del mundo: EE. UU. y China.

El objetivo al que todos se comprometieron es **limitar el aumento de la temperatura media global** en 2 ºC e incluso hacer lo posible para que no supere la cota de los 1,5 ºC, y una hoja de ruta para redirigir las inversiones de la industria de los combustibles fósiles a energías 100 % limpias. Entrará en vigor en 2020 y será vinculante y revisable.

Responsabilidad Social Corporativa

- Se concibe como una actividad
  - Voluntaria.
  - Que ha de incorporarse a todo el proceso de producción y gestión de la empresa.
  - Centrada en la incorporación de valores a la gestión empresarial.
  - Exige un compromiso mayor que el mero respeto a la legalidad vigente.
  - En relación constante con los grupos de interés.
- Su desarrollo ha sido impulsado por instituciones
  - Internacionales → Naciones Unidas, OIT, OCDE, ISO.
  - Nacionales → Gobierno, Ministerio de Empleo, de Energía, Club de Excelencia en Sostenibilidad, Observatorio de la Sostenibilidad, etc.
- Uno de sus grandes retos es:
  - Lograr una buena relación con los grupos de interés o *stakeholders*. → Clientes, proveedores, inversores, sindicatos, asociaciones empresariales, trabajadores, administraciones públicas, otras empresas, público en general y medios de comunicación.
- Posee dos áreas de trabajo
  - Dimensión externa → Relacionada con la integración de la empresa con su entorno y el respeto a los Derechos Humanos.
  - Dimensión interna → Relacionada con los empleados y aspectos medioambientales para mejorar la producción.
- Las políticas de Recursos Humanos
  - Son un importante campo de su gestión.
    - Políticas de conciliación de la vida laboral y familiar.
    - Políticas de retención del talento.
    - Políticas de igualdad y no discriminación.
    - Políticas de seguridad y salud.
- Dispone de sistemas de gestión
  - Utiliza herramientas para evaluar, como:
    - Principios y códigos.
    - Normas y estándares.
    - Memorias de sostenibilidad.
    - Indicadores
    - Índices.

TEST DE REPASO

1. **Indica por qué las empresas implantan la Responsabilidad Social Corporativa.**
   a) Para mejorar su imagen pública.
   b) Para ser más competitivos.
   c) Para minimizar su impacto en la sociedad.
   d) Las tres son verdaderas.

2. **Según el concepto de Responsabilidad Social Corporativa, esta es de integración:**
   a) Obligatoria en la empresa.
   b) Voluntaria en la empresa.
   c) Obligatoria solo para empresas grandes.
   d) Voluntaria solo para pymes.

3. **El Pacto Mundial sobre Responsabilidad Social es una iniciativa de:**
   a) El Gobierno de España.
   b) La ONU.
   c) La OCDE.
   d) La Unión Europea.

4. **La norma ISO que desarrolla la Responsabilidad Social Empresarial es la:**
   a) ISO 12000.
   b) ISO 12500.
   c) ISO 26000.
   d) ISO 16000.

5. **La norma ISO que regula la Responsabilidad Social Empresarial:**
   a) Es obligatoria y permite la certificación.
   b) No es obligatoria, pero permite la certificación.
   c) No es obligatoria y no permite la certificación.
   d) Todas las anteriores son incorrectas.

6. **El *Libro Verde* sobre Responsabilidad Social Empresarial es un documento de:**
   a) La OCDE.
   b) La Unión Europea.
   c) La OIT.
   d) El Parlamento.

7. **Se denomina *stakeholders* a:**
   a) Los amigos de los empresarios.
   b) Los directivos de las empresas.
   c) Los grupos de interés con los que se relacionan las empresas.
   d) Los trabajadores de las empresas.

8. **Indica cuál de los siguientes grupos de interés está relacionado con la gestión externa de la empresa:**
   a) Consumidores.
   b) Accionistas.
   c) Trabajadores.
   d) Las tres anteriores son verdaderas.

9. **La conciliación de la vida familiar y laboral es un aspecto de la Responsabilidad Social Corporativa que se engloba en:**
   a) Las políticas financieras de la empresa.
   b) Las políticas de Recursos Humanos de la empresa.
   c) Las políticas medioambientales de la empresa.
   d) Las políticas éticas de la empresa.

10. **La dimensión interna de la Responsabilidad Social Corporativa engloba:**
    a) La responsabilidad medioambiental.
    b) El respeto a los Derechos Humanos.
    c) Prácticas responsables de contratación.
    d) Todas las anteriores.

11. **Entre las políticas de Recursos Humanos en las que se desarrolla trabajo en la Responsabilidad Social Corporativa se encuentra:**
    a) La responsabilidad financiera.
    b) La responsabilidad contable.
    c) La gestión de las políticas de no discriminación.
    d) La gestión de las políticas de medioambiente.

12. **La Memoria de Sostenibilidad es un documento incluido en:**
    a) El Plan de Responsabilidad Social Corporativa.
    b) El Pacto Mundial de Naciones Unidas.
    c) Las normas de la OIT.
    d) El *Libro Blanco* del Parlamento.

13. **Una de las líneas de actuación prioritarias de la EERSE 2014-2020 es:**
    a) La igualdad de género.
    b) El consumo responsable.
    c) El apoyo a los grupos de interés.
    d) Todas las anteriores son ciertas.

COMPRUEBA TU APRENDIZAJE

Definir e identificar los componentes de la Responsabilidad Social Corporativa.

1. Señala qué quiere decir que «ser socialmente responsable no significa solamente cumplir plenamente las obligaciones jurídicas, sino también ir más allá de su cumplimiento».

2. Relaciona el matiz que aporta cada definición sobre la Responsabilidad Social Corporativa con el organismo del que procede la definición:

1	La RSC es ir más allá del cumplimiento de las obligaciones jurídicas.	a	OIT
2	La RSC se integra en los propios métodos y procesos internos de la empresa.	b	Foro de Expertos del Ministerio de Trabajo
3	La RSC incorpora en las empresas la defensa de los Derechos Humanos.	c	*Libro Verde* de la Unión Europea

3. Las acciones filantrópicas realizadas por el empresario, ¿se pueden considerar acciones relacionadas con la Responsabilidad Social Corporativa? Razona la respuesta.

4. Una empresa da 5 días al año a sus empleados para actividades de voluntariado (charlas, clases, colaboraciones con ONG, etc.). Indica si estas actividades están relacionadas con la RSC.

5. Indica al menos siete ámbitos de la gestión de la empresa relacionados con la RSC.

6. Relaciona los siguientes hitos sobre Responsabilidad Social Corporativa con el siglo en el que se produjeron:

1	Se publica en EE. UU. el libro *La responsabilidad social del empresario.*	a	Siglo XIX
2	Se crea en España el Consejo Estatal de Responsabilidad Social de las Empresas.	b	Siglo XX
3	Se produce un cambio de concepto filantrópico, surgiendo con ello una nueva idea de empresa.	c	Siglo XXI

7. Menciona las dos motivaciones fundamentales que tienen las empresas para implantar un sistema de Responsabilidad Social Corporativa.

8. Señala los principios de la Responsabilidad Social Corporativa.

9. Identifica las áreas de trabajo más importantes en la RSC.

Analizar las recomendaciones y la normativa europea, de organizaciones intergubernamentales, así como nacional, con respecto a la RSC y al desarrollo de los Recursos Humanos.

10. Indica los principios que recoge el Pacto Mundial de Naciones Unidas relacionados con:
    - Los Derechos Humanos.
    - El trabajo.

11. Relaciona cada instrumento sobre Responsabilidad Social Corporativa con el organismo que lo ha publicado.

1	*Declaración Tripartita de Principios sobre las Empresas Multinacionales y la Política Social*	a	ISO
2	Norma ISO 26000	b	ONU
3	*Libro Verde sobre Responsabilidad Social Empresarial*	c	OIT
4	Pacto Mundial	d	UE
5	*Líneas Directrices Generales para Empresas Multinacionales*	e	OCDE

12. Entra en la página web **www.pactomundial.org** y busca los objetivos que tiene la Red Española del Pacto Mundial.

13. Explica si las empresas pueden certificar su trabajo en Responsabilidad Social Corporativa a través de la norma ISO 26000.

14. Indica las líneas de actuación prioritarias que marca la Estrategia Española de RSE 2014-2020.

15. Busca en la página web de tu comunidad autónoma algún instrumento que haya sido establecido para fomentar la responsabilidad social de las empresas.

Seleccionar indicadores para el diagnóstico de las relaciones de las empresas y los interesados *(stakeholders)*.

16. Identifica cuál de los grupos de interés citados a continuación se consideran como propios de las tareas de la gestión directa o de la gestión externa de las empresas en su RSC con las administraciones públicas: trabajadores, proveedores, empresas de la competencia, socios, ONG y accionistas.

17. Indica a qué grupos de interés se refiere una empresa que adopta una gestión responsable de los recursos humanos.

18. Indica algún motivo por el que las empresas puedan tener interés en el establecimiento de lazos con los grupos de interés.

COMPRUEBA TU APRENDIZAJE

19. Una empresa automovilística está diseñando una campaña de marketing muy costosa con los medios de comunicación para lanzar un vehículo eléctrico y captar nuevos clientes.

Hace unos meses una partida de sus vehículos se fabricó con un importante defecto: emitía gases superiores a los establecidos en la normativa, lo que ha dañado la imagen de la empresa.

a) Indica a qué grupos de interés ha perjudicado.

b) ¿Qué factor está condicionando la relación de la empresa con el grupo de interés *medios de comunicación* citado en la campaña publicitaria?

20. Entra en la página web de la empresa Mercadona, **www.mercadona.es**, y accede al espacio *Nuestra empresa > Modelo de Gestión*. Aquí se mencionan informaciones que van dirigidas a varios grupos de interés a los que la empresa dedica especial atención. Señala cuáles son.

21. Visita la página web **www.greatplacetowork.es**. Aquí podrás encontrar un listado de las mejores empresas para trabajar en España. Indica cuál es el principal objetivo de esta red y busca las 50 mejores empresas para trabajar en España este año.

22. Relaciona cada uno de los siguientes grupos de interés con el objetivo que persigue:

1	Competidores	a	Creación de empleo
2	Clientes	b	Inversiones responsables
3	Medios de comunicación	c	Alianzas
4	Accionistas	d	Calidad del producto o servicio prestado
5	Sociedad	e	Mejora de la imagen
6	Administraciones públicas	f	Cumplimiento de la normativa económica, social y medioambiental
7	Proveedores	g	Compromisos y garantías de los fondos prestados
8	Agentes financieros	h	Libre concurrencia y justicia en la elección
9	Medioambiente	i	Fomentar el crecimiento profesional y personal de los trabajadores
10	Empleados	j	Proteger y conservar la riqueza de especies mediante el fomento del consumo de materias primas sostenibles

Describir las buenas prácticas e iniciativas en cuanto a códigos de conducta relacionados con los derechos de los trabajadores.

23. Entra en la página web de la empresa Acciona, **www.acciona.es**, y busca cuáles son los grupos de interés con los que se relaciona. Indica qué línea de comunicación interna mantiene con el grupo *empleados*.

24. Una empresa desea establecer una línea de actuación para retener a los trabajadores con talento. Desde tu punto de vista, señala qué aspectos consideras más importantes para lograr que los trabajadores innovadores y con talento no abandonen la empresa.

25. Lee las situaciones que se presentan a continuación e identifica qué medida de conciliación se ha adoptado en cada caso:

a) Una empresa ha concedido a una trabajadora la posibilidad de prestar sus servicios laborales desde su domicilio.

b) Un trabajador ha solicitado acumular sus horas de trabajo durante cuatro días a la semana a fin de tener tres días libres para estar con sus hijos menores de edad.

c) Una empresa ha establecido en su normativa horaria que los trabajadores podrán entrar a trabajar entre las 7:30 y las 9:00 horas y que la salida la realizarán entre las 16:00 y las 17:30 horas.

26. Entra en la página web de INDITEX, **www.inditex.es**, y comprueba, en las cuentas anuales correspondientes al último ejercicio, lo relacionado con:

a) Apoyo al desarrollo y crecimiento de los empleados.

b) Fomento de la calidad del empleo.

c) Creación de ámbitos de colaboración con la sociedad.

27. Visita la página web de Iberdrola, **www.iberdroola.es**, y comprueba, en las cuentas anuales, las políticas que la empresa aplica en el ámbito de las relaciones laborales; entre ellas, la política de igualdad de oportunidades y conciliación, que promueve los compromisos de apoyo a los trabajadores con capacidad disminuida, garantizando su ocupación efectiva, e igualdad de trato entre hombres y mujeres.

Programar puntos de control para el contraste del cumplimiento de las políticas de RSC y códigos de conducta en la gestión de los Recursos Humanos.

28. Indica los mecanismos y herramientas que las empresas utilizan para definir, evaluar y comunicar las acciones que realizan en RSC.

29. Indica qué es un informe de sostenibilidad y cuáles son sus beneficios.

30. Entra en la página web de la empresa Mahou y busca cómo esta empresa protege el entorno optimizando recursos y disminuyendo residuos y emisiones concretando su política medioambiental.

G

Glosario

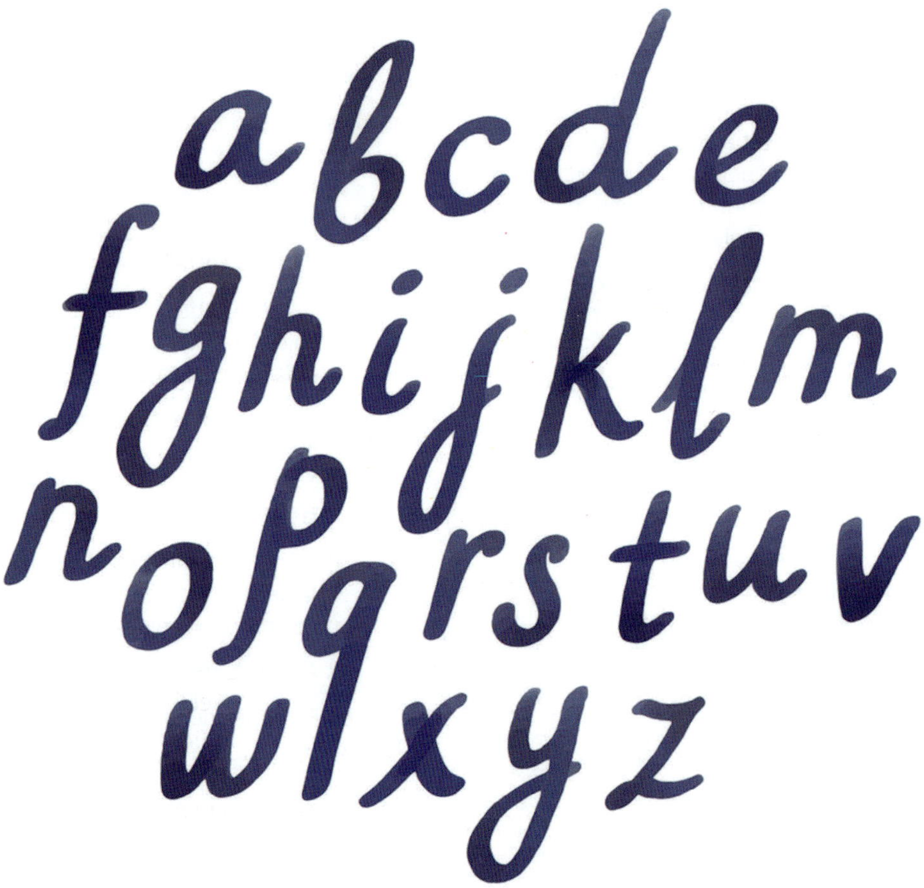

Absentismo laboral: es toda ausencia de una persona de su puesto de trabajo en horas que correspondan a un día laborable, dentro de la jornada legal de trabajo. El establecimiento de medidas eficaces para prevenir y corregir el absentismo laboral no puede realizarse de forma unilateral, sino que debe ser el resultado del diálogo y de la negociación con los representantes de los trabajadores.

Administración de personal: se ocupa básicamente de los trámites administrativos que se generan desde que una persona se incorpora a una empresa hasta que deja de formar parte de esta.

Agencias privadas de colocación: son entidades que colaboran con los servicios públicos de empleo en la intermediación en el mercado de trabajo, con el fin de ayudar a los trabajadores a encontrar empleo y a los empresarios a encontrar a los trabajadores adecuados.

Análisis de fallos: este método analiza los defectos que se han producido en la actividad desarrollada en un puesto de trabajo y su relación con la falta de formación de la persona que lo ocupa.

Análisis de puestos de trabajo: es un proceso mediante el cual la empresa recopila y analiza la información sobre los puestos, con la intención de identificar las tareas, obligaciones y responsabilidades de estos, así como los requerimientos (formación, habilidades, experiencia...) que han de poseer los integrantes de dichos puestos, de tal forma que sirvan para establecer el perfil de las personas que los ocuparán de forma óptima.

Análisis de tendencia: consiste en analizar el pasado para predecir el futuro. Se estudia la serie histórica de la evolución del empleo en los últimos años (cinco se puede considerar aceptable) y proceder a su extrapolación, obteniendo así una estimación de las necesidades de personal para los próximos años. Este cálculo se puede realizar de forma conjunta para todos los trabajadores de la empresa, por grupos de trabajadores (administrativos, técnicos, comerciales, mandos intermedios, etc.) o por departamentos.

Aplazamiento asertivo: consiste en aplazar la respuesta a una crítica o a un desafío hasta que se está tranquilo, o hasta que se han reflexionado los argumentos y se es capaz de actuar apropiadamente.

Archivo del departamento o activo: contiene la documentación actual usada frecuentemente. Los documentos permanecerán en este archivo mientras el trabajador permanezca en la empresa o la utilización del expediente sea frecuente.

Archivo histórico o inactivo: contiene documentación que se consulta muy raramente y que constituye la memoria histórica de la empresa. Lo usual es que se conserven en papel únicamente los documentos que tengan un especial interés, el resto normalmente se conservan digitalizados.

Archivo intermedio o semiactivo: recibe la documentación transferida por los archivos de los departamentos cuando los trabajadores han finalizado su relación con la empresa, las necesidades de consulta son esporádicas, o ha perdido la vigencia jurídica y administrativa. Si desaparece la vigencia jurídica y administrativa, y cuando las normas de conservación de los documentos así lo establezca, la documentación será expurgada y eliminada. En caso contrario, los documentos deben ser transferidos al archivo histórico.

Asertividad: es la conducta interpersonal que permite expresar opiniones, pensamientos, sentimientos y defender nuestros derechos, respetando los derechos y los sentimientos de los demás.

Barreras del contexto: en las empresas en las que existe desconfianza, amenazas y mal ambiente, los mensajes de la dirección serán vistos con escepticismo, y los trabajadores tenderán a replegarse y adoptarán una actitud defensiva.

Barreras físicas: son las interferencias que se producen en el ambiente y que pueden impedir la correcta comprensión del mensaje. Por ejemplo: ruidos, murmullos, varias personas hablando a la vez, interferencias telefónicas, cortes en la línea mientras se navega por Internet, mala iluminación, temperatura inadecuada, etc.

Barreras personales y psicológicas: en el mundo laboral entran en contacto personas con diferente cultura, valores, hábitos; esto puede ocasionar que un mismo mensaje se pueda interpretar de diferentes formas. Algunos ejemplos de estos tipos de barreras son: los estereotipos, el efecto halo y las expectativas.

Barreras semánticas: surgen cuando no se comprende bien el idioma, se utiliza un lenguaje rebuscado o inadecuado, o se emplea una terminología muy técnica que desconoce el receptor. Para que la comunicación sea efectiva es necesario utilizar un lenguaje sencillo, claro y accesible para el receptor. Aun siendo claras las ideas del emisor, en su mensaje puede haber palabras mal elegidas, omisiones, oraciones mal estructuradas, jerga innecesaria o falta de claridad.

Canal: es el medio a través del cual se difunde el mensaje (cartas, reuniones, revistas, circulares, intranet, correo electrónico, etc.). El emisor seleccionará el canal o canales más apropiados para conseguir los objetivos deseados. Dependiendo de la finalidad y de los destinatarios del mensaje, se usarán uno o varios canales.

Centros de evaluación o *assessement centres:* son un instrumento de selección que incluye diferentes técnicas, varios evaluadores (técnicos de la empresa, clientes y consultores externos) con el objetivo de recoger la máxima información posible sobre las competencias observables en los candidatos.

Círculos de calidad: son un ejemplo de los equipos de solución de problemas. Se trata de equipos que se reúnen voluntariamente, al menos una hora a la semana, dentro del horario laboral, para analizar los problemas específicos de su trabajo. Las reuniones son dirigidas por un líder, elegido por el mismo equipo. Dicho líder ejerce de coordinador, pero carece de autoridad jerárquica. Los miembros del círculo son los que eligen el problema a tratar, recogen la información necesaria y la analizan. Las propuestas del círculo se presentan a sus superiores, que decidirán si son aprobadas y llevadas a cabo.

Clima laboral: es el ambiente de trabajo que se percibe en la organización, expresado por los propios empleados. El clima influye en la motivación y satisfacción de los empleados, en la productividad y en los resultados.

Coaching: este método de formación consiste en que una persona, el *coach* o entrenador, dirige y sigue la formación de otra en determinados campos, normalmente relacionados con el aprendizaje de comportamientos o habilidades sociales. El entrenador va poniendo diversos ejercicios o actividades que la persona que se está formando tiene que ir realizando. El entrenador sigue el proceso, pero normalmente no acompaña diariamente al alumno. Es una técnica que se utiliza sobre todo con directivos para incrementar sus habilidades o potenciar su capacidad para activar las competencias de sus trabajadores.

Código ético: según Etnor, es un documento formal donde se expresan los valores de la empresa y los compromisos adquiridos que deben guiar la actividad de las personas de la organización. Es un documento que manifiesta el conjunto de valores que guía la conducta de la organización y orienta a sus miembros en la toma de decisiones.

Código: es el conjunto de signos, símbolos y reglas conocidas por el emisor y el receptor. El código más utilizado es el lenguaje (oral o escrito), pero también existen otros códigos como la lengua de signos, el braille, los números, las señales (como las de tráfico o las marítimas, que emplean destellos luminosos, banderas y sonidos).

Códigos de buen gobierno corporativo: según la Asociación Española de Contabilidad y Administración de Empresas (AECA), son códigos referidos al gobierno corporativo, compuestos por una serie de recomendaciones precisas, emitidas por comisiones de expertos con el objetivo de analizar los criterios y pautas a los que deben someterse las sociedades, pronunciando una serie de recomendaciones que mejoren el comportamiento de las organizaciones sobre la transparencia informativa, la composición y el funcionamiento de los órganos de gobierno y su relación con los grupos de interés.

Competencias: se definen como el conjunto integrado de conocimientos, destrezas, habilidades, aptitudes, actitudes, rasgos de personalidad y motivaciones que posee una persona y que le predisponen para desempeñar con éxito los requisitos y exigencias de un puesto de trabajo en un contexto profesional dado.

Comunicación ascendente: discurre desde las posiciones jerárquicas inferiores de la empresa hacia las superiores: de los empleados o mandos intermedios hacia la dirección.

Comunicación descendente: surge cuando se transmite información desde los niveles superiores de la jerarquía, la dirección o mandos intermedios, hasta los empleados de niveles inferiores.

Comunicación escrita: en este tipo de comunicación el mensaje puede ser cuidadosamente preparado. Tiene las ventajas de proporcionar registros, referencias y protecciones legales, y es difícil de tergiversar. Algunos ejemplos de comunicaciones escritas son las siguientes: carta, informes, memorandos, avisos o anuncios, periódicos, etc. Esta forma de comunicación tiene la desventaja de que no hay retroalimentación inmediata y, por tanto, no existe seguridad sobre la recepción ni la interpretación del mensaje.

Comunicación horizontal o lateral: es la que se produce entre personas del mismo departamento o entre personas de diferentes departamentos del mismo nivel jerárquico.

Comunicación informal: es la comunicación que surge de forma espontánea entre los miembros de las empresas (grupos de amigos, simpatías personales, relaciones fuera del trabajo, etc.). Este tipo de comunicación escapa al control de la dirección, pues no sigue los cauces jerárquicos oficiales. Mediante la comunicación informal también se puede controlar el comportamiento de los trabajadores.

Comunicación no verbal: es la que se realiza a través de signos no lingüísticos. Por medio de la comunicación no verbal, tanto los mandos como los empleados pueden expresar sus sentimientos y su estado emocional.

Comunicación oral: transmite los mensajes mediante la voz, haciendo posible una retroalimentación inmediata. El receptor puede hacer preguntas para aclarar ciertos puntos, de manera que el emisor percibe si el mensaje ha sido recibido y comprendido. Ejemplos de comunicación empresarial oral son las entrevistas, las reuniones, los debates y las reuniones con los clientes y proveedores. La comunicación oral es especialmente importante en la selección del personal y, por supuesto, en la formación.

Comunicación: es el proceso dinámico mediante el cual el emisor y el receptor establecen una conexión en un momento y en un espacio determinados para transmitir, intercambiar o compartir ideas, información o significados. También se puede definir como un proceso mediante el cual una persona, llamada emisor, transmite a otra, llamada receptor, un mensaje (información, opinión, pensamiento o dato), a través de un medio o canal, procurando conseguir el entendimiento de su significado y quedando a la espera de una respuesta.

Contexto: es la situación en la que se emite el mensaje. El contexto puede hacer que el propio mensaje tenga un significado distinto. Es muy distinta la frase «este avión no funciona» cuando se dice en una tienda de juguetes que si la dice un piloto en pleno vuelo.

Control: es un proceso mediante el cual se determina si los resultados obtenidos son acordes con lo planificado para, en caso contrario, establecer las medidas correctivas pertinentes para no reincidir en los errores cometidos.

Curva de aprendizaje: esta técnica relaciona el volumen de producción con la necesidad de personal, calculando esta última a partir del tiempo necesario para la ejecución de la producción. Diferentes estudios han mostrado que los tiempos medios unitarios de mano de obra disminuyen a medida que se incrementa el volumen de producción. En un primer momento, se estableció que la tasa de aprendizaje era constante del 80 %. Esto significaba que para un volumen de producción doble los tiempos medios de trabajo se reducían en un 20 %.

Decisión ética en la empresa: es aquella que tiene en cuenta a todos los afectados, quienes estarían dispuestos a dar su consentimiento a la decisión, porque persigue valores universales.

Descripción de puestos: es el documento que recoge la información obtenida por medio del análisis, quedando reflejado el contenido del puesto, así como las responsabilidades y deberes inherentes a este.

Detección de necesidades: es un proceso que tiene como objetivo fundamental planificar una formación ajustada a las necesidades empresariales. Cuando una empresa planifica la formación de sus trabajadores, debe comprobar qué necesidades de formación reales existen en esta. Para ello, se ha de comparar lo que se tiene que hacer en un puesto de trabajo concreto y lo que realmente sabe hacer el trabajador que lo ocupa.

Dinámica de grupos: es una reunión con un grupo de candidatos que oscila entre diez y catorce. En la reunión se discute sobre un tema de carácter general y todos los participantes pueden hacer sus aportaciones. Suele haber dos evaluadores que observan a los candidatos y hacen que todos participen en la medida de lo posible. Esta técnica es muy útil para detectar el potencial de las personas recién tituladas y sin experiencia laboral.

Profesiograma: es la representación gráfica del perfil profesional. Su objetivo es definirlo gráficamente, determinar las exigencias del puesto y estudiar, a partir de él, el ajuste a dicho perfil de cada posible candidato para cubrir el puesto de trabajo.

Promoción: se lleva a cabo cuando se cambia a un empleado a una posición de nivel más alto, con mejor sueldo y con mayores responsabilidades.

Psicometría: es la rama de la Psicología que se ocupa de cuestiones relacionadas con la medición de aspectos psicológicos del individuo.

Puenteo *(by pass)*: en ocasiones, tanto la dirección como los empleados emiten mensajes saltándose la línea jerárquica, creyendo que se evita la pérdida de información que se produce a través de los canales. El puenteo resulta negativo para la empresa, ya que los mandos intermedios lo perciben como un acto de falta de confianza y autoridad, pudiendo enrarecerse el clima laboral.

Ratio de proporcionalidad: consiste en calcular las necesidades futuras de personal relacionando el volumen de ventas o el volumen de producción con el número de empleados. La utilización del volumen de ventas o el volumen de producción dependerá del tipo de actividad: las ventas podrían ser elegidas en el sector comercial y el volumen de producción en las manufacturas.

Receptor: es el destinatario del mensaje. Puede darse el caso de que distintos receptores interpreten un mismo mensaje de forma diferente, dependiendo de su conocimiento del código, de la claridad del mensaje, del medio utilizado, etc.

Reclutamiento: es un conjunto de actividades cuya finalidad es atraer un número suficiente de candidatos, potencialmente cualificados, para cubrir los puestos de trabajo vacantes. El proceso de reclutamiento se inicia con la búsqueda de candidatos y termina cuando se reciben las solicitudes de empleo.

Recursos Humanos: son el conjunto de trabajadores, empleados o personal que conforma una empresa.

Red en cadena: la comunicación tiene lugar entre las personas que se encuentran más próximas y en diferentes niveles jerárquicos: del jefe al mando intermedio y de este al trabajador y viceversa. La comunicación se interrumpe cuando algún miembro elimina el *feedback*.

Red en estrella: la comunicación está centralizada en el líder o jefe, que es quien se encarga de transmitir la información al resto de miembros.

Red en Y: es una red jerarquizada similar a la red en cadena. Existen dos líderes que controlan el *feedback* del grupo. Es frecuente que surjan conflictos entre los dos líderes. Este tipo de red se suele dar en las formas de organización mixta.

Redes centralizadas: el emisor ocupa la posición dominante en la red, limitando la información y la toma de decisiones. Son eficaces en la resolución de problemas simples o rutinarios.

Redes descentralizadas: dentro del grupo hay una persona que tiene toda la información que emiten las diferentes fuentes. Las personas que reciben la información se la trasmiten al coordinador y él toma las decisiones. Este tipo de redes se utilizan para resolver problemas complejos que requieren gran implicación por parte del personal. La comunicación es más lenta que en las redes centralizadas.

Responsabilidad Social Corporativa (RSC): es «el conjunto de acciones que toman en consideración las empresas para que sus actividades tengan repercusiones positivas sobre la sociedad y que afirman los principios y valores por los que se rigen, tanto en sus propios métodos y procesos internos como en su relación con los demás actores» (Organización Internacional del Trabajo). La Responsabilidad Social Corporativa supone, además del cumplimiento de la normativa legal, gestionar la empresa de manera voluntaria y responsable con políticas y procedimientos económicos, sociales y medioambientales que surgen de la relación con sus grupos de interés.

Retroalimentación *(feedback)*: es la respuesta del receptor al emisor. La retroalimentación es fundamental en el proceso de comunicación, pues indica la recepción y la comprensión, o no, del mensaje. Si no existe retroalimentación, no existe comunicación, ya que solo se ha producido la transmisión de la información. Las manifestaciones del *feedback* pueden ser verbales o no verbales (gestos, movimientos de las manos, los brazos, la cabeza, sonrisas, etc.), indicando si el mensaje ha sido recibido y con qué grado de aceptación o comprensión.

Rol: se define como un patrón de comportamiento característico de la forma en que cada integrante de un equipo interactúa con los demás integrantes para facilitar el logro de los objetivos del equipo.

Ruido: es cualquier elemento que pueda alterar, distorsionar o perturbar la comunicación. Se manifiesta mediante barreras físicas, psicológicas, semánticas, etc.

Sinergia: supone que el resultado final obtenido por un equipo es mayor que la suma de los resultados individuales de cada uno de sus miembros. Se suele expresar numéricamente como «2 + 2 = 5 o más».

Sistema de Evaluación 360°: se basa en las mismas premisas que la evaluación del desempeño a la que nos venimos refiriendo, pero con la variante de que dicha evaluación es realizada por todos las personas que rodean al trabajador. En ese elenco de personas se incluyen los jefes inmediatos y los superiores, los compañeros de trabajo, los clientes a los que presta servicios, sus propios subordinados e incluso los proveedores.

Técnica de la claudicación simulada o «banco de niebla»: consiste en reconocer la razón o posible razón que pueda tener la otra persona, aceptando las críticas, pero expresando la decisión de no cambiar nuestra conducta.

Técnica del acuerdo asertivo o aserción negativa: consiste en responder a una crítica admitiendo que es razonable, que se ha cometido un error, o manifestando que tiene parte de razón. Se invita a la crítica para obtener información utilizable en la argumentación. Esta técnica se utiliza siempre que sepamos que la crítica que nos realizan es lógica o veraz, en todo o en parte.

Test de aptitudes: los test de aptitudes se pueden elaborar con diferentes finalidades; una de ellas es seleccionar la persona más adecuada en función de los puestos de trabajo que se necesitan cubrir en las empresas.

Test de inteligencia: con este tipo de pruebas se pretende evaluar la capacidad intelectual de una persona. Estos test aportan una puntuación numérica, el cociente intelectual, que es el mejor indicador que poseemos de la inteligencia general. Sin embargo, los investigadores son conscientes de que no explican la riqueza y variedad de la inteligencia de una persona. En la actualidad, se maneja el concepto de «cociente emocional», que valora la capacidad para utilizar las emociones de forma inteligente, de manera que sean útiles para la vida personal y para las relaciones interpersonales.

TQM *(Total Quality Management)* o gestión de calidad total: tiene como objetivo principal lograr un proceso de mejora continua de la calidad por un mejor conocimiento y control de todo el sistema (diseño del producto o servicio, proveedores, materiales, distribución, información, etc.), de forma que el producto recibido por los consumidores esté constantemente en perfectas condiciones para su uso (cero defectos en calidad).

Transferencia: consiste en un movimiento horizontal de una persona dentro de la empresa, trasladándola a un puesto de la misma empresa con igual nivel de responsabilidad, salario y posibilidades de promoción.

Tutorización o *mentoring*: esta técnica de formación consiste en designar a un tutor que acompaña a una persona en su proceso de aprendizaje de manera permanente mientras dura la formación. El tutor enseña al alumno los conocimientos, competencias o técnicas que precisa. El formador puede ser una persona de la misma empresa o contratado del exterior. La tutorización de un trabajador puede realizarse sin previa planificación. Un ejemplo típico se da cuando un nuevo trabajador llega a la empresa y un compañero con más experiencia le ayuda durante las primeras semanas, explicándole algunos aspectos de las tareas que tiene que realizar.

Valoración de puestos de trabajo: es el proceso sistemático que, con base en la comparación de los puestos de la empresa, permite fijar su valor con relación a las tareas que se desarrollan en cada puesto y las competencias que se exigen para ocupar dichos puestos.

Valores: son guías, principios de acción adecuados para conseguir lo que nos proponemos. Orientan las conductas ante el trabajo, las relaciones entre las personas y los resultados a obtener. Los valores deben ser claros, iguales, compartidos y aceptados por todos los miembros y niveles de la organización, para que exista un criterio unificado de actuación.